鄭良樹著

增訂三版

戰國策研究

臺灣學生書局印行

再版序

本書是九年前的舊作，當時，筆者剛取得博士學位到馬來亞大學來教書，由於教學上所剩時間頗多，就揮手把寫博士論文所得的資料，分章排比成書。首版在新加坡面市，幾年後又轉到臺北來出版臺一版；如今，這兩版都售罄了，學生書局在筆者上個月遊臺之際，告知準備發行臺二版。

這些年來，由於竹簡帛書陸續的出土，筆者的興趣愈涉愈廣，從大學時代的淮南子，到博士班的戰國策，以及前幾年的孫子、尉繚子、老子、左傳及史記等書，這兩年又開始寫些馬來西亞華人文化的論文，似乎旁騖太多，難有成績。所以，當學生書局丁文治先生告知準備再版時，我只有帶着慚愧的心，把它重讀一遍，修改一些錯字。

臺二版除了少數錯字的修改外，也作了下列兩項的增補：

一、增補「姚宏注本的流傳及姚寬注本的考察」，作爲本書的第十二章。從章節的排比來看，本章應該調前爲第六章；不過，爲了避免版位的大量更動，只好附於書末。

二、增補附錄四篇文章，即「帛書本戰國策二三事」「論帛書本戰國策的整理問題」「論帛書本戰國策的分批及命名」及「帛書本戰國策校釋」，它們都是和帛書本戰國策有關的論文，附錄於此，或許給讀者一些方便。

重讀本書，對書內某些文字的語氣頗爲不滿，本擬重新修訂，不過，想到涉及的範圍太大，非目前的時間所允許，也就算了。知我罪我，莫如讀者們了。

五月五日寫於馬來亞大學

戰國策研究

自序

一九七〇年夏天，當我的博士論文完成一個段落時，便着手搜集資料，希望撰成「戰國策研究」這部書；那年夏天，草撰了首三章後，因爲趕着完成博士論文以及準備論文口試等等，便把後面數章暫時擱下了。

去年九月來馬大中文系執教，一面利用這裏的圖書館，一面利用教學上的閒暇，把這一年多所思考的以及所搜集的，歸納成幾個題目，逐一加以整理；四個半月的時間，完成了後面九章（包括附錄）。總計十一章，凡十五萬字。

作者草撰期間，既感於學植之譾陋，亦覺所學之難以濟志；尙祈海內外學者匡而正之。

一九七二年元月中旬

鄭良樹序於馬大中文系研究室

戰國策研究

目錄

戰國策研究

鄭良樹著

第一章 作者

戰國策這部書，自從劉向編定以後，它的取材及作者，就斷斷續續地成爲學者們所討論的熱門對象了。在劉向編定以前，它到底是怎麼樣的一部書呢？是一部完整的書？還是零散的幾批材料？此外它的作者又是誰呢？這些，劉向在敍錄裏似乎交代得不十分清楚。當然，有一點必須特別加以了解，假如戰國策本來就是好幾部書組合而成的話，那麼，要討論或考訂它們的個別作者勢必非常困難，而且在文獻殘缺的今天，幾乎是不可能的一件事。近五十年來，判斷國策的作者爲蒯通的學者們，也似乎注意到這個問題；他們都在假設國策本來是一部完整的書的原則下，來討論它的作者。

戰國策的本來面貌是怎麼樣子呢？這是比「戰國策作者」的問題來得更爲重要的一件事。潘辰在試論國策的作者問題裏說：

它原是好幾部零散的著作，經過劉向彙集起來編成一書的。可見它並不出於一手，也不一定是同時人的著作。……劉向、班固以後的學者，大部份都信從他們的看法，不但是最早的看法，而且是符合戰國策本書的情況的。……戰國策前身本是幾部無名氏的著作。

潘辰這個看法，實際上淵源有自；紀昀在四庫全書總目提要就說過：

戰國策乃劉向裒合諸記，並爲一編，作者旣非一人，又均不得其主名，所謂「子」者，安指乎？公武改隸子部，是以記事之書爲立言之書，雜編之書爲一家之書，殊爲未允。

相反的，主張國策本來是一部相當完整的書，也大有人在；宋代的晁公武在郡齋讀書志卷十一子類縱橫家裏就說：

歷代以其記諸國事，載是史類。予謂其紀事不皆實錄，難盡信。蓋出於學縱橫者所著，當附於此。

晁氏雖然沒有很清楚地說是某個人所著的，但是，他把它歸入子類，並以爲是出自縱橫者之手，很顯然的，他並不以爲是好幾部散亂的著作合成的。清代顧廣圻也說「實向一家之學」（戰國策札記序），都是這一派的主張的。到了羅根澤，他在好幾篇文章裏，都堅持這個看法，他說：劉向的最後編定……我認爲有作爲基礎的藍本，卽蒯通的「論戰國權變爲八十一首」。我的所以認爲有作爲基礎的藍本，主要的根據劉向自己的交代，其次也參考了他校書的一般情況。

爲了證成戰國策是蒯通一手所著的，羅氏首先肯定了在劉向編定以前，它是相當完整的一部書；

羅氏找到了些甚麼證據，來支持他這個說法呢？他說：

敍錄又說：「中書本號，或曰國策，或曰國事，或曰短長，或曰事語，或曰長書，或曰脩書。」那是各種抄藏本的題名不同，不是「好幾部零散的著作」。所以他首先指明都是「中書本號」，隨後又說：「臣向以爲戰國時游士輔所用之國，爲之筴謀，宜爲戰國策。」由題戰國策的是劉向的新命名，知前列都是中書的舊命名。宋人王堯臣等在崇文總目說這些都是「舊號」，晁公武在郡齋讀書志說「舊有六號，向以爲皆戰國游士策謀，改定今名。」可見從來也就解爲都是中書的舊名。

單憑這樣的推測，並不能十分令人滿意，無怪乎許多人並不信服他這個說法。羅根澤的戰國策作始蒯通考（原名是戰國策作者考，刊載於河南中山大學週刊第十二期）、戰國策作始蒯通考補證、跋金德建先生戰國策作者之推測、潘辰先生試論戰國策的作者問題商榷，金德建的戰國策作者之推測，潘辰的試論戰國策的作者問題，對這方面的問題都曾分別予以討論，但是，都沒有提出比較堅强的證據，這是美中不足的一件事。

任何一個人，當他仔細翻閱戰國策時，他將會發現有不少重複的地方，包括整個故事以至若干情節；這是很值得重視的一件事實。首先，我們將這些重複的文字分成若干類，每一類舉兩出個例子來。

一、異常相似者

1.齊王夫人死，有七孺子皆近。薛公欲知王所欲立，乃獻七珥，美其一。明日，視美珥所在，勸王立為夫人（齊策三）。

楚王后死，未立后也，謂昭魚曰：「何以不請立后也？」昭魚曰：「王不聽，是知困而交絕於后也。」「然則不買五雙珥，令其一善而獻之王，明日，視善珥所在，因請立之。」（楚策四）

2.孟嘗君將入秦，止者千數而弗聽，蘇秦欲止之，孟嘗君曰：「人事者吾已盡知之矣；吾所未聞者，獨鬼事耳。」蘇秦曰：「臣之來也，固不敢言人事也，固且以鬼事見君。」孟嘗君見之，謂孟嘗君曰：「今者臣來，過於淄上，有土偶人與桃梗相與語，桃梗謂土偶人曰：『子，西岸之土也，挻子以為人，至歲八月，降雨下，淄水至，則汝殘矣。』土偶曰：『不然，吾西岸之土也，土則復西岸耳。今子，東國之桃梗也，刻削子以為人，降雨下，淄水至，流子而去，則子漂漂者將何如耳！』……。」孟嘗君乃止（齊策三）。

蘇秦說李兌……李兌曰：「先生以鬼之言見我，則可；若以人之事，兌盡知之矣。」蘇秦對曰：「臣固以鬼之言見君，非以人之言也。」李兌見之，蘇秦曰：「今日臣之來也，暮後郭門，藉席無所得，宿人田中，傍有大叢。夜半，土梗與木梗鬪曰：『汝不知我，我者乃土也；使我逢疾風淋雨，壞沮，乃復歸土。今汝非木之梗，則木之枝耳；汝逢疾風淋雨，漂入漳、河，東流至海，氾濫無所止。』……（趙策一）。

二、完全重複者

1. 陳軫告楚之魏，張儀惡之於魏王曰：「軫猶善楚，爲求地甚力。」左爽謂陳軫曰：「儀善於魏王，魏王甚信之；公雖百說之，猶不聽也。公不如以儀之言爲資，而得復楚。」陳軫曰：「善。」因使人以儀之言聞於楚，楚王喜，欲復之（楚策三）。

魏策一「張儀惡陳軫」章，除了「左爽」作「左華」外，其他幾乎和此章完全相同。

2. 韓公叔有齊、魏，而太子有楚、秦，以爭國，鄭申爲楚使於韓，矯以新城、陽人予太子，楚王怒，將罪之，對曰：「臣矯予之，以爲國也。臣爲太子得新城、陽人，以與公叔爭國。而得之，齊、魏必伐韓，韓氏急，必懸命於楚，又何新城、陽人之敢求？太子不勝，然而不死；今將倒冠而至，又安敢言地？」楚王曰：「善。」乃不罪也（楚策一）。

韓策二「韓公叔與幾瑟爭國」章，除了「鄭申」作「鄭彊」外，其他幾乎和此章完全相合。

三、部份相同者

1. 謂穰侯曰：「為君慮封，莫若於除宋罪、重齊怒，須殘伐亂宋、德強齊，定身封，此亦百世之時也已。」（秦策三）

齊攻宋，奉陽君不欲，客謂奉陽君曰：「君之春秋高矣！而封地不定，不可不熟圖也。秦之貪韓、魏，危衞、楚，正中山之地，薄宋罪，重齊怒，深殘伐亂宋，定身封，德強齊；此百代之一時也。」（趙策一）

齊將攻宋而秦、楚禁之……公孫衍說奉陽君曰：「君之身老矣！封不可不早定也。為君慮封，莫若於宋，他國莫可。夫秦人貪韓、魏，危燕、楚，辟中山之地，薄莫如於陰；失今之時，不可復得已。宋之罪重，齊之怒深，殘亂宋，得大齊，定身封；此百代之一時也。……」（趙策四）

2. 齊宣王見顏斶曰：「斶前！」斶亦曰：「王前！」宣王不悅，左右曰：「王，人君也；斶，人臣也，王曰斶前，亦曰王前，可乎？」斶對曰：「夫斶前為慕勢，王前為趨士；與使斶為趨勢，不如使王為趨士。」……（齊策四）

先生王斗造門而欲見齊宣王，宣王使謁者延入，王斗曰：「斗趨見王為好勢，王趨見斗為好士；於王何如？」……（齊策四）

四、合二為一者

1.趙策一「蘇秦說李兌」章，是揉合秦策一「蘇秦始將連橫」及齊策三「孟嘗君將入秦」而爲一章的，文長不錄。

這類例子相當多，而且文字都很長，這裏只舉一個而已。假如說這部書是一個人著的，我們將如何來解釋這些情形呢？像這些，只不過是其中的一部份而已；實際上，我們還省略了不少。國語的體例可以說和國策完全一樣，以國爲別，每國分若干章節，每章節各記一事；可是，就絕少有這種情形。

很顯然的，假如不是由好幾部書湊合而成的，却又是甚麼呢？這是我們證明戰國策的前身並不是一部完整的書的第一個證據。

戰國策全書，曾經提過好幾次「王伯」這一辭彙，白虎通義號篇說：

> 五霸者，何謂也？昆吾氏、大彭氏、豕韋氏、齊桓公、晉文公。或曰：齊桓公、晉文公、秦穆公、楚莊王、吳王闔閭也。或曰：齊桓公、晉文公、秦穆公、宋襄王、楚莊王也。

根據這節文字，五霸有三種說法；這三種說法，有兩點值得注意：①第一種說法最早；②後面兩種說法，齊桓公都排在第一位；此外，吳王、楚王都包括在內，這一說法比第一種要晚得多（荀子王霸篇、漢書諸侯王表師古注對於「五霸」又分別有不同的解釋，但，都以「齊桓公」爲首）。

戰國策提到「五伯」，大致上可以分爲三類。

第一類：

秦策一「蘇秦始將連橫」章：雖古五帝、三王、五伯、明主、賢君，常欲坐而致之，其勢不能，故以戰續之。

秦策三「范睢至，秦王庭迎」章：五帝之聖而死，三王之仁而死，五伯之賢而死……死者，人之所必不免也。

秦策四「頃襄王二十年」章：三王不足四，五伯不足六也。

秦策五「謂秦王」章：王若能爲此尾，則三王不足四，五伯不足六。

齊策一「秦伐魏」章：古之五帝、三王、五伯之伐也，伐不道也；今秦之伐天下，不然。

趙策二「武靈王平晝閒居」章：且夫三代不同服而王，五伯不同教而政。

燕策一「人有惡蘇秦於燕王」章：且夫三王代興，五霸迭盛，皆不自覆也。

燕策一「蘇代謂燕昭王」章：三王代位，五伯改政，皆以不自憂故也。

第二類：

齊策六「燕攻齊，取七十餘城」章：魯連乃書……然而，管子幷三行之過，據齊國之政，一匡天下，九合諸侯，爲伍伯首，名高天下，光照鄰國。

第三類：

秦策三「秦客卿造謂穰侯」章：攻齊之事成，陶爲萬乘，長小國，率以朝天子，天下必聽五伯之事也。

燕策二「昌國君樂毅爲燕昭王合五國之兵」章：自五伯以來，功未有及先王者也。

這三類都有不同的地方。第一類，凡是提到「五伯」，必定和「五帝」或「三王」、「三代」並舉，甚至還加上一個「古」字，可見這「五伯」的時代性相當早。這裏的「五伯」是誰呢？在秦策四那一章裏，作者說了「三王不足四，五伯不足六也」以後，又說：「智氏見伐趙之利，而不知榆次之禍也；吳見伐齊之便，而不知干隧之敗也；此二國者，非無大功也，設利於前而易患於後也。」在秦策五那一章裏，作者也在後面說：「則臣恐諸侯之君，河、濟之士，以王爲吳、智之事也。」很顯然的，作者的觀念裏，「五伯」絕對不會包括「吳王」在內；換句話說，這裏的「五伯」不會是白虎通義所說的第二種。高誘在齊策一裏注：「五伯，昆吾、大彭、豕韋、齊桓、晉文者也。」和白虎通義第一種相符，這是不會錯的。因此，我們可以這麼判斷，第一類的文字非常可能是同一位作者；至少，他們的觀念都相同，而且，它們很可能是較早的一批材料。第二類雖然只有一條，可是，作者的觀念就不相同了；在他的腦海裏，「五伯」的首位是「齊桓公」，而不是「昆吾氏」，他的看法很可能和白虎通義所說的第二、三種相合，很顯然的，第二類的作者和第一類的並不是同一個人，很可能時代也不同。至於第三類，我們沒法子判斷「五伯」

到底是那五位；就文中只舉「五伯」，而不並舉「五帝」、「三王」來看，我們雖然不敢說和第二類是不相同的一位作者，但是，我們却敢說它們至少和第一類是不同的一位作者，而且，時代有所不同。後面這兩類，「五伯」包括「吳王」或「楚莊王」，很顯然的，它是一批比較晚的材料。

因此，我們可以了解，戰國策的前身是有好幾批材料，分別由不同的作者，在不同的時代或地域，用不同的觀念來作成的；到了劉向，才將它們合編在一起。這是第二個證據。

戰國策裏還有另外一批很引人注意的材料，這批材料，往往在記述某些史實之末了，加上幾句評語或案語。我們先將它們臚列出來：

1.秦策二「齊助楚攻秦」章：……故楚之土壤、士民非削弱，僅以救亡者，計失於陳軫，過聽於張儀；計聽知覆逆者，唯王可也。計者，事之本也；聽者，存亡之機；計失而聽過，能有國者寡也。故曰：計有一二者，難悖也；聽無失本末者難惑（「計聽知覆逆者」以下，本在下章章末；今從王念孫校移於此）。

2.齊策一「靖郭君善齊貌辨」章：……當是時，靖郭君可謂能自知人矣！能自知人，故人非之不爲沮；此齊貌辨之所以外生、樂患、趣難者也。（呂氏春秋知士篇載此事，章末說：「當是時也，靜郭君可謂能自知人矣！能自知人，故非之弗為阻，此劑貌辨之所以外生、樂趨患難故也。」）

3. 齊策一「鄒忌修八尺」章……此所謂戰勝於朝廷。

4. 齊策三「孟嘗君在薛」章……顛蹶之請，望拜之謁，雖得則薄矣。善說者，陳其勢，言其方，人之急也；若自在隘窘之中，豈用强力哉！

（呂氏春秋順說篇載此事，章末說：「顛蹷之請，坐拜之謁，雖得則薄矣。故善說者，陳其勢，言其方，見人之急也；若自在危厄之中，豈用彊力哉！彊力則鄙矣！說之不聽也，任不獨在所說，亦在說者。」）

5. 齊策四「齊人有馮諼者」章……孟嘗君為相數十年，無纖介之禍者，馮諼之計也。

6. 齊策四「孟嘗君為從」章……公孫弘可謂不侵矣！昭王，大國也；孟嘗，千乘也。立千乘之義，而不可陵，可謂足使矣。

（呂氏春秋不侵篇載此事，章末說：「公孫弘可謂不侵矣！昭王，大王也；孟嘗君，千乘也。立千乘之義而不可凌，可謂士矣。」）

7. 齊策四「齊宣王見顏斶」章……斶知足矣，歸反撲，則終身不辱也。

8. 齊策六「燕攻齊，取七十餘城」章……故解齊國之圍，救百姓之死，仲連之說也。

9. 楚策一「江乙說於安陵君」章……君子聞之，曰：「江乙可謂善謀，安陵君可謂知時矣。」

(說苑權謀篇載此事，章末說：「故曰：江乙善謀，安陵纏知時。」)

10楚策三「秦伐宜陽」章……宜陽果拔，陳軫先知之也。

11魏策二「魏惠王死」章……惠子非徒行其說也，又令魏太子未葬其先王，而因又說文王之義。說文王之義，以示天下，豈小功也哉！

12魏策四「秦、魏爲與國」章……魏氏復全，唐且之說也。

13韓策一「三晉已破智氏」章……至韓之取鄭也，果從成皋始大。

14韓策一「秦、韓戰於濁澤」章……韓氏之兵，非削弱也；民，非蒙愚也。兵爲秦禽，智爲楚笑，過聽於陳軫，失計於韓明也。

15韓策二「韓傀相韓」章……聶政之所以名施於後世者，其姊不避葅醢之誅以揚其名也。

16宋策「宋康王之時」章……見祥而不爲，祥反爲禍。

17衞策「衞人迎新婦」章……如三言者，皆要言也；然而，不免爲笑者，蚤晚之時失也。

18中山策「樂羊爲魏將」章……樂羊食子以自信，明害父以爲法。

很顯然的，這批材料和作者有非常的關係；作者不但記述了當時的史實，而且主觀地加上一些案語。換句話說，作者不但批評這些史實，而且似乎有意利用這些史實！借用晁公武所說的「出於學縱橫者所著」，大概是不會錯的；劉向敍錄說：「戰國時游士輔所用之國，爲之筴謀。」將這批材料斷定是縱橫之士所手著的，似乎來得更爲恰當。爲甚麼我們敢如此武斷地說是縱橫之士所作的呢？我們可以擧出一些證據來，齊策三（爲了清楚，文中附加阿拉伯數字）：

楚王死，太子在齊質，蘇秦謂薛公曰：「君何不留楚太子以市其下東國？」薛公曰：「不可。我留太子，郢中立王；然則是我抱空質而行不義於天下也。」蘇秦曰：「不然。郢中立王，君因謂其新王曰：『與我下東國，吾爲王殺太子；不然，吾將與三國共立之。』然則下東國必可得也。」蘇秦之事：①可以請行，②可以令楚王亟入下東國，③可以益割於楚，④可以忠太子而使楚益入地，⑤可以爲楚王走太子，⑥可以忠太子使之亟去，⑦可以惡蘇秦於薛公，⑧可以爲蘇秦請封於楚，⑨可以使人說薛公以善蘇子，⑩可以使蘇子自解於薛公。

①蘇秦謂薛公曰：「臣聞謀泄者事無功，計不決者名不成；今君留太子者，以市下東國也，非亟得下東國者，則楚之計變；變則是君抱空質而負名於天下也。」薛公曰：「善，爲之奈何？」對曰：「臣請爲君之楚，使亟入下東國之地，楚得成，則君無敗矣。」薛公曰：「善。」因遣之。故曰：可以請行也。

②謂楚王曰：「齊欲奉太子而立之。臣觀薛公之留太子者，以市下東國也；今王不亟入下東國，則太子且倍王之割而使齊奉己。」楚王曰：「謹受命。」因獻下東國。故曰：可以

使楚亟入地也。

③謂薛公曰：「楚之勢可多割也。」薛公曰：「奈何？」「請告太子其故，使太子謁之君，以忠太子，使楚王聞之，可以益入地。」故曰：可以益割於楚。

④謂太子曰：「齊奉太子而立之，楚王請割地以留太子，齊少其地，太子何不倍楚之割地而資齊？齊必奉太子。」太子曰：「善。」倍楚之割而延齊，楚王聞之，恐，益割地而獻之，尙恐事不成，故曰：可以使楚益入地也。

⑤謂楚王曰：「齊之所以敢多割地者，挾太子也。今已得地而求不止者，以太子權王也。故臣能去太子，太子去，齊無辭，必不倍於王也，王因馳強齊而爲交，齊辭必聽王，然則是王去讎而得齊交也。」楚王大悅曰：「請以國因。」故曰：可以爲楚王使太子亟去也。

⑥謂太子曰：「夫剬楚者，王也；以空名市者，太子也。齊未必信太子之言也，而楚功見矣。楚交成，太子必危矣。太子其圖之。」太子曰：「謹受命。」乃約車而暮去。故曰：可以使太子急去也。

⑦蘇秦使人請薛公曰：「夫勸留太子者，蘇秦也；蘇秦非誠以爲君也，且以便楚也。蘇秦恐君之知之，故多割楚以滅迹也。今勸太子者，又蘇秦也；而君弗知，臣竊爲君疑之。」薛公大怒於蘇秦。故曰：可使人惡蘇秦於薛公也。

⑧又使人謂楚王曰：「夫使薛公留太子者，蘇秦也；奉王而代立楚太子者，又蘇秦也；割地固約者，又蘇秦也；忠王而走太子者，又蘇秦也；今人惡蘇秦於薛公，以其爲齊薄而爲楚厚也。願王之知之。」楚王曰：「謹受命。」因封蘇秦爲武貞君。故曰：可以爲蘇秦請封於楚也。

⑨又使景鯉請薛公曰：「君之所以重於天下者，以能得天下之士，而有齊權也。今蘇秦，天下之辯士也，世與少有，君因不善蘇秦，則是圍塞天下士而不利說途也。夫不善君者且奉蘇秦而於君之事殆矣。今蘇秦善於楚王，而君不蚤親，則是身與楚爲讎也。故君不如因而親之，貴而重之，是君有楚也。」薛公因善蘇秦。故曰：可以爲蘇秦說薛公以善蘇秦。

（此下脫⑩可以使蘇子自解於薛公」一節。）

仔細讀了這一章，我們可以發現兩個問題：一、根據史記，楚懷王在三十年入秦後，太子橫就自齊返國，自立爲頃襄王，過了不久，懷王才客死於秦；也就是說，頃襄王即位在懷王逝世之前。此章却說懷王逝世後，太子還在齊國爲人質，而且又說郢中另立王，和頃襄王對抗；這些，都和史記大不相同。二、作者認爲這件事情將會有十個變化的可能性，而且，每一個變化都可以利用來游說當事的人；更妙的是，每一節的游說，都對於己方很有利益。撇開第一個問題不談，讓我們談談和本文有關係的第二個問題。似乎有一件事可以肯定的，任何人讀了這一章故事，都不會相信這十個變化的小節是「史料」，相反的，會以爲它們都是縱橫者的策謀，也許，很可能是縱橫者平時揣摩的「參考資料」，或者是縱橫者傳授他人的「參考教本」！作者的巧辭反覆，完全表露無餘；具備有這種「才華」的人，除了縱橫者，還會是誰呢？

我們再看中山策裏的一章：

司馬憙三相中山，陰簡難之。田簡謂司馬憙曰：「趙使者來屬耳，獨不可語陰簡之美乎？趙必請之，君與之，卽公無內難矣；君弗與趙，公因勸君立之，以爲正妻；陰簡之德公無所窮矣！」果令趙請，君弗與，司馬憙曰：「君弗與趙，趙王必大怒；大怒，則君必危矣！然則立以爲妻，固無請人之妻不得而怨人者也。」田簡自謂取使，

①可以爲司馬憙，

②可以爲陰簡，

③可以令趙勿請也。

像這種「一擧三得」的計謀，怎麼會不是縱橫者所爲呢？怎麼會不是縱橫者所揣摩的資料呢？齊策四的第一章「齊人有馮諼者」，也和這一章相同，作者應用許多詭譎的策謀，儘量誇張策士的善變和才能。像這些，都和上面所稱譽的一樣，很可能是同樣的「一組」材料，它們和戰國策其他篇章的寫作態度相差太遠了，不但作者有意利用史實來誇張策士的謀略，而且爲了遷就謀略，

有時不惜歪曲史實，甚至揑造史實。雖然，我們不太敢斷定它們是同樣的一位作者，不過，我們却敢斷定它們在戰國策本書編定以前，非常可能是屬於另外一批材料，也就是說，是屬於另外的一部書；這部書，完全是站在縱橫家的態度上來完成的。

蘇秦、張儀游說六國這十幾篇文章，很可能也是這批材料的一部份。近人張公量曾就當時地理的沿革，考證出蘇、張的論說都是後人所依託（詳見禹貢半月刊三卷五期蘇秦說秦辨僞、三卷七期張儀說齊說趙說燕辨僞、四卷二期張儀入秦說秦辨僞、四卷六期張儀入秦續辨等文），這是非常科學的；根據常理來判斷，這位後來的「好事者」，很可能是縱橫家或他們的後人。

戰國策的前身並非完整的一部書，而是由好幾批材料組合而成的；這是第三個證據。劉向在敍錄裏如此說：

> 所校中戰國策書，中書餘卷，錯亂相糅莒；又有國別者八篇，少不足。臣向因國別者，略以時次之，分別不以序者，以相補，除重複，得三十三篇。……中書本號或曰國策，或曰國事，或曰短長，或曰事語，或曰長書，或曰脩書；臣向以爲戰國時游士輔所用之國，爲之筴謀，宜爲戰國策。

從這二節文字裏，我們可以推測出下列幾點：

1. 戰國策的前身至少有一部份的材料是完整的，它就是劉向所說的「有國別者八篇」；這八篇材料，是以國別爲篇卷的。

2.除了這八篇比較完整的材料外，還有好幾批零亂的材料，這就是他所說的「中書餘卷，錯亂相糅莒」的那一部份。

3.劉向就把那批比較完整的八篇，根據時代的先後，重新加以排比；然後，再把那幾批零亂的材料補充進去，把重複的捨棄了，一共是三十三篇。

4.這幾批中秘的書籍，根據劉向的說法，有國策、國事、短長、事語、長書、脩書等不同的名稱；劉向根據它的內容和性質，改名爲「戰國策」。

無論就今本國策的內容來考訂，或是就劉向敍錄裏的話來分析，戰國策的前身應該是分散的好幾批材料，而不會是一部相當完整的書。這幾批材料；有的大批，有的很零散；有的時代比較早，有的時代比較晚；有的是縱橫者所作的，有的却純粹是史實。得到這個結論以後，我們再往深一層想：既然戰國策的前身是如此，我們考訂它的作者不但是一件非常艱難的事，也似乎失去了意義！親眼看到這批材料的劉向尙且不能指出它們的作者，我們又怎麼可能考訂出它們個別的作者呢？假如說它們有一個共同的作者的話，它們實際上是好幾批材料，「共同作者」這一指定已失去意義了。

從淸代以來，牟默人、羅根澤、金德建等學者，對戰國策作者的問題掀起了研究的高潮，而且，有了驚人的結論。根據他們的研究，這部書的作者是游說韓信的蒯通；我們把羅氏所提出的證據先轉錄下來：

1.史記田儋列傳：「蒯通者，善爲長短說，論戰國之權變爲八十一首。」羅根澤根據這段文字，說：「所謂『八十一首』者，史明言『論戰國權變』，則必爲論述戰國權變之書，與戰國策性質全同。又言『通善爲長短說』，而戰國策亦曰短長。」

2.漢書蒯通傳：「通論戰國時說士權變，亦自序其說，凡八十一首，號曰：雋永。」羅根澤根據這段資料，說：「『亦自序其說』一句，知通論戰國權變之書，亦兼載自己之說，與索隱謂戰國策亦載通說信言，合而觀之，更可證明戰國策確作於蒯通。」又說：「『號曰雋永』四字……蓋戰國說士權變之言，實質爲所謂長短之說，而巧譬善喩，極爲雋美，故曰：雋永。……雋永之名，與短長、長書、脩書之佾相彷……不知卽所謂國策，所謂短長也。」

3.史記淮陰侯列傳載蒯通說韓信自立，索隱說：「案：漢書因及戰國策有此文。」羅根澤說今本戰國策有殘闕，司馬貞猶見及戰國策有蒯通說韓信之言，只是不知道作者就是蒯通他自己。

4.戰國策的論述恰止於蒯通，沒有他以後的事蹟與說詞。

於是，羅根澤這麼判定說：「有這五條（另外一條不能算作證據，我們在此省略了）證據，那末，不是蒯通書又是甚麼呢？」（可參看古史辨第四冊、諸子叢考及諸子考索等書）

這幾位學者都是在假設戰國策的前身是一部完整的書的情況下，來討論它的作者的問題；現在，我們在上文已經指出這種假設是一項嚴重的錯誤，那麼，他們的討論根本就失去意義，因爲他們所討論的對象已經不復存在了。

其次，我們可以就羅氏所提出的五個證據，來加以批評：

一、羅氏所列的前兩條證據，實際上都是相同的，只能算作一條而已；因爲漢書這個說法幾乎完全本於史記。關於蒯通「論戰國之權變爲八十一首」是不是戰國策的前身，潘辰在試論戰國策的作者問題已提出許多的反證，他說：

劉向在戰國策敍中，對蒯通却一字未提，尤其是戰國敍中所列擧的來源很明白，有國策、國事、短長、事語、長書、脩書等名目，却沒有蒯子，也沒有雋永。稍後於劉向的班固，也是一位目錄學專家，他在漢書藝文志中，也沒有說到過蒯子就是戰國策，在蒯通傳中也沒有說過雋永就是戰國策。就是史記、漢書的各位註釋家，大抵都生在唐以前，也沒有提起過蒯通的雋永就是戰國策。……認爲「雋永」和「長」在訓詁上的關係，因此把雋永說成就是長書之類。這種運用訓詁關係來作考證的辦法是很危險的。據史記田儋列傳索隱說：「言欲令此事長則長說之，短則短說之。故戰國策亦名曰短長書，是也。」顏師古漢書張湯傳注：「短長術興于六國時，長短其語，隱謬以相激怒也。張晏曰：『蘇秦、張儀之謀，趣彼爲短，歸此爲長。戰國策名短長術也。』」又按漢書蒯通傳注：「雋，肥肉也；永，長也；言其所論甘美而義良也。」可見「短長」的「長」，和「雋永」的「長」意義完全不同，不能用訓詁學上的方法來合爲一談。戰國策和雋永的關係是很難合而爲一的。潘辰所提出的理由，相當充實。至少，我們可以說，戰國策的前身不會完全是蒯通所作的（實際上，它的前身是好幾部零亂的書）；即使是，也可能只是一小部份而已，這對於「戰國策作者」的**大前提來說，已經失去了意義了！**

二、史記淮陰侯列傳載蒯通說韓信自立，司馬貞索隱說：「案：漢書因及戰國策有此文（因及，就是「以及」的意思）。」漢書有蒯通傳，漢書記述蒯通事，絕對沒有問題。戰國策記載蒯通事，是否可能呢？史記淮陰侯列傳蒯通說韓信時，曾經說了這幾句話：

夫聽者，事之候也；計者，事之機也。聽過計失而能久安者，鮮矣。聽不失一二者，不可亂以計；計不失本末者，不可紛以辭。

蒯通這段話，其實，可以在戰國策裏找到，秦策二有這麼一段文字：

計者，事之本也；聽者，存亡之機。計失而聽過，能有國者寡也。故曰：計有一二者，難悖也；聽無失本末者，難惑。

這兩段文字，很顯然是同出一源，司馬貞索隱說「戰國策有此文」，一點也不錯。說今本戰國策有缺文，蒯通說韓信正在此缺文之中也可說；蒯通游說韓信語，有一部份就在今本國策中也可；若據此來斷定作者就是蒯通，顯然是一種有意的說解，不足以取信他人。因此，羅氏所舉的第三個證據，也不能成立。僅以上述的二段批評，就不難想像到羅氏等主張戰國策爲蒯通所作，是不能成立的。實際上，劉向已經交代清楚，戰國策是由好幾批材料所組成的，這幾批材料，劉向只能說出它們不同的「書名」，他自己連「作者」都不清楚；那麼，生在文獻殘缺的今天的我們，假如沒有新出土的資料，又如何會有那麼大的本領來分別考訂出每批材料的作者呢？至於硬性指定國策的作者就是蒯通的學者們，首先，他們的大前提就犯了嚴重的錯誤；因此，他們的考訂也就顯得毫無意義了。

第二章　何謂「又有國別者八篇，少不足」

劉向敍錄裏說：「中書餘卷，錯亂相糅莒；又有國別者八篇，少不足。」這幾句話的意義，我們已經在上節說明了；實際上，我們把這幾句話往深一層想，劉向所說的「國別者八篇」，是指甚麼呢？「少不足」三字又是甚麼意思呢？這些，都很令人費解的。

翻開太史公的史記，在戰國時代那一部份裏，曾經採用了不少「戰國策」的故事作爲史料（此章戰國策三字上下加括號者，指劉向編定以前的某批材料；沒加括號者，指劉向編定的國策）；我們以史記的篇卷爲經，戰國策的國別爲緯，作了一個「史記採用國策故事」表。在附上這統計表以前，我們必須先說明幾件事：①所謂「國策故事」，是指那些比較完整的故事；史記引用國策片言隻語的，都不在此內；②史記引用國策故事，有不少在今本國策裏找不到；雖然可以考證出來，也不附入此表；③有的故事除了出現在國策裏，也出現在先秦其他古書裏，本表以史記文字最接近國策者爲準。

	東周	西周	秦	齊	楚	趙	魏	韓	燕	宋	衞	中山
周本紀	4	5										
秦本紀			1				1					

孟嘗君列傳	白起列傳	穰侯列傳	樗里子甘茂列傳	張儀列傳	蘇秦列傳	商君列傳	吳起列傳	田完世家	韓世家	魏世家	趙世家	楚世家	宋世家	燕世家
1														
1			1											
1	1	1	5	5	3		1		1	1		1		
2				2	1			12			1	5		1
			1	2	1							3		
		1		1	1			1		2	6			
		1		2	1	2			1	6				
			2	1	1			1	4					
				1	9			1		1	2			10
													1	
			1											
	2													

平原虞卿列傳						4						
魏公子列傳							1					
春申君列傳			1		1			1				
范睢蔡澤列傳			4									
樂毅列傳									3			
廉頗列傳						1						
魯仲連列傳				1		1						
呂不韋列傳			1									
刺客列傳						1		1		1		
共計	5	7	27	25	8	19	15	11	27	2	1	2

從這個表中，我們大略可以看出，太史公採用「戰國策」是相當完整的；換句話說，戰國策的每一國別，太史公似乎都已經看到了。其中，採用最多的是秦、燕、齊和趙（太平御覽引許多戰國策的故事，和史記田單列傳、廉頗列傳非常相符；這些都是戰國策的佚文，它們原來很可能是在「戰國策」的齊、趙二「策」裏），採用最少的是衞、宋、中山及東、西二周諸「策」。我們很可以想像得到，太史公所採用的這些材料，原本是同在「一批」的；這「一批」材料，就是

劉向編定戰國策的基本材料，也就是太史公所看到的「戰國策」。這部「戰國策」，很可能有下列兩種情形：

第一、它是以下列八個單位①東西周②秦③齊④楚⑤趙⑥魏⑦韓⑧燕、宋、衞及中山，分爲八篇。

第二、八篇裏，有的可能很長，如秦、燕、齊及趙等；有的可能很短，如東西周、宋、衞及中山等。

我們用第一種情形來解釋劉向所謂「有國別者八篇」，用第二種情形的後半截來解釋所謂「少不足」，也許距離事實不會相差太遠吧！漢書司馬遷傳裏說：「司馬遷據左氏、國語，采世本、戰國策，述楚、漢春秋。」班固這裏說的「戰國策」，應該是指這八篇材料才是。

第三章 佚 文

戰國策另一個使學者們爭論不休的，便是它的佚文問題。前面已說過，在史記淮陰侯列傳蒯通游說韓信自立之下，司馬貞的索隱這麼說：「漢書因及戰國策有此文。」我們查一查戰國策，這部書現存最晚的一則故事，是燕太子丹使荊軻入秦刺秦王（見燕策三「燕太子丹質於秦」章），並沒有「下越」秦始皇的統一天下，更不會記述到楚、漢之爭，那麼，司馬貞說戰國策有蒯通說韓信之語，到底是怎麼一回事？難道司馬貞搞錯了？假如我們不主張秦策二那段話，就是蒯通說韓信語的話，也就是司馬貞所指的；很顯然的，司馬貞在唐代所見到的戰國策，一定有許多篇章是今本所沒有的。張照批評索隱說：「戰國策安得有韓信、蒯通之事？索隱誤。」就是以今本戰國策來立論，而沒有考慮到佚文的問題。

回過頭來，我們翻一翻劉向的戰國策敍錄，他說：

> 臣向以爲戰國時游士輔所用之國，爲之筴謀，宜爲戰國策；其事繼春秋以後，訖楚、漢之起，二百四十五年間事。

劉向說戰國策是「繼春秋以後，訖楚、漢之起」，但是，今本戰國策並沒有「楚、漢之起」的故事！很清楚的劉向當時所編定的戰國策，一定有許多篇章爲今本所沒有，而這些亡佚的篇章，很可能有大部份就是「楚、漢之起」的故事；否則，劉向絕不會如此說的。蒯通說韓信自立，就是「楚、漢之起」之際的事，這則故事，非常可能跟隨其他篇章一起亡佚散失。

我們再看太平御覽第四百六十卷裏，所引的一則戰國策文字：

范陽人蒯通，說范陽令曰：「竊聞公之將死，故弔；然，賀得通而生。」

這也是蒯通的一則故事，太平御覽說它在戰國策裏。史記張耳陳餘列傳有這一段文字：

范陽人蒯通，說范陽令曰：「竊聞公之將死，故弔；雖然，賀公得通而生。」

前後兩段文字幾乎完全一樣，難道太平御覽把史記錯成戰國策？後來的鮑崇城翻刻本太平御覽發現了這件事時，索性就把「戰國策」三字改作「史記」，認爲這段文字是屬於史記，不屬於戰國策，因爲戰國策不會有蒯通的事。其實，史記這段文字，正是採用「戰國策」；太平御覽標明是戰國策，一點也不錯，只是今本戰國策將它亡佚了！鮑刻太平御覽將「戰國策」三字改作「史記」，正是和張照「戰國策安得有韓信、蒯通之事」同一想法，我們用不着反駁，就知道他們都是錯誤的。

太平御覽卷四百六十裏，還引了另外三則戰國策的故事：

1.漢王數困滎陽城皐，酈生曰：「今燕、趙已定，唯齊未下，臣請得奉明詔說齊王，使爲漢稱東藩。」上曰：「善。」

2.范增說項梁曰：「今江東楚將皆爭附君者，以君代楚將，爲能復立楚之後也。」於是，項梁然其言也。

3.漢王使隨何說淮南王，隨何曰：「項王伐齊，大王宜悉淮南之衆，爲楚軍前鋒；今乃提空名以向楚，臣竊爲大王不取也。」淮南王陰許畔楚與漢。

這三段也都是「楚、漢之起」的故事，它們都隨同前一則而一起亡佚散失了。

根據劉向的敍錄，又根據司馬貞的索隱以及太平御覽，我們可以斷定戰國策的確有記述楚、漢之際的故事。但是，翻開戰國策的目錄，我們不禁要問：這些楚、漢之際的故事，應該歸入那一篇？也就是說，應該是屬於那一國的「策」呢？主張戰國策記述有楚、漢之際故事的學者們，似乎應該解答這個實質的問題，否則，實在難以令人滿意。

在這裏，我們介紹一部模仿戰國策的書。

春秋後語，又名春秋後國語，共十卷，晉代的孔衍所著。唐書藝文志說：「孔衍：春秋時國語十卷，又春秋後國語十卷。」根據這段資料，可知孔衍曾著春秋時國語及春秋後國語兩書；所謂春秋後國語、春秋後語，顧名思義，就是專門記述春秋以後戰國時代的事蹟。既然題名爲「國語」，可見名稱是模仿國語一書；而其體例，也幾分模仿國語，分國記事（戰國策也如此），而不是編年之作了。

儘管這部書的名稱是模仿國語，但它的內容、體例卻儘量地模倣戰國策；唐代的劉知幾，在他所著的史通六家篇裏說：

孔衍又以戰國策所書，未爲盡善，乃引太史公所記，參其異同，刪彼二家，聚爲一錄，號爲春秋後語，除二周及宋、衞、中山，其所留者七國而已。始自秦孝公，終於楚、漢之際，比於春秋，亦盡二百三十餘年行事。

劉知幾這段話，可以分析爲下列三點：

一、孔衍不滿意戰國策，於是，「參其異同，刪彼二家」，作成春秋後語；可見春秋後語是根據戰國策及史記而來。

二、春秋後語既然是「除二周、宋、衞、中山」之外，「其所留者七國而已」，可見其篇卷的分法是模仿戰國策，絕不會是模仿史記。

三、根據劉知幾所見到的春秋後語，其記事是「始自秦孝公，終於楚、漢之際……亦盡二百三十餘年行事」，這和劉向敍錄說，戰國策是「繼春秋以後，訖楚、漢之起，二百四十五年間之事」，不是完全一樣嗎？二書的終止年代，不是幾乎相合？

根據這三個結論，我們可以斷言：春秋後語一書，不但取材自戰國策，其國別的分法、記事的終止年代，幾乎和戰國策完全相同。

很可惜的，這部書早已經亡佚了，我們沒法子將它來和劉知幾的說法印證。淸代王謨漢魏遺書鈔有一輯本，輯出下列諸語：

秦語十五條
齊語十八條
楚語七條
趙語十九條
魏語八條
韓語二條
燕語六條

凡七十五條，約七、八千字。

爲了研究戰國策的佚文問題，作者根據唐、宋古注、類書的徵引，以及燉煌出土的材料，把春秋後語重新輯出，並且加以校證，約得二萬四千餘字，比王謨輯本多出兩倍（發表於臺北學生書局書目季刊第四卷第四期夏季號）。根據這個輯校本：

一、孔衍的確是根據戰國策及史記二書，而作成春秋後語；

二、這書的確是分爲七國（見上文所列），完全模仿戰國策；

三、這書的確是記述到楚、漢之際的事情爲止，現在，我們所能見到最晚的一則故事，因爲文長，玆引一小節如下：

子嬰立爲秦王卌六日，至霸上，子嬰素車白馬，繫頸以組，奉天子璽符，降於軹道旁；沛公釋之，居日餘（「日」字當從史記作「月」），項籍至，□殺子嬰，盡滅其族。

這故事正是發生在楚、漢之際，劉知幾說：「終於楚、漢之際。」一點也不差錯。

既然孔衍的春秋後語是模仿戰國策，那麼，孔衍將「楚、漢之際」的故事「擺」到那一國呢？假如我們獲得正確的解答，戰國策記述「楚、漢之起」故事的歸屬問題，不是就獲得答案了嗎？孔衍在其他方面如此模仿戰國策，不應該單獨在這方面獨創一格；若是孔衍獨創一格，我們在所獲悉的春秋後語的國別目錄裏，應該有類似「楚、漢語」的一目，而不應只單單的如劉知幾所說的七國而已；這種情形，在我們所得到的資料裏，完全沒有發現。相反的，我們看到的英京燉煌殘卷本，記述項籍殺子嬰，盡滅其族（卽上面所引述的文字）後，其下別行題有「春秋後秦語下卷第三」赫赫的九個字！這是個非常重要的發現。有了這個發現，我們可以下這麼一個結論：戰國策記述「楚、漢之起」的事蹟，應該是歸屬到「秦策」去；劉向當初編定戰國策時，大概就是這種情形了。

第四章　散亡之開始與曾鞏之整理

戰國策自從劉向編定以後，由於部份內容爲人所忌諱和擯棄，便開始殘缺亡佚。三國志蜀志秦宓傳記載蜀李權向秦宓借戰國策，秦宓說：

書非史記、周圖，仲尼不采；道非虛無自然，嚴平不演。海以受淤，歲一蕩淸。君子博識，非禮不視。今戰國反覆，儀、秦之術，殺人自生，亡人自存，經之所疾。

於是，拒絕將戰國策借給他。間接方面，和戰國策有牽連關係的書，也幾乎不受歡迎，漢書東平王傳記載西漢末年東平王向漢廷求太史公書，大將軍王鳳說：

太史公書有戰國從橫、權譎之謀。

因而，不將太史公書借出。從這兩件事來看，可知戰國策一書，是多麼爲人所忌諱和擯棄。

其實，這種觀念不但存在讀者的腦海裏，即使編者劉向、整理者曾鞏等，也都存有這種忌諱、擯棄的觀念。劉向在敍錄裏，首先敍述春秋時的社會生活情形，「崇道德、隆禮義、設辟雍、泮宮、庠序之敎，陳禮樂、弦歌、移風之化，敍人倫，正夫婦，天下莫不曉然論孝悌之義、惇篤之行，故仁義之道滿乎天下」；其次，提到戰國，說「捐禮讓而貴戰爭，棄仁義而用詐譎……貪饕無恥，競進無厭……上無天子，下無方伯」；前後作了明顯的對照和比較後，才說：

戰國之時，君德淺薄，爲之謀筴者，不得不因勢而爲資，據時而爲畫，故其謀扶急持傾，爲一切之權，雖不可以臨敎化，兵革救急之勢也；皆高才秀士，度時君之所能行，出奇筴異智，轉危爲安，運亡爲存，亦可喜，亦可觀。

在劉向的觀念中，戰國策並「不可以臨敎化」，只是「不得不因勢而爲資，據時而爲畫」的一部「兵革救急」的書而已！劉向對戰國策的忌諱、擯棄非常隱晦，但，它的存在却是事實。到了宋代的曾鞏，這種觀念便完全表露無遺了，他在序文裏說：

或曰：邪說之害正也，宜放而絕之，則此書之不泯其可乎？對曰：君子之禁邪說也，固將明其說於天下，使當世之人皆知其說之不可從，然後，以禁則齊；使後世之人皆知其說之不可爲，然後，以戒則明。豈必滅其籍哉！放而絕之，莫善於是。

原來曾鞏整理戰國策，是爲了要「放而絕之」！這種忌諱、擯棄的意識，表現得多麼的强烈。

由於戰國策遭編者、讀者及整理者的忌諱和擯棄，自從編定以後，就隨着時間而逐漸殘缺亡佚。再加上其他人爲因素，它所殘缺的和亡佚的，多得竟出乎我們意料之外。到了曾鞏，戰國策流行本已經殘缺過半了；他才不得不「訪之士大夫家」，「正其誤謬」，重新加以整理，「然後，戰國策三十三篇復完」（皆曾鞏語）。

在曾鞏的時代，戰國策已經殘缺亡佚到何種程度呢？曾鞏如何整理它呢？這些都是研究戰國策者所急想知道的問題，然而，曾鞏在序文裏却完全沒有交代，這是一件很遺憾的事。

劉向編定戰國策後，到了東漢末期，高誘曾經將它改編一番，並且爲它註解。隋書經籍志雜史類說：

戰國策三十二卷，劉向錄；

戰國策二十一卷，高誘撰注。

根據隋書經籍志的記載，戰國策高誘注本只有二十一卷，和劉向的三十二卷本大不相同，這是很特別的地方。從今本戰國策來考訂，我們知道高注本絕非節本；他只是將卷的份量增多，卷的數目減少而已。今本戰國策每卷的份量並不平均，有的相當長，有的却很短很短；假如高誘所依據的和今本相差不遠的話，他這個做法是可以理喩的。

高誘注本到了唐代，曾被人加以改編，舊唐書經籍志雜史類及新唐書藝文志雜史類對於高注本的著錄，都是三十二卷本；很顯然的，這並非高誘原注本的面貌，而是後人根據劉向本加以改編，給予「拉長」的；這是很值得重視的一件事。到了宋代，高誘原注二十一卷本似乎還存在着，通志卷六十五藝文略第三雜史類、崇文總目卷二雜史類上都還提到過這一本；雖然已經有所殘缺了，不過它畢竟還存在着。

從上文的敍述，我們可以知道，從漢到宋初，戰國策有兩個流行的版本系統，一個是劉向三十二卷本，一個是高注二十一卷本及三十二卷本。這兩個版本系統，到了曾鞏的時代，都先後殘缺亡佚了許多篇卷了。首先著錄這種殘缺現象的，是上文提起過的崇文總目，它說：

> 今篇卷亡闕第二至十，三十一至三闕；又有後漢高誘注本二十卷，今闕第一、第五、十一至二十，止存八卷。

根據王堯臣的記載，在北宋的時候，劉向本缺了十二篇，卽第二至第十，第三十一至第三十三，存二十一篇；高注二十一卷本（崇文總目云二十卷，蓋擧其整數）也缺了十二篇，卽第一、第五、第十一至第二十，僅存八篇。

至於高注三十二卷本在北宋之時是否有所殘缺？殘缺的情形又是到何種程度？崇文總目就沒有述及了。不過，我們還是可以考訂出來。曾鞏序戰國策說：

> 高誘注者二十一篇，或曰三十二篇；崇文總目存者八篇，今存者十篇云。

實際上，曾鞏這裏所提到的「存者八篇」，就是指高注二十一卷本而言，也就是指上文崇文總目所說的「止存八卷」而言；至於「今存者十篇」，又是何所指呢？根據我的推斷，應當是指「或曰三十二篇」來說的；也就是說，高注三十二卷本在北宋之時，至少在曾鞏之時，所存者也只有十篇了。這個推斷是有根據的，現在我們看到的高注三十三卷本戰國策，實際上就非高注全本，就中缺了卷第一、第五、第十一至三十一，僅存十卷；這個數目和曾鞏所說的「存者十篇」正相符合。換句話說，曾鞏所見到高注三十二卷本，實際上就是高注二十一卷本所存在的八篇，再加上最末的三十二卷、三十三卷，合計十篇。

為了清楚起見，我們把宋代這兩個版本系統、三種不同本子的殘缺存亡的情形，列為一表：

卷	A（劉向本）	B（高注20卷本）	C（高注33卷本）
1		×	×
2	×		
3	×		
4	×		
5	×	×	×
6	×		
7	×		
8	×		
9	×		
10	×		
11		×	×
12		×	×
13		×	×
14		×	×
15		×	×
16		×	×
17		×	×
18		×	×
19		×	×
20		×	×
21			×
22			×
23			×
24			×
25			×
26			×
27			×
28			×
29			×
30			×
31	×		×
32	×		
33	×		
缺	12篇	12篇	23篇
存	21篇	8篇	10篇

符號×：曾鞏時亡佚者。

曾鞏在戰國策序裏說：

劉向所定著戰國策三十三篇，崇文總目稱十一篇者，闕。臣訪之士大夫家始盡得其書，正其誤謬，而疑其不可考者，然後，戰國策三十三篇復完。

曾鞏所說「崇文總目稱十一篇者，闕」（十一，當是二十一），當是指A劉向本而言；因為A本有所殘缺，他乃「訪之士大夫家」，而後「三十三篇復完」。至於他「盡得其書」，是何所指呢？我們敢肯定地說，他指的就是B高誘注二十卷本及C高誘注三十三卷本。曾鞏序裏清楚地提到B本，他之採用它，是無庸懷疑的；至於C本，我們也有理由相信他會採用，因為：

㈠、今存戰國策第三十二、三十三卷分別都有高誘注文，這是A本、B本所沒有的，曾鞏若不是採自C本，這兩卷的注文來自何處？這是曾鞏採用C本所留下的一個痕跡。

㈡、曾鞏既然看到C本，而他本又偏偏少了後面兩篇，他據C本補A本的可能性，可說非常大。

因此，根據這個推論，今本戰國策實際上是曾鞏採合了A、B及C三個版本而合成的。它的情形是：

（今本）

卷	
1	×
2	
3	
4	
5	×
6	
7	
8	
9	
10	
11	×
12	×
13	×
14	×
15	×
16	×
17	×
18	×
19	×
20	×
21	×
22	×
23	×
24	×
25	×
26	×
27	×
28	×
29	×
30	×
31	×
32	
33	

無高注23篇
有高注10篇

合A、B、C而爲一　□有高注之篇卷　☒無高注之篇卷

我們也可以這麼說，今存的姚氏本，實際上是採合劉向原定本及高誘注本而成的。所謂劉向本，指A本而言；所謂高注本，指B本及C本而言。

反過來，我們看看今本戰國策的實際情形，它是如此的：

戰國策三十三卷

△有高誘注者：卷二、三、四、六——十、三十二、三十三，共十篇；

△無高誘注者：卷一、五、十一——三十一，共二十三篇。

這種情形，正和我們的推論相符合。曾鞏的時代，戰國策殘缺到何種程度、曾鞏又如何「訪之士大夫家」，「然後，戰國策三十三篇復完」；到目前爲止，我們至少已經了解一個梗概。

在追探這個問題的全部過程中，我曾下過不少研究工夫；問題固然解決了，但是，却留下了兩件不能解決的事。我將這兩件事公開出來，希望高明之士能惠予指教和批評。

根據上文的推斷，今本戰國策卷十一至卷三十都是劉向本，它們應該都沒有高誘注文才是；然而在卷二十三、卷二十五及卷三十這三篇裏，却發現了十處注文，它們是：

卷二十三

①魏策一「犀首見梁君」章「令毋敢入子之事」下有注云：入，猶與也。

②魏策一「蘇代爲田需說魏王」章「衍將右韓而左魏」下有注云：右，近；左，遠。

③魏策一「魏惠王起境內衆將」章「而孫子」下有注云：孫臏也。

④魏策一「田需死，昭魚謂蘇代」章「犀首相魏，必右韓而左魏」下有注云：右，親也；左，疎、外也。

⑤魏策一同章「皆以太子爲非固相也」下有注云：固，久也。

卷二十五

⑥魏策四「魏王欲攻邯鄲」章「吾用多」下有注云：用，資也。

⑦魏策四「秦、魏為與國」章「秦、魏為與國」下有注云：相與同禍、福立國也。

⑧魏策四同章「是大王籌筴之臣無任矣」下有注云：任，能也。

⑨魏策四「魏王與龍陽君」章「其自纂繁也，完矣」下有注云：謂帽覆也。

卷三十

⑩燕策二「昌國君樂毅」章「三城未下」下有注云：聊、卽墨、莒。

（第①及②條，姚宏有校語，並云：「曾、劉無此注。」）

仔細審查這十處注文，和其他篇卷裏的高注似乎沒有甚麼不同；其為高注，大概沒有甚麼問題。這三篇既是劉向本，按理說，應該是沒有高誘注才是，為甚麼却出現了十處高注呢？假如只是一、二處而已，我們可以說是例外；然而，却有十處那麼多！這是不尋常的事。根據我們的推斷，也根據今本戰國策其他篇卷的事實，這十處注實在是不應該有的；然而，它們却存在着。為甚麼會如此呢？我沒有滿意的答覆；假如一定要解釋，那大概是在高注本還沒有完全亡佚之時，劉向本已有小部份受高注本的影響了；這十處注文，就是這個影響所留下的痕跡。當然，這種解釋多少有點勉强。

第二件使我感到困惑的事，是如此的。根據上面第一表來看，A本、B本及C本都缺卷五，A本及C本也都缺卷三十一；換句話說，無論是劉向本或高注本，在曾鞏的時代，都同時亡佚了卷五及卷三十一，那麼，曾鞏去那裏採來補入呢？也就是說，表二的卷五及卷三十一從何而來呢？曾鞏在序裏完全沒有交代，我們沒法就他的序文加以解釋。四庫全書總目提要說：

意必以誘書足官書，而又於他家書內，摭二卷補之。

這裏的「二卷」，就是指卷五及卷三十一而言；四庫全書總目提要已經發現了這個問題，但是，它所說的「他家」，又是何所指呢？檢遍了所有宋代的官、私目錄，我們沒法子發現那一家、那一本著錄有卷五及卷三十一的存在；四庫全書總目提要這個「他家」的說法，只是「想當然」的推斷，並沒有確實的證據。曾鞏到底如何補充卷五及卷三十一？有關這個問題，我目前還沒法子考訂出來。

第五章　姚宏的整理及其所採用之版本

假如說編纂也是一種整理的工作的話，那麼，劉向是戰國策的第一位整理者；一千年後，到了曾鞏的時代，他又搜羅了兩個源流的三種版本，對戰國策作第二次的整理；南宋高宗紹興十六年，即西元一一四六年，上距曾鞏最多只有一百年，剡川的姚宏又聚集了許許多多的版本，包括全本及殘本，有批注的和沒批注的，對戰國策作了第三次的大整理。這是空前的一次大整理，由於這一次的大整理，高注戰國策的版本可以說完全統一了；也由於這一次的大整理，其他各種差異的版本就隨着時間而被淘汰。我們現在所看到最珍貴的戰國策——黃丕烈讀未見書齋重雕剡川姚氏本，世稱士禮居本——就是姚宏一手整理後所傳下來的。姚宏整理戰國策的重要性，因此可見了。

南宋高宗紹興十七年，也就是姚宏整理戰國策的第二年，縉雲的鮑彪也對戰國策加以整理；從鮑氏的序文來觀察，他並不知道姚宏其人，當然，更不知道他在整理及刋行戰國策，這大概由於兩人的時代太接近及交通不方便的緣故。到了元代至正年間，金華的吳師道又以鮑本戰國策爲底本，加以補充及修正，重新刋刻發行。於是，戰國策又流行着兩個不同的版本系統了；前者是以高誘注爲底本的姚氏本，後者是以鮑彪注爲底本的吳氏本。一直到今天，我們所能看到的戰國策的流行本，都逃不出這兩個版本系統。

吳本的情形以及所存在的缺點，以後我們將加以討論；在此所要研究、討論的，是可貴的姚氏本。

姚氏本戰國策可貴的地方在那裏呢？我們大略可以分為幾點來敍述：

第一、保存劉向原定本三十三卷的本來面貌。從劉向敍錄前的目錄來看，劉向原本的戰國策是三十三卷的；證諸史志，這點絕不差錯。姚宏整理戰國策，儘管對他所依據的底本的篇卷分法表示懷疑，例如他在題辭裏說：「武安君事在中山卷末，不知所謂。」（說詳下一章）但是，他還是保存着原來的面貌；在懷疑古書、改竄古書盛行的宋代，這種作風是非常可貴難得的。反觀鮑彪的整理工作，卻完全是主觀的改編，把戰國策原來的面貌全毀了。

第二、保存戰國策原本的訛文異字。姚宏整理戰國策，可以說完全是站在客觀的立場，不存私心，不憑武斷。例如卷三十燕策二「趙且伐燕」章：

今日不雨，明日不雨……。

根據姚宏的看法，「雨」當作「兩」，今本作「雨」是個錯字；他引了藝文類聚及莊農師的說法，然後加上案語，說：「一今作雨，非是，恐別有所據。」儘管他懷疑「雨」當作「兩」，可是他並沒有改正過來。又例如卷五秦策三「謂魏冉」章說：

公不若毋多，則疾到。

姚宏按語說：「到，恐作封字。」儘管他懷疑「到」是個錯字，但，他却沒有改竄它。這都是他客觀的地方。戰國策存有不少異怪的字，如埊、坐、悳等，姚宏題辭說：

如用埊、悳字，皆武后字，恐唐人傳寫相承如此，諸公校書改用此字，殊所不解。

儘管他知道劉向時不會有此種字體，但是，他還是保存下來；因爲他所依據的底本就是如此。這種客觀的精神，是非常可貴的。

第三、保存戰國策原本的殘缺面貌。戰國策流傳到姚宏的時代，已有一千多年的歷史了；其中雖有曾鞏的整理，但是，殘缺似乎是不能避免的。卷六秦策四有一章的章首就缺了一大段文字，姚宏根據春秋後語補入下列一百一十個字：

頃襄王二十年，秦白起拔楚西陵，又拔鄢、郢、夷陵、燒先王之墓，王徙東北，保于陳城；楚遂削弱，爲秦所輕。於是，白起又將兵來伐，楚人有黃歇者，游學博聞；襄王以爲辯，故使於秦說昭王曰：「天下莫强於秦、楚，今聞大王欲伐楚，此猶兩虎相鬬而駑犬受其弊，不如善楚，臣請言其說。臣聞之。

整部戰國策，除了這一百一十個字是姚宏所補入之外；其他有所殘缺的，他都悉依其舊，保存本來的面貌。例如卷二十五魏策五的首章，姚氏就在章首注上「闕文」兩個小字；同策的第二章，姚氏也在章首「八年」下注上「闕文」二小字；這些，都是姚宏為學可貴之處。反過來看吳氏本，動輒改字改句，有時還加字加句，或者刪字刪句，站在保存古籍的立場上來說，這是一種罪過。

第四、保存了南宋初年十幾種戰國策版本的面貌。姚宏搜羅了當代的十幾種版本，重新加以整理，然後，刻成他的姚氏本。經過他這一整理，其他所有版本可說都先後被淘汰了，但是，反過來說，所有被他搜羅的版本的本來面貌，却都存在他的姚氏本裏！透過姚氏本，我們可以考訂出南宋初年十幾種戰國策的版本的面貌，進一步的話，我們可以部份復元它們！假如沒有姚宏的搜羅保存，我們可就沒有這個福氣了。光是這一層，姚氏本戰國策的價值就非我們筆墨所能形容的了。

單單站在版本學的立場上，姚氏本就有這麼多可貴的地方；至於其他如卷中姚宏校注語、卷末姚宏批注語等等，其精粹、獨到之處，就不是我們這一章所想研究討論的了。

姚宏整理戰國策的整個工作內，最具研究價值且最令我們關心的，是，他到底採用了些甚麼版本？這些版本是全本還是殘本？它們個別的有甚麼特出的優點？它們和舊本又有甚麼淵源的關係？它們彼此之間是否有互相影響的可能？這些，都是最具學術價值的。假如我們解決了這些問題，我們不曾知道了姚本的優點和缺點，也知道了南宋初年戰國策各種不同版本的大概。北宋時戰國策的版本情形，我們透過曾鞏的整理工作而了解了一些梗概；如今，我們希望透過姚宏的工作，對南宋初年戰國策的各種版本作個分析和了解。在古籍殘缺的今日，這種研究和了解，顯得非常重要，而且，也具有高度的學術價值。

根據我個人的考訂，姚宏整理戰國策時，大約採用了下列十三種不同的版本：

（一）三十四卷的劉向原定本

劉向原定本，根據曾鞏的說法，在北宋的時代已經殘缺不全了；姚宏所採納的，我們相信是個殘本。姚宏題辭說：「右戰國策，隋經籍志三十四卷，劉向錄。」整篇題辭，姚宏對劉向本只提了這麼一句；我們不能據此以斷定他曾採用了劉向原定本。不過，南宋初年劉向殘本很可能還存在着，南宋紹興年間尤袤著的遂初堂書目除著錄了姚氏本及鮑氏本戰國策外，又有舊杭本戰國策及尤袤自己所校的遂初先生手校戰國策二本，我們雖不能確考此二種的版本，但是，我們相信可能和劉向原本有些關係，特別是舊杭本。姚宏題辭提出劉向本，很可能他見到了它的殘本。原本是三十三卷，劉向目錄及敍錄附在卷前，合計成三十四卷。

（二）三十三卷的高誘注本

姚宏題辭說：「戰國策，隋經籍志……高誘注止二十一卷……，唐藝文志……高誘注乃增十一卷。」根據這幾句話，我們雖然不能肯定地斷言姚宏曾經採用過三十三卷的高注本；不過，我們可以找到一個可能的證據。上章曾經提到過，卷二十三、二十五及三十曾經發現了幾處高誘注，這三卷是屬於劉向本，按理不該有高誘注，我們曾這麼說：「假如一定要解釋，那大概是在高注本還沒有完全亡佚之時，劉向本已有小部份受高注本的影響了。」主使這種影響，也許是曾鞏以前的事，也許是姚宏的事。姚宏題辭又說：「今世所傳三十三卷。」他似乎看到高注三十三卷本的。

(三) 漢延篤戰國策論一卷

隋書、舊唐書經籍志及新唐書藝文志等，都曾著錄了延叔堅的戰國策論一卷，姚宏題辭也提到過它，說：「延叔堅之論尚存……叔堅之論，今他書時見一二。」可見姚宏的確見到此書。卷十四楚策一「江乙說於安陵君」章，姚宏在「蓐螻蟻」下引了延叔堅戰國策論說：

為王先用塡黃泉，為王作蓐以御螻蟻。

卷十五趙策二「王立周紹為傅」章，「遂賜周紹胡服、衣冠、具帶、黃金、師比」下姚宏引延叔堅之說：

胡華帶鉤也。

姚宏既然說：「今他書時見一二。」可見他所得到的是全本，也可見他所引用的都不是轉錄自他書。戰國策論只有一卷，份量非常少，自非戰國策全本，但，恐怕也非節本；我個人的推斷，它的體例及作法很可能和陸德明經典釋文、宋庠國語補音相彷彿。

（四）錢本、即錢藻本

姚宏題辭沒有提到錢藻本，但是，姚宏之見及和採用錢本，是無庸置疑的；只要稍微翻檢姚宏校注語，就可以很清楚地得到這個結論。錢本有兩個特點：

Ⓐ殘缺。今本戰國策卷二十六的卷端有姚宏校注語，說：「自此卷復有錢本。」可知錢本的篇卷必有所殘缺。殘缺了何篇何卷呢？姚宏沒有明言。我曾經將姚氏各卷所言及的版本加以統計，發現卷六至卷十，卷二十二至卷二十五，一共九卷，都沒有錢本（詳見後文附表）。姚氏提起卷二十六以前錢本有缺，所以，卷二十二至卷二十五沒有錢本，大概是不成問題；至於卷六至卷十是否也有殘缺呢？我們不敢斷言。無論如何，錢本篇卷有所殘缺，卻是一件事實。

Ⓑ錢本也有校注語。今本戰國策卷三秦策一「司馬錯與張儀爭論」章「請聞其說」句下，姚宏引了錢藻的校注語，說：「聞，舊作問。」可知錢本也有校注語。

（五）劉本、即劉敞（原父）本

今本戰國策卷三十末有姚宏注語，說：「劉原父所傳本至三十卷而止。」我曾詳細統計過姚宏校注語（見後文附表），發現卷三十一以後，的確沒有提到劉本；可知劉本在南宋初年只存三十卷，缺了後面三卷。劉敞曾說過這麼幾句話：「此書舛誤特多，率一歲再三讀，略以意屬之而已……吾老當得定本正之。」（見孫元忠後序記劉原父語）劉氏校國策之勤，於此可見。後三卷的遺失，是一件很可惜的事。

（六）曾本，卽曾鞏校注本

姚宏題辭說：「舊本有未經曾南豐校定者，舛誤尤不可讀；南豐所校，乃今所行。」檢閱今本戰國策，姚宏在校語裏常常提到曾本，可知他的確曾獲得此本。曾本有三個特點：

Ⓐ最先補足三十三卷本戰國策。根據官、私目錄的著錄，北宋之時，戰國策的幾個版本都先後殘缺不全，曾鞏乃「訪之士大夫家，始盡得其書」；這一點，上章已有所敍述了。

Ⓑ曾鞏加上校語及案語。曾鞏後序說：「正其誤謬，而疑其不可考者，然後戰國策三十三篇復完。」因為要正其誤謬，因為要疑其不可考，所以，曾南豐不得不加上校語和案語。卷

三秦策一「張儀說秦王」章「大王斬臣以徇於國，以主爲謀」句下，曾南豐案語說：「恐當作主謀。」就是一個好例子。姚宏保存曾氏的校語和案語，爲數非常少。

Ⓒ全本。南宋初年，除了曾本是全本之外，其他各本幾乎都有殘缺的現象。

以上三個版本，卽錢、劉、曾三本，姚宏校注戰國策不但採納爲「直接版本」，還據它們採納了不少的「間接版本」；這是怎麼的一個說法呢？原來錢、劉、曾三人在校注戰國策時，也和姚宏一樣地採納了許多版本，凡是和他們所據底本有不同的，都一一被記錄下來，刋刻在他們所印行的本子裏；姚宏不但採納錢、劉、曾他們刋刻的本子，也採納了他們校注語裏的「間接」本子！這些「間接版本」是姚宏所不能見到的，姚宏珍貴它們，是他最獨到的地方。

何以我們敢說錢、劉、曾三人還採用了其他一些版本呢？我們可以舉出三個證據：

Ⓐ姚宏題辭說：「舊本有未經曾南豐校定者，舛語尤不可讀。」可知曾鞏校訂戰國策，必定採用不少版本。

Ⓑ題辭又說：「余頃於會稽得孫元忠所校於其族子愨，殊爲疎略；後再扣之，復出一本，有元忠跋，並標出錢、劉諸公校字。」錢、劉諸公既有校字校語，可見他們確曾採用了其他的版本。

Ⓒ今本卷一東周策「或爲周最」章「秦盡韓、魏之上黨、大原西」下，姚宏校注說：「曾、

錢、集作『西』。錢：『一作而。』」姚注的「一作而」三字，就是錢藻的校語。姚宏既採納了這三個版本，也依據他們而採納了不少「間接版本」，這也是他的校注語的可貴之處。

（七）集本，卽集賢院本

實際上，在姚本以前的孫元忠本，已經採用了集本。集本的情形如何呢？姚宏在題辭裏沒有提及。孫元忠書後說：「集賢本最脫漏，然，亦間得一、兩字。」可見集賢院本很可能是四本裏最差的一本！所以，孫氏只採用可取的一、二處而已。姚宏題辭未言及集本，那麼，是否看到及採用集本呢？我們的答案是肯定的。我曾經統計過（見下表），姚宏校注語裏提到集本者有四十六處之多，孫元忠書後既云「亦間得一、兩字」，可見這四十六處並非姚氏過錄自孫本，姚氏實際上曾經見過集本，並且校過集本。孫元忠書後又說：「八年，再用諸本及集賢院新本校，又得一百九十六字。」很可能的，集本有兩個不同的版本，一個是舊本，一個是新本。

上述錢、劉、曾、集四本，是姚宏整理戰國策的主要版本，姚宏校語常常說「三本同」、「三同」、「四本同」、「四同」，就是指它們來說的。我曾經將姚宏校語裏提到這四本和姚氏底本的不同，作個全盤性的統計；現在，先把這個統計表列出來：

△姚氏底本和四本差異表▽

1. 數目字表示前者與後者在該卷裏差異的次數：
2. 表一是後者個別的與前者的差異：
3. 表二是後者某兩本或某三本與前者的差異：

表一

卷次	序	1	2	3	4	5	6
劉	2	5	3	6	5	5	4
曾	3	4		5	2	8	3
錢	2	1	2	2	1	8	
集	3	2		1			

表二

卷次	序	1	2	3	4	5	6
劉曾					1		5
劉錢	2	2	7	18	8	3	
劉集							
曾錢						2	
曾集	2	4	1	3	1		
錢集	1						
劉曾錢				1	2	2	
劉曾集		2		1			
劉錢集		1	1				
曾錢集		1	1	1			

23	22	21	20	19	18	17	16	15	14	13	12	11	10	9	8	7
7	8	12	4	4	7		2		2	5	3	8	5	5	8	4
9	9	12	3	7	5	3		2	9	4	4	3	7		4	6
		3	1	1	1	1			5	1						
			1			1			1	1	1	4	1			
2	4	5							2			1		1		1
			4	5	1	1			1	4						
				1					1				1			
					2				1							
				1								2				
									1							
				1	1											
	1												1			

24	25	26	27	28	29	30	31	32	33	合計
6	6	9	4	5	3	2			1	158
12	4	3	3	7	2	6	8			159
		3	1	5		4				42
1										17
1	1			1						25
		1	2	1						60
										3
					1	1	3	1		11
										14
										2
										7
										5
										2
										3

從這個表中，我們可以分析出下列諸要點：

Ⓐ無論是那一本，它們都相當的參差不齊；而且，後來的都或多或少受到前者的影響。

Ⓑ四本裏，和姚宏底本相差最遠的莫過於曾本和劉本，錢本次之，集本又次之；換句話說，姚宏所依據的底本和集本最接近（見表一）。

Ⓒ仔細觀察表二，凡是提到錢本，劉本和曾本，它們和姚氏底本相差的數量就很大，而且它們並提的次數最多；凡是提到集本，它和姚宏底本相差的數量就很少。因此，在這四個版本裏，錢本、劉本及曾本極可能是成一系統，而集本又是自成一系統。

Ⓓ姚氏底本和集本相差數量很少，姚氏底本極可能和集本是同一源流。

Ⓔ錢、劉本都在曾本之前，而曾鞏又曾「訪之士大夫家」，所以，曾本和錢、劉本同一系統，似乎不足爲奇。集本很可能是曾鞏校史館時未發現的另一版本，所以，它和錢、劉、曾相差很大，很少受它們的影響，也似乎不足爲奇。

（八）孫本，卽孫元忠校注本

姚宏題辭說：「余頃於會稽得孫元忠所校於其族子愨，殊爲疎略。後再扣之，復出一本，有元忠跋，並標出錢、劉諸公手校字，比前本雖加詳，然，不能無疑焉。如用埊、忢字，皆武后字，恐唐人傳寫相承如此。」根據這般敍述，我們可以知道：

Ⓐ姚氏所得到的孫本實際上有二，都是來自其族子愨；第一本「殊爲疎略」。

Ⓑ第二本就比較特出；特出之一是有孫元忠的跋文。這篇短短的跋文，現存於姚本卷末，說：

臣自元裕元年十二月入館，卽取曾鞏三次所校定本，及蘇頌、錢藻等不足本，又借劉敞手校、書肆印賣本參考……八年，再用諸本及集賢院新本校，又得一百九十六字，共五伯五十籤，遂爲定本，可以修寫黃本入秘閣。集賢本最脫漏，然，亦間得一兩字。

根據這跋文，我們知道孫氏採用了七個版本，卽①錢藻不足本、②劉敞校本、③蘇頌不足本、④曾鞏本、⑤書肆印賣本、⑥集賢院新本及⑦集賢院本。這七種本子，也可以說是姚宏接納自孫本的「間接版本」！

Ⓒ特出之二是有批注，孫氏標出錢、劉諸公手校字。根據我個人的考訂，孫本不但標出錢、劉諸公手校字，他自己還採納了上述七本以外的異本，並加以標注說明；例如卷二十四魏策三「秦、趙納而伐魏」章「今郊鄴者」句，姚宏留有四個小字，卽：「孫：一作效。」這是孫本特出的地方。

Ⓓ孫本另一特別的地方，是採用了武后字，如埊、坔及悳等。

（九）舊　本

姚宏題辭說：「舊本未經曾南豐校定者，舛誤尤不可讀。」所謂舊本，大概就指此本而言。姚氏校注提到此本者，爲數非常少，卽：

Ⓐ卷十六楚策三「楚王令昭睢之秦」章「魏不合秦、韓」下姚注：「韓，三同；舊作王。」

Ⓑ卷二十六韓策一「韓公仲謂向壽」章「人皆言楚之多」下姚注：「劉作多，舊作若。」

Ⓒ卷二十九燕策一「燕王謂蘇代」章「男富，然而」下姚注：「舊作乎。」

Ⓓ卷三十燕策二「秦召燕王」章「我下枳道」下姚注：「舊無我字，曾有。」

姚注提到舊本，全書僅此四次；單就這四次來看，這舊本和錢、劉、曾、集及姚氏底本都有差異。也許因爲「舛誤尤不可讀」，姚宏只採用可取的一小部份。

（十）一本

姚氏所採用的各本裏，要算此「一本」和姚氏底本相差最大！這裏，把各卷「一本」和姚宏所據底本相差的次數列爲一表：

卷次	“一本”與底本相差次數
序	3
1	14
2	2
3	22
4	13
5	24
6	24
7	18
8	28
9	8
10	11
11	6
12	16
13	12
14	17
15	8
16	2
17	16
18	4
19	20
20	10
21	19
22	12
23	18
24	5
25	14
26	6
27	1
28	2
29	3
30	3
31	4
32	1
33	1

假如把這些差異加起來，我們可以發現，其數量要比其他各本和姚氏底本的相差的總和多上一倍

左右！這是個驚人的數目。這「一本」到底是甚麼本子呢？是只有一本？還是好幾本呢？姚氏沒有交代清楚，我們也沒法考訂出來。題辭說：「都下建陽刻本，皆祖南豐，互有失得。」是否即建陽流行的一些普通刻本呢？也許是。

（十一）東坡本

卷二十一趙策四「客見趙王」章「故日月暉於外」句下姚注說：「東坡本：日月彫暉於外。」姚宏校注提及東坡本，僅此一見。是怎麼樣的一個版本呢？我們沒法子考訂出來。

（十二）別本

姚氏校注提到「別本」，計有十三次之多：

①卷八：一次
②卷十：二次
③卷十一：一次
④卷十三：四次
⑤卷十五：三次

⑥卷十六：一次

⑦卷三十一：一次

除了知道它和底本、各本有差異外，它到底是怎樣的一種版本？我們也沒法子考訂出來。

（十三）古本

姚氏提到「古本」，只有一次；卷八齊策一「秦伐魏章」「陳軫合三晉而東謂齊王」下高注：「去著而宣王也。」姚宏校注說：「去著二字，古本作走齊。」從姚宏簡單的徵引中，我們大略可以推測出下面兩點：

Ⓐ此古本一定是高誘注本，而非劉向原定本。

Ⓑ此古本很可能是殘本，否則，姚宏不應只採用一次而已。

根據我個人的考訂，姚宏整理戰國策所採用的版本，大概有上述的十三種之多；再加上他自己的底本，就有十四種了。

南宋初年戰國策各種不同版本的情形，大概就如上文所述；我們能考訂出這個可貴的結論，完全是姚宏所賜給的福氣。剩下一個問題我們想知道的，是今傳姚本的優點和缺點了。

姚本可以說保存了古本戰國策的本來面貌，並且吸收了南宋初年十三種版本以及許多「間接版本」的精華，僅僅站在版本學的立場上，我們已可以發掘出姚本的許多珍貴和特出的優點。假如沒有姚本的話，今本戰國策將不可能保存得這麼完整，也許殘缺不全，也許如吳本那麼地變亂章節；至於說要考訂出南宋初年各種版本的情形，那簡直就是妄想了。根據上文的考訂，姚氏底本和集本似乎是同一源流，而集本却並不是一個理想的版本，孫元忠書後已說過：「集賢本最脫漏。」這一點，姚宏應該知道才是；然而，他却採用了和集本最接近的一本。當然，他這個做法一定有其用意和苦衷，也許那是當時最流行的一本，也許那是當時最完整的一本。這個小缺點，就姚氏整個工作來說，並不至於嚴重到引起後人的非議，更不至於使後人到達只有惋惜的地步。

姚宏除採納了上述的十三種版本以及許多「間接版本」外，是否遺漏了一些其他的版本呢？這是很令人注意的問題。根據我個人的考訂，至少還有兩個版本是姚氏所未採入的，即：

(一)王覺校注本

王覺題戰國策說：

治平初始，得錢塘顏氏印本，讀之，愛其文辭之辯博，而字句脫誤，尤失其眞。丁未歲，予在京師，因借館閣諸公藏數本，參校之，蓋十正其六七。……會有求予本以開板者，因以授之，使廣其傳，庶幾證前本之失云。

這是王本流傳的前後經過。根據王覺自己的說法，王本也參校過好些本子；包括館閣本及私人藏本。姚氏本卷末附有王覺這篇題語，可是，姚氏似乎沒有採用王本，因爲姚宏題辭既沒提到此本，校語裏也沒有提到它。姚宏若是見到王本，似乎不應該不提，也似乎不應該提爲「一本」、「別本」或「古本」等語；假如說姚宏沒見到王本，那麼，姚本卷末的王覺題語又是從那裏來的？無論如何，姚宏似乎遺漏了王覺本。

(二) 括蒼本

括蒼本是宋耿延禧在括蒼所刊行的。耿延禧序說：

今據所藏，且用先輩數家本參定，以俟後之君子而已。

可見括蒼本採納了好幾個版本。姚宏題辭說：「括蒼所刊，因舊，無甚增損。」今本姚氏校語完全不提到此本，大極就是因爲括蒼本和舊本沒有甚麼不同的緣故。

第六章　今本篇卷之分法已非古本面貌

戰國策自從劉向編定以後，由於後人的忌諱和擯棄，不斷地遭到殘缺、亡佚的厄運。到了宋代，雖有曾鞏、姚宏、鮑彪等人的再三整理，然而，却沒有辦法彌補此中的損失。在這損失中，最令我們關心重視的是今本篇卷所存在的問題；根據我個人的研究和考訂，今本戰國策的篇卷分法已非劉向原本的面貌。今傳劉向本是如此，今傳高誘注本更是如此。

這裏我所提出的劉向原本，是指今本卷一、五、十一至三十一，共計三十三篇，來說的（詳見第四章第二附表）。北宋時高注本獨缺此二十三篇，曾鞏整理時，根據劉向本，補入高誘注本，所以，這二十三篇可以說是劉向本，至少，在文字上絕大部份是如此。曾鞏整理這二十三篇時，是否維持了劉向原本的本來面貌呢？也就是說，今本戰國策這二十三篇的篇卷分法，是否都和劉向原定本「絲毫」不差呢？根據我的研究，這個答案是否定的。

這裏，舉出一個證據來說明。

卷十六楚策三最末一章：

唐且見春申君曰：「齊人飾身、修行得爲益，然，臣羞而不學也。……今君何不爲天下梟，而令臣等爲散乎？」

卷十七楚策四首章：

或謂楚王曰：「臣聞從者欲合天下，以朝大王，臣願大王聽之也。……今夫橫人嚂口、利機，上干主心，下牟百姓，公擧而私取利，是以國權輕於鴻毛，而積禍重於丘山。」

今本戰國策「唐且見春申君」章及「或謂楚王」章是分別在卷十六及卷十七裏；然而，唐以前的本子却非如此！文選任彥昇爲齊明帝讓宣城郡第一表李善注引國策說：

唐雎謂楚王曰：「國權輕於鴻毛，而積禍重於丘山。」

李善所引「國權輕於鴻毛，而積禍重於丘山」二句，見於今本戰國策卷十七「或謂楚王」章裏；根據今本戰國策，這「國權、積禍」二句，應當是或人對楚王之辭；但是，李善却以爲是唐雎對楚王之辭！這是很詫異的一件事。我們不能隨便說李善一時看錯或引錯了，更不能說文選注「唐雎」二字是後人誤刻的；假如是如此，我們就誤以今本遷就古本了！李善是一位博學謹嚴的大學者，他斷不會錯引的；那麼，他爲甚麼把「或人」之辭當作「唐雎」的呢？根據我的推斷，唐以前的古本國策並非在「唐雎見春申君」章和「或謂楚王」章之間分篇分卷的；換句話說，這兩章都是同在一卷裏，而且，第二章的「或」字原本是沒有的。由於兩章同在一卷裏，第二章又緊跟着前一章，而且，沒有一個「或」字，所以，李善把第二章對楚王的話也當作是唐雎的！說淸楚一點，古本戰國策卷次的分法和今本不同。

討論到這裏，也許有人會說：前後兩章在一起，把後一章的當作前一章的，也是一種錯誤；李善會如此嗎？假如不會的話，我們這個推斷豈不出了問題嗎？這裏，我也舉出一個證據，來證明李善「會如此」。

卷六秦策四第八章：

秦王欲見頓弱，頓弱曰：「臣不義，不參拜，王能使臣無拜卽可矣，不卽不見也。」秦王許之。於是，頓子曰：「天下有其實而無其名者……。」秦王曰：「善。」乃資萬金，使東遊韓、魏，入其將相；北遊於燕、趙，而殺李牧；齊王入朝，四國必從，頓子之說也。

同卷同策第九章：

（章首有奪文，唐本已如此）物至而反，冬夏是也；致至而危，累碁是也……楚、燕之兵，云翔不敢校，王之功亦多矣……。

這是秦策四第八、九兩章的節文；第九章雖然章首有缺文，但是，根據第八章章末，讀者很容易就可以判斷出第九章是獨立的一章，而非前一章的附文。李善注文選陸士衡辯亡論下引了戰國策一小節文字，說：

頓子說秦王曰：今楚、魏之兵，雲翔而不敢拔。

這「楚魏、雲翔」二句，明明是第九章的文字，而李善却將它當作第八章的文字！李善並沒錯誤；第九章章首沒把說客寫出來（也許就在殘奪的缺文裏，唐本已如此），而且又緊跟在前一章，所以，李善也就把後一章的文字當作前一章來讀了。

了解了這種情形，回過頭來看正題，原來我們的推斷並沒有錯誤；唐以前的古本戰國策卷十六及卷十七並不在「唐且見春申君」及「或謂楚王」之間分卷的！曾鞏整理戰國策時，將劉向本補入殘缺的高注本，實際上並沒有維持劉向本的本來面貌；變動這種篇卷的分法，也許是無意的，也許是有意的，也許是曾鞏，也許是曾鞏以前的人（不會早過李善）。

劉向本是如此，高誘注本更莫不如此。我這裏所提出的高注本，是指卷二—四、六—十、三十二及三十三，共十篇，來說的（說詳第四章第二附表）。根據隋書經籍志的記載，高注本戰國策實際上只有二十一卷；舊唐書、新唐書的著錄以及今傳姚氏本，高注本却有三十三卷之多。高注本之被後人動手術「拉長」，似乎是一件事實。儘管這種「拉長」手術很可能是依據劉向原本，但是，在書籍刊刻、流傳不易的古代，這畢竟是一項艱難的鉅大工作；這種工作，對書籍本身的不利應該是大過它的益處的。因此，高注本篇卷所存在的問題，更是易於發現。這裏，我舉出兩個證據來。

第一個證據

卷六秦策四第八章：

物至而反，冬夏是也；致至而危，累碁是也……。

從姚宏以下，都說此章章首缺了一大段文字；史記春申君列傳也載有此事，在「物至而反」之前，說：

當是之時，秦已前使白起攻楚，取巫、黔中之郡，拔鄢、郢，東至竟陵。楚頃襄王東徙治於陳縣，黃歇見楚懷王之爲秦所誘而入朝，遂見欺，留死於秦。頃襄王其子也，秦輕之，恐壹擧兵而滅楚，歇乃上書說秦昭王曰：「天下莫强於秦、楚，今聞大王欲伐楚，此猶兩虎相與鬭。兩虎相與鬭，而駑犬受其獘，不如善楚。臣請言其說，臣聞。

新序善謀篇、春秋後語秦語（今殘）也載國策此事，章首也各有一大段文字，大致上和史記一樣。於是，姚宏根據春秋後語，補了下列一百一十個字：

頃襄王二十年，秦白起拔楚西陵，又拔鄢、郢、夷陵，燒先王之墓，王徙東北，保于陳城；楚遂削弱，爲秦所輕。於是，白起又將兵來伐，楚人有黃歇者，游學博聞；襄王以爲辯，故使於秦說昭王曰：「天下莫强於秦、楚，今聞大王欲伐楚，此猶兩虎相鬬，而駑犬受其弊，不如善楚，臣請言其說。臣聞之。

清代黃丕烈在戰國策札記裏，根據上文所說的文選李善注的引文，懷疑原本戰國策此章章首只缺

「說秦王曰」四個字，否定了姚宏所補的；他說：

> 策本但當作「說秦王曰：物至而反」云云，並無闕文。……李善注文選辯亡論引「楚、魏之兵，雲翔而不敢校」，以爲頓子說秦王，蒙上章爲說，必戰國策舊讀。

史記採用「戰國策」的原始材料（那時，劉向還沒整理出來）最多，而且，大部份是整章整節地「搬」進去；新序是劉向編的，和戰國策的關係也很密切；春秋後語是晉代孔衍根據史記、戰國策加以改編，因襲戰國策的地方尤其多；從這觀點來看，戰國策此章章首應該是缺了一大段文字的（黃丕烈根據高注來批駁姚宏；說太史公這段文字並不本於戰國策。我個人以爲，與其相信高注，不如相信太史公；因爲太史公看到的是原始材料）。這一大段文字的殘缺，在唐代李善之前；所以，李善引用時，才把它當作前章頓子的說辭。黃丕烈不重視史記、新序、春秋後語三書的事實，爲了要把它解釋作是頓子的說辭，便過份遷就李善注，才造成否定姚宏的說法，以爲古本戰國策此處只缺「說秦王曰」四個字；這是不足信服後人的。

爲甚麼卷六的第八章章首會殘缺了一大段文字呢？一篇文字、一卷書之殘缺，按照常理來說，應該是在篇首、卷端或者是篇末、卷尾的，何以偏偏會在一卷書的中間呢？這是極不可能的事，也是太稀罕的事。我們不能輕易地抹煞它。

根據我個人的判斷，非常可能的，古本戰國策就在第八章之前分卷的！因爲它在卷端，所以

「丟掉」了一大段文字！今本戰國策卷二十五魏策四的首章，其章首也缺了一段文字，正是這種情形的最好寫照。

第二個證據

今本戰國策最末一卷中山策的末章，載的是一段有關秦將武安君白起的長文字，我們不怕麻煩地把它錄下：

昭王既息民繕兵，復欲伐趙，武安君曰：「不可。」王曰：「前年國虛民饑，君不量百姓之力，求益軍糧以滅趙。今寡人息民以養士，蓄積糧食，三軍之俸有倍於前，而曰『不可』，其說何也？」武安君曰：「長平之事，秦軍大尅，趙軍大破；秦人歡喜，趙人畏懼。秦民之死者厚葬，傷者厚養，勞者相饗飲食餔餽，以靡其財；趙人之死者不得收，傷者不得療，涕泣相哀，勠力同憂，耕田疾作，以生其財。今王發軍，雖倍其前，臣料趙國守備亦以十倍矣！趙自長平已來，君臣憂懼，早朝晏退，卑辭重幣，四面出嫁，結親燕、魏，連好齊、楚，積慮並心，備秦爲務，其國內實，其交外成；當今之時，趙未可伐也。」王曰：「寡人既以興師矣。」乃使五校大夫王陵，將而伐趙。陵戰失利，亡五校；王欲使武安君，武安君稱疾不行。王乃使應侯往見武安君，責之曰：「楚地方五千里，持戟百萬，君前率數萬之衆入楚，拔鄢、郢，焚其廟，東至竟陵，楚人震恐，東徙而不敢西向。韓、魏相率興兵甚衆，君所將之不能半之，而與戰之於伊闕，大破二國之軍，流血漂鹵，斬首二十四萬，韓、魏以故至今稱東藩；此君之功，天下莫不聞。今趙卒之死於長平者，已十七八，其國虛弱，是以寡人大發軍人，數倍於趙國之衆，願使君將，必欲滅之矣！君嘗以寡擊衆，取勝如神，況以强擊弱、以衆擊寡乎？」武安君曰：「是時楚王恃其國大，不恤其政，而羣臣相妬以功，諂諛用事，良臣斥疎，百姓心離，城池不修，既無良臣，又無守備，故起所以得引兵深入，多倍城邑，發梁焚舟以專民，以掠於郊野，以足軍食。當此之時，秦中士卒，以軍中爲家，將帥爲父母；不約而親，不謀而信，一心同功，死不旋踵；楚人自戰其地，咸顧其家，各有散心，莫有鬭志，是以能有功也。伊闕之戰，韓孤顧魏，不欲先用其衆；魏恃韓之銳，欲推以爲鋒，二軍爭便之力不同，是以臣得設疑兵以待韓陣，專軍並銳，觸魏之不意。魏軍既敗，韓軍自潰，乘勝逐北，以是之故能立功，皆計利、形勢、自然之理，何神之有哉？今秦破趙軍於長平，不遂以時，乘其振懼之而滅；畏而釋之，使得耕稼以益蓄積，養孤長幼以益其衆，繕治兵甲以益其强，增城浚池以益其固，主折節以下其臣，臣相體以下死士，至於平原君之屬，皆令妻妾補縫於行伍之間，臣人一心，上下同力，猶勾踐困於會稽之時也。趙必固守，挑其軍戰，必不肯出；圍其國都，必不可尅；攻其列城，必未可拔；掠其郊野，必無所得。兵出無功，諸侯生心，外救必至。臣見其害，未覩其利。又病未能行。」應侯慚而退，以言於王，王曰：「微白起，吾不能滅趙乎？」復益發軍，更使王齕代王陵伐趙，圍邯鄲八九月，死傷者衆而弗下，趙王出輕銳以寇其後，秦數不利。武安君曰：「不聽臣計，今果何如？」王聞之，怒，因見武安君，強起之，曰：「君雖病，強爲寡人臥而將之；有功，寡人願將加重於君。如君不行，寡人恨君。」武安君頓首曰：「臣知行雖無功，得免於罪；雖不行，無罪，不免於誅。然，惟願大王覽臣愚計，釋趙養民以諸侯之變，撫其恐懼，伐其憍慢，誅滅無道，以令諸侯，天下可定；何必以趙爲先乎？此所謂爲一臣屈而勝天下也。大王若不察臣愚計，必欲怒心於趙，以致臣罪，此亦所謂勝一臣而爲天下屈者也。夫勝一臣之嚴焉，孰若勝天下之威大耶？臣聞明主愛其國，忠臣愛其名，破國不可復完死，卒不可復生，臣寧伏受重誅而死，不忍爲辱軍之將，願大王察之。」王不答而去。

細讀這段文字，我們發現它說的是秦昭王和武安君白起的事，稍微牽涉到一點點關係的也只有趙國而已；那麼，爲甚麼會被「擺」到中山策裏來呢？這眞是一件不可思議的事。史記白起列傳也載有它，不過，非常簡單和扼要，任何人都可以看出是太史公節錄自戰國策原始本的。劉向敍錄不是已經說過「臣向因國別者，略以時次之」嗎？怎麼還會有這種錯亂得離譜的事情發生呢？姚宏戰國策題辭說：「武安君事在中山卷末，不知所謂。」也想不出所以然來。

根據我的判斷，古本高注戰國策秦策的卷次一定出了大問題，分法一定和今本不同，才會掉了這麼一大段文字！後人在校讀時，發現了這一段文字，卻不知該補到秦策那一卷裏去，才無可奈何地附入最末一卷的中山策！

戰國策經過劉向編定後，中間雖有曾鞏、姚宏等人的再次整理，但是，它已非古本面貌了！這些，我在第八章將詳細加以討論。在現存的許多問題裏，篇卷的分法最為人所關注；經過我們的研究，我們發現，無論是今本的劉本或高本，它們篇卷的分法已非古本的本來面貌了。

第七章　今本章次之淆亂和殘奪

北宋的時候，曾鞏曾如此說過：「始盡得其書，正其誤謬，而疑其不可考者。」可見戰國策在當時之淆亂和殘奪了。到了姚宏來整理時，又發現了更多的困難，一則說：「武安君事在中山卷末，不知所謂。」二則說：「舊本有未經曾南豐校定者，舛誤尤不可讀。」三則說：「都下建陽刻本，皆祖南豐，互有失得。」這些困難，無一不是針對章次和文字來說的。就以姚宏所得的四個最著名的版本——錢藻本、劉敞本、曾鞏本及集賢院本——來說，也都在章次上發生淆亂和殘奪的現象。例如姚宏在卷二十六卷端說：「自此卷復有錢本。」可見錢本殘奪現象的嚴重性；又如卷二十一姚宏在卷末說：「集賢院第二十一卷全不同。」怎麼不同法？所不同的又是甚麼？這種「面目全非」的現象，無一不是反映出這部書的淆亂和殘奪。從第四、五章裏，我們可以了解曾鞏、姚宏是費了多大的工夫去整理它；然而，從上一章的考訂，我們却發現今本篇卷的分法已非古本面貌；這一章，我們將更深一層來研究今本（姚本）在章次上的淆亂和殘奪的情形。從這些研究討論的過程中，我們深深地體會到，戰國策這部書已經被擯棄到怎麼樣的程度！要不是曾鞏、姚宏的整理，它又將會殘缺到怎麼樣的地步。

首先，我們要討論的，是今本戰國策章次淆亂的情形；四十多年前，暄普在北平女師學院期刋第二期裏發表了一篇「戰國策校補摘例」，曾提出了這個問題。對於他的說法和看法，我大致上是同意的；不過，他並沒有全盤性地提出來討論，使我們沒法子看清楚戰國策章次淆亂和殘奪的眞正情形，而且，有一些說法和例子顯然的是錯誤了。這裏，我參照他的文章，全盤性地提出來研究；庶幾乎可以看到淆亂和殘奪的全貌。

今本（姚本）戰國策章次的淆亂，大致上來說，可以分爲下列五端：第一、章次應分而合者；第二、章次應合而分者；第三、國別不合者；第四、錯簡；第五、重複。這些淆亂的發生，都是在劉向編定之後，姚宏整理以前的。

（一）　章次應分而合者

這種現象，在姚氏本裏發生最多，有時是兩則合在一起，有時是三則合在一起；吳本大部份將它們析開。這裏，把它們全部列出來，讀者可以看出今本章次淆亂的嚴重性；其下有×者，表示吳本也未析開。

東周策

1.「東周與西周戰」章，自「東周與西周爭」以下，應析爲另一章。

2.「昭獻在陽翟」章，自「秦假道於周以伐韓」以下，應析爲另一章。

3.「周相呂倉見客於周君」章，自「周文君免士工師藉」以下，應析爲另一章。

4.「或爲周最謂金投」章，自「周最謂金投」以下，應析爲另一章。

5.「石行秦謂大梁造」章，自「謂薛公」及「齊聽祝弗」以下，應分別析爲二章。

6.「爲周最謂魏王」章，自「謂周最」以下，應析爲另一章。

秦策一

7.「田莘之爲陳軫說秦惠王」章，自「張儀又惡陳軫」以下，應析爲另一章。

秦策二

8.「甘茂亡秦」章，自「甘茂相秦」以下，應析爲另一章。

秦策三

9.「范雎至，秦王庭迎」章，自「范雎曰：臣居山東」以下，應析爲另一章。

秦策四

10「三國攻秦入函谷」章，自「秦昭王謂左右」以下，應析爲另一章×。

11「楚、魏戰於陘山」章，自「楚使者景鯉在秦」以下，應析爲另一章。

齊策三

12「齊欲伐魏」章，自「國子曰」以下，應析爲另一章。

齊策四

13「孟嘗君逐於齊而復反」章，自「齊宣王見顏斶」以下，應析爲另一章。

14「蘇秦自燕之齊」章，自「蘇秦謂齊王」以下，應析爲另一章。

齊策六

15「濮上之事」章，自「齊閔王之遇殺」以下，應析爲另一章。

趙策一

16「張孟談既固趙宗」章，自「晉畢陽之孫豫讓」以下，應析爲另一章。

趙策三

17「富丁欲以趙合齊」章，自「魏因富丁且合於秦」以下，應析爲另一章。

趙策四

18「客見趙王」章，自「秦攻魏，取寧邑」以下，應析爲另一章×。

魏策一

19「知伯索地於魏」章，自「韓、趙相難」以下，應析爲另一章。

魏策二

20「田需貴於魏王」章，自「田需死」以下，應析爲另一章。

魏策三

21「秦使趙攻魏」章，自「魏太子在楚」以下，應析爲另一章。

魏策四

22「芮宋欲絕秦、趙之交」章，自「爲魏謂楚王」以下，應析爲另一章。

韓策一

23「三晉已破」章，自「大成午從趙來」以下，應析爲另一章。

24「張儀爲秦連橫說韓王」章，自「宣王謂摎留」以下，應析爲另一章。

韓策二

25「楚令景鯉入韓」章，自「韓咎立爲君而未定也」以下，應析爲另一章。

韓策三

26「公仲使韓珉之秦」章，自「韓相公仲珉死」及「客卿爲韓謂秦王」以下，應分別析爲二章。

燕策一

27「燕王噲旣立」章，自「初蘇秦弟厲」以下，應析爲另一章。

宋衞策

28「宋與楚爲兄弟」章，自「魏太子自將過宋」以下，應析爲另一章。章次應分而合者，總計有二十八處之多；今傳姚氏本之淆亂情形，於此可見了。

（二）章次應合而分者

劉向編定戰國策時，是不是已經犯了這個毛病，我們不太敢肯定；不過劉向敍錄說：「中書餘卷錯亂相揉莒……臣向因國別者，略以時次之。」可見劉向確曾費了很大的工夫來整理。今傳姚氏本，發生章次應合而分的現象，爲數相當多；將它們歸咎到劉向身上去似乎不合理，我們應該歸咎於後人的過度擯棄。最早發現這種應合而分的現象並且加以整理的，應該是鮑彪；鮑彪許多做法固然値得批評，不過，在這方面却是貢獻良多。

這裏，我們先擧出一個例子來說明。

趙策三第十五章：

建信君貴於趙，公子魏牟過趙。趙王迎之，顧返至，坐前有尺帛，且令工人以爲冠；工見客來也，因避。趙王曰：「公子乃驅後車，幸以臨寡人，願聞所以爲天下。」魏牟曰：「王能重王之國，若此尺帛，則王之國大治矣。」趙王不說形於顏色，曰：「先王不知寡人不肖，使奉社禝，豈敢輕國若此！」魏牟曰：「王無怒，請爲王說之。曰：王有此尺帛，何不令前郎中以爲冠？」王曰：「郎中不知爲冠。」魏牟曰：「爲冠而敗之，奚虧於王之國？而王必待工，而後乃使之。今爲天下之工或非也，社稷爲虛戾，先王不血食，而王不予工，乃與幼艾。且王之先帝駕犀首而驂馬服，以與秦角逐，秦當時適其鋒。今王幢幢乃輦建信以與强秦角逐，臣恐秦王折王之椅也。」

趙策三第十六章：

衞靈公近雍疸、彌子瑕，二人者專君之勢，以蔽左右。復塗偵謂君曰：「昔日臣夢見君。」君曰：「子何夢？」曰：「夢見竈君。」君忿然作色曰：「吾聞夢見人君者，夢見日；今子曰夢見灶君而言君也，有說則可，無說則死。」對曰：「日並燭天下者也，一物不能蔽也；若竈，則不然。前之人煬，則後之人無從見也；今臣疑人之有煬於君者也，是以夢見竈君。」君曰：「善。」於是因廢雍疸、彌子瑕而立司空狗。

根據鮑彪的整理，這兩則應該合在一起的；合併之後，它們是如此的：

建信君貴於趙，公子魏牟過趙。趙王迎之，顧返至，坐前有尺帛，且令工人以爲冠；工見客來也，因避。趙王曰：「公子乃驅後車，幸以臨寡人，願聞所以爲天下。」魏牟曰：「王能重王之國，若此尺帛，則王之國大治矣。」趙王不說形於顏色，曰：「先王不知寡人不肖，使奉社稷，豈敢輕國若此！」魏牟曰：「王無怒，請爲王說之。曰：王有此尺帛，何不令前郎中以爲冠？」王曰：「郎中不知爲冠。」魏牟曰：「爲冠而敗之，奚虧於王之國？而王必待工，而後乃使之。今爲天下之工或非也，社稷爲虛戾，先王不血食，而王不予工，乃與幼艾。衞靈公近雍疸、彌子瑕，二人者專君之勢，以蔽左右。復塗偵謂君曰：『昔日臣夢見君。』君曰：『子何夢？』曰：『夢見竈君。』君忿然作色曰：『吾聞夢見人君者，夢見日；今子曰夢見灶君而言君也，有說則可，無說則死。』對曰：『日並燭天下者也，一物不能蔽也。若竈，則不然；前之人煬，則後之人無從見也。今臣疑人之有煬於君者也，是以夢見竈君。』君曰：『善。』於是因廢雍疸、彌子瑕而立司空狗。且王之先帝駕犀首而驂馬服，以與秦角逐；秦當時適其鋒。今王幢幢乃輦建信以與強秦角逐，臣恐秦王折王之椅也。」

雍疸、彌子瑕是春秋時人，怎麼會「擺」入戰國策呢？他們之出現，非常可能的，是在說客的說辭裏。魏牟在說到「乃與幼艾」之後，相繼提出雍疸、彌子瑕來，是一件很可能的事；結尾，他又將建信君批評了一番，來和雍疸、彌子瑕相呼應；鮑彪這種合併，合理得令我們佩服。

檢閱吳本，鮑彪一共合併了下列十二章，即：

1. 魏策一「張儀告公仲」章
2. 同策「徐州之役」章

} 合爲一

3. 魏策三「犀首見梁君」章
4. 同策「蘇代爲田需說魏王」章 } 合爲一
5. 韓策一「韓公仲相齊」章
6. 同策「王曰：向也」章 } 合爲一
7. 同策「秦圍宜陽」章
8. 同策「韓公仲謂向壽」章 } 合爲一
9. 燕策一「燕昭王收破燕後」章
10 燕策三「客謂燕王」章 } 合爲一
11 同策「蘇代爲奉陽君說燕」章
12 同策「奉陽君告朱權」章 } 合爲一

連同上面趙策三兩則的話，鮑彪一共合併了十四則；也許有一些合併得不能令人苟同，不過，這種應合而分的現象畢竟是存在着。

(三) 國別不合者

章次安置在不相關的「策」裏，假如我們根據鮑彪的話，可以發現數量將會相當多；這裏，我不計劃將它們臚列出來，因為他的重新安排並不十分令人滿意。儘管如此，這種國別不合的現象畢竟存在着，我們不厭其煩地錄下一則；中山策最末一章說：

> 昭王既息民繕兵，復欲伐趙，武安君曰：「不可。」王曰：「前年國虛民饑，君不量百姓之力，求益軍糧以滅趙。今寡人息民以養士，蓄積糧食，三軍之俸有倍於前，而曰『不可』，其說何也？」武安君曰：「長平之事，秦軍大尅，趙軍大破；秦人歡喜，趙人畏懼。秦民之死者厚葬，傷者厚養，勞者相饗飲食餔餽，以靡其財；趙人之死者不得收，傷者不得療，涕泣相哀，勠力同憂，耕田疾作，以生其財。今王發軍，雖倍其前，臣料趙國守備亦以十倍矣！趙自長平已來，君臣憂懼，早朝晏退，卑辭重幣，四面出嫁，結親燕、魏，連好齊、楚，積慮並心，備秦為務，其國內實，其交外成；當今之時，趙未可伐也。」王曰：「寡人既以興師矣。」乃使五校大夫王陵，將而伐趙。陵戰失利，亡五校；王欲使武安君，武安君稱疾不行。王乃使應侯往見武安君，責之曰：「楚地方五千里，持戟百萬，君前率數萬之衆入楚，拔鄢、郢，焚其廟，東至竟陵，楚人震恐，東徙而不敢西向。韓、魏相率興兵甚衆，君所將之不能半之，而與戰之於伊闕，大破二國之軍，流血漂鹵，斬首二十四萬，韓、魏以故至今稱東藩；此君之功，天下莫不聞。今趙卒之死於長平者，已十七八，其國虛弱，是以寡人大發軍人，數倍於趙國之衆，願使君將，必欲滅之矣！君嘗以

寡擊衆，取勝如神，況以强擊弱、以衆擊寡乎？」武安君曰：「是時楚王恃其國大，不恤其政，而羣臣相妬以功，諂諛用事，良臣斥疎，百姓心離，城池不修，旣無良臣，又無守備，故起所以得引兵深入，多倍城邑，發梁焚舟以專民，以掠於郊野，以足軍食，當此之時，秦中士卒，以軍中爲家；將帥爲父母。不約而親，不謀而信，一心同功，死不旋踵，楚人自戰其地，咸顧其家，各有散心，莫有鬬志，是以能有功也。伊闕之戰，韓孤顧魏，不欲先用其衆；魏恃韓之銳，欲推以爲鋒，二軍爭便之力不同，是以臣得設疑兵以待韓陣，專軍並銳，觸魏之不意，魏軍旣敗，韓軍自潰，乘勝逐北，以是之故能立功，皆計利、形勢、自然之理，何神之有哉？今秦破趙軍於長平，不遂以時，乘其振懼而滅之；畏而釋之，使得耕稼以益蓄積，養孤長幼以益其衆，繕治兵甲以益其强，增城浚池以益其固，主折節以下其臣，臣推體以下死士，至於平原君之屬，皆令妻妾補縫於行伍之間，臣人一心，上下同力，猶勾踐困於會稽之時也。趙必固守，挑其軍戰，必不肯出，圍其國都，必不可尅；攻其列城，必未可拔；掠其郊野，必無所得。兵出無功，諸侯生心，外救必至。臣見其害，未覩其利，又病未能行。」應侯慚而退，以言於王，王曰：「微白起，吾不能滅趙乎？」復益發軍，更使王齕代王陵伐趙，圍邯鄲八、九月，死傷者衆而弗下，趙王出輕銳以寇其後，秦數不利。武安君曰：「不聽臣計，今果何如？」王聞之，怒，因見武安君，强起之，曰：「君雖病，强爲寡人臥而將之；有功，寡人願將加重於君。如君不行，寡人恨君。」武安君頓首曰：「臣知行雖然功，得免於罪；雖不行，無罪，不免於誅。然惟願大王覽臣愚計，釋趙養民以諸侯之變，撫其恐懼，伐其憍慢，誅滅無道，以令諸侯，天下可定；何必以趙爲先乎？此所謂爲一臣屈而勝天下也。大王若不察臣愚計，必欲快心於趙，以致臣罪，此亦所謂勝一臣而爲天下屈者也。夫勝一臣之嚴焉，孰若勝天下之威大耶？臣聞明主愛其國，忠臣愛其名，破國不可復完，死卒不可復生，臣寧伏受重誅而死，不忍爲辱軍之將，願大王察之。」王不答而去。

只要仔細把上面這一章讀一下，任何人都會發現，它所說的盡是秦昭王和白起的事，了不起和趙國扯上一點關係吧！至於和中山，簡直是風馬牛不相及；將它擺入中山策，可以說是內容與國別不合。就在這篇文章之末，姚本留有幾個字，說：「子由古史云：戰國策文，並收入。」可見這篇文章本來並不是擺在中山策，而是後人校讀戰國策時附進去的；有關這個問題，我在第六章已經敘述了，此處不再贅言。

內容和國別不合，正表示章次淆亂的現象。

（四）錯　簡

錯簡的現象似乎不太多；鮑彪曾經略爲整理。爲了愼重起見，我不擬全部舉出來，這裏，舉出一個確而不誤的來作例子。

秦策三第十一章（爲說明起見，文中附加阿剌伯數字）：

①張儀又惡陳軫於秦王曰：「軫馳楚、秦之間，今楚不加善秦而善軫，然則是軫自爲而不爲國也；且軫欲去秦而之楚，王何不聽乎？」王謂陳軫曰：「吾聞子欲去秦而之楚，信乎？」陳軫曰：「然。」王曰：「儀之言果信也。」曰：「非獨儀知之也，行道之人皆知之。曰：孝己愛其親，天下欲以爲子；子胥忠乎其君，天下欲以爲臣。賣僕妾售乎閭巷者，良僕妾也；出婦嫁鄉曲者，良婦也。吾不忠於君，楚亦何以軫爲忠乎？忠且見棄，吾不之楚，何適乎？」秦王曰：「善。」乃必之也。

第十二章：

②陳軫去楚之秦，張儀謂秦王曰：「陳軫爲王臣，常以國情輸楚；儀不能與從事，願王逐之；即復之楚，願王殺之。」王曰：「軫安敢之楚也？」王召陳軫告之曰：「吾能聽子言，子欲何之，請爲子約車。」對曰：「臣願之楚。」王曰：「儀以子爲之楚，吾又自知子之楚，子非楚且安之也？」軫曰：「臣出必故之楚，以順王與儀之策，而明臣之楚與不也。

楚人有兩妻者，人誂其長者，詈之；誂其少者，少者許之。居無幾何，有兩妻者死，客謂誂者曰：『汝取長者乎？少者乎？』『取長者。』客曰：『長者詈汝，少者和汝；汝何爲取長者？』曰：『居彼人之所，則欲其許我也；今爲我妻，則欲其爲我詈人也。』今楚王，明主也；而昭陽，賢相也。軫爲人臣，而常以國輸楚王，王必不留臣，昭陽將不與臣從事矣；以此明臣之楚與不。」

③軫出，張儀入，問王曰：「陳軫果安之？」王曰：「夫軫，天下之辯士也，孰視寡人曰：『軫必之楚。』寡人遂無奈何也，寡人因問曰：『子必之楚，則儀之言果信矣。』軫曰：『非獨儀之言也，行道之人皆知之。昔者子胥忠其君，天下皆欲以爲臣；孝己愛其親，天下皆欲以爲子。故賣僕妾不出里巷而取者，良僕妾也；出婦嫁於鄉里者，善婦也。臣不忠於王，楚何以？軫爲忠尙見棄，軫不之楚而何之乎？』」

④王以爲然，遂善待之。

仔細閱讀這前後兩章，我們會發現幾個問題：

㈠第十一章應該在第十二章之後，因爲第十一章是「張儀又惡陳軫」；今本擺在前面，顯得章次淆亂。

㈡第③節擺在第②節之後，似乎不太恰當，因爲第③節秦王引述陳軫的話給張儀聽，與第②

節陳軫的話不符合。假如擺在第①節之後，可以說再恰當不過了，因爲秦王聽了第②節陳軫的話，對張儀已失去信任；當張儀再次誹謗陳軫時，他便將陳軫的話「搬」出來對應。

㈢第④節似乎應該擺在第②節之後，秦王聽了陳軫的話，才知道陳軫是無辜的；由於秦王善待陳軫，才引起第①節張儀的「又惡陳軫於秦王」。

經過我們的分析，發現這兩章應該重新排列，它們前後的次序該是：

②、④、①、③

今本所以如此前後顚倒，完全是錯簡的關係。

(五) 重 複

這裏所說的重複，是指完全重複來說的。有關這個問題，我在第一章曾經提過，那時，我以這些重複爲例子，來證明戰國策並非是一個人所作的；我的基本觀念是，這些重複的現象在劉向編纂時就已經留下來了。這個基本觀念是正確的；但是，有些重複的現象也許不能完全歸咎到劉向身上去，戰國策既然殘闕得如此嚴重，有些重複的篇章怎麼不會是後人重新編訂時所造成的呢？我不願把這種現象完全推諉到劉向身上去，也不願意完全指定是後人所造成的，比較客觀的看法，也許兩種情形都有。我把這種完全重複的現象擧出來，只是當作今本篇章淆亂的幾個證據之一而已；只要下列諸多例子有一個是後人所造成的，這一項說法便成立了。

經過我的檢閱，我發現今本戰國策至少有下列五組篇章是完全重複的：

1. 韓公叔有齊、魏，而太子有楚、秦，以爭國。鄭申為楚使於韓，矯以新城、陽人予太子，楚王怒，將罪之，對曰：「臣矯予之，以為國也。臣為太子得新城、陽人以與公叔爭國，而得之，齊、魏必伐韓；韓氏急，必懸命於楚，又何新城、陽人之敢求？太子不勝，然而不死，今將倒冠而至，又安敢言地？」楚王曰：「善。」乃不罪也。（楚策一，姚本 p. 270）

韓公叔與幾瑟爭國，鄭彊為楚王使於韓，矯以新城、陽人合世子，以與公叔爭國。楚怒，將罪之，鄭彊曰：「臣之矯與之，以為國也。臣曰：世子得新城、陽人以與公叔爭國，而得全，魏必急韓氏，韓氏急，必縣命於楚，又何新城、陽人敢索？若戰而不勝，走而不死，今且以至，又安敢言地？」楚王曰：「善。」乃弗罪。（韓策二，姚本 p. 549–550）

2. 陳軫告楚之魏，張儀惡之於魏王曰：「軫猶善楚，為求地甚力。」左爽為陳軫曰：「儀善於魏王，魏王甚信之。公雖百說之，猶不聽也，公不如以儀言為資，而得復於楚。」陳軫曰：「善。」因使人以儀之言聞於楚。楚王喜，欲復之。（楚策三，姚本 p. 303）

張儀惡陳軫於魏王曰：「軫善事楚，為求壤地也甚力之。」左華為陳軫曰：「儀善於魏王，魏王甚愛之。公雖百說之，猶不聽也，公不如儀之言爲資，而反於楚王。」陳軫曰：「善。」因使人先言於楚王。（魏策一，姚本 p. 451）

3. 虞卿謂春申君：……魏王曰：「鄉也子云『天下無敵』，今也子云『乃且攻燕』者，何也？」對曰：「今謂馬多力，則有矣；若云勝千鈞，則不然者，何也？夫千鈞，非馬之任也。今謂楚强大則有矣，若越趙、魏而鬭兵於燕，則豈楚之任也哉！非楚之任而楚爲之，是敝楚也。敝楚，見强魏也，其於王孰便也？」（楚策四，姚本 p. 324-325）

王曰：「向也子曰『天下無道』，今也子曰『乃且攻燕』者，何也？」對曰：「今謂馬多力則有矣，若曰勝千鈞，則不然者，何也？夫千鈞，非馬之任也。今謂楚强大，則有矣；若夫越趙、魏而鬭兵於燕，則豈楚之任也哉！且非楚之任而楚爲之，是弊楚也。强魏，弊楚，其於王孰便也？」（韓策一，姚本 p. 541）

4. 蘇秦拘於魏，欲走而之韓，魏氏閉關而不通。齊使蘇厲爲之謂魏王曰：「齊請以宋地封涇陽君，而秦不受也。夫秦非不利有齊而得宋地也，然其所以不受者，不信齊王與蘇秦也。今秦見齊、魏之不合也，如此其甚也，則齊必不欺秦，而秦信齊也。齊、秦合，而涇陽君有宋地，則非魏之利也。故王不如復東蘇秦，秦必疑齊而不聽也。夫齊、秦不合，天下無憂，伐齊成，則地廣矣。」（魏策一，姚本 p. 449）

蘇代過魏，魏爲燕執代。齊使人謂齊王曰：「齊請以宋地封涇陽君，秦不受。秦非不利有齊而得宋地也，不信齊王與蘇子也。今齊、魏不和，如此其甚，則齊不欺秦，秦信齊。齊、秦合，涇陽有宋地，非魏之利也。故王不如東蘇子，秦必疑而不信蘇子也。齊、秦不合，天下無變，伐齊之形成矣。」於是出蘇代之宋，宋善待之。（燕策一，姚本 p. 596—597）

5.白珪謂新城君曰：「夜行者，能無爲奸，不能禁狗使無吠己也。故臣能無議君，不能禁人議臣於君也。」（魏策四，姚本 p. 507）

段產謂新城君曰：「夫宵行者，能無爲奸，而不能令狗無吠己。今臣處郎中，能無議君於臣，而不能令人毋議臣於君，願君察之也。」（韓策三，姚本 p. 578）

這五組文字，會不會都是劉向在「一事兩傳」的情形下保存下來呢？這是不可能的，劉向敍錄已說過：「除復重，得三十三篇。」假如劉向由於一時疏忽而沒有「除」得乾淨的話（的確是如此，後文「從太史公用戰國策看國策原始本之面貌」章將論及），也不可能都是如此。由於異常相似、部份相同或合二爲一而讓它們「一事兩傳」同時存在着，或是疏忽刪除，也許有可能；完全重複，內容、說客都全同，而讓它們同時存在，也許就沒有此可能，至少，不會完全如此。

章次完全重複，正反映出今本章次淆亂的嚴重性。

最後，我們要提出來討論的，是今本戰國策殘奪的現象。廣義來說，殘奪應該包括佚文來說的，因爲它們原本也是戰國策的文字，由於「拉長」、篇卷變動、章次淆亂以及其他人爲因素，它們「脫離」了本書；這類殘奪非常嚴重，從戰國策佚文之多可以窺出此點。狹義來說，單單指今本的缺文奪字；我們這裏所想提出的，也就是這方面的問題。

在擧例說明之前，有三件事必須表白淸楚：

第一、一兩個字的殘奪將不包括在討論範圍之內，因爲這類例子太多了。

第二、姚本（也卽姚宏所據底本）和其他版本——特別是錢、劉、曾、集本——相差的，雖然也是姚本殘奪現象之一，但，却不包括在討論範圍之內。

第三、參照其他書籍，有時我們可以發現今本戰國策某些地方確實是有殘奪現象的；這些，也不在討論範圍之內。

根據我個人的硏究，今本戰國策比較嚴重的殘奪，大約有下列幾處：

1.秦策四第八章：

物至而反，冬夏是也；致至而危，累碁是也。今大國之地，半天下，有二垂，此從生民以來萬乘之地未嘗有也。……

此章章首大槪有殘奪，根據姚宏等人的考訂，殘奪了一百多個字，前一章已有所敍述。

2. 齊策三「楚王死，太子在齊質」章：

楚王死，太子在齊質。蘇秦謂薛公曰：「君何不留楚太子以市其下東國。」薛公曰：「不可。我留太子，郢中立王；然則是我抱空質而行不義於天下也。」蘇秦曰：「不然，郢中立王，君因謂其新王曰：與我下東國，吾爲王殺太子，不然，吾將與三國共立之。然則下東國必可得也。」蘇秦之事，①可以請行；②可以令楚王亟入下東國；③可以益割於楚；④可以忠太子而使楚益入地；⑤可以爲楚王走太子；⑥可以忠太子使之亟去；⑦可以惡蘇秦於薛公；⑧可以爲蘇秦請封於楚；⑨可以使人說薛公以善蘇子；⑩可以使蘇子自解於薛公。

①蘇秦謂薛公曰……故曰：可以請行也；

②謂楚王曰……故曰：可以使楚亟入地也；

③謂薛公曰……故曰：可以益割於楚；

④謂太子曰……故曰：可以使楚益入地也；

⑤謂楚王曰……故曰：可以爲楚王使太子亟去也；

⑥謂太子曰……故曰：可以使太子急去也；

⑦蘇秦使人請薛公曰……故曰：可使人惡蘇秦於薛公也；

⑧又使人謂楚王曰……故曰：可以爲蘇秦請封於楚也；

⑨又使景鯉請薛公曰……故曰：可以爲蘇秦說薛公以善蘇秦。

這一章的章法非常清楚，前後每一節都是互相呼應；後頭的每一節都在說明前面的每一句。因爲它的章法如此的清楚，我們很容易可以發現章末殘缺了一小節，以來解釋上文第⑩句的「可以使蘇子自解於薛公」。最低限度的估計，大約缺了三十或四十多個字。

3.齊策六「燕攻齊，齊破」章：

燕攻齊，齊破，閔王奔莒，淖齒殺閔王……乃使人聽於閭里，聞丈夫之相□與語擧□□□曰：「田單之愛人，嗟！乃王之教澤也。」

黃丕烈讀未見書齋重雕剡川姚氏本，此章缺了五個字；黃氏札記說：「今本不空，鮑本不空。……所空疑本有姚氏校語而刪去者。」也許正如黃氏所說的，所缺的是姚宏的校語；我們不敢太肯定。

4.楚策四「虞卿謂春申君」章：

虞卿謂春申君曰：「臣聞之春秋：『於安思危，危則慮安。』今楚王之春秋高矣；而君之封也，不可不早定也。爲主君慮封者，莫如遠楚。秦孝公封商君，孝公死而後不免殺之；秦惠王封冉子，惠王死而後王奪之。公孫鞅，功臣也；冉子，親姻也。然而不免奪、死者，封近故也。太公望封於齊，邵公奭封於燕，為其遠王室矣。今燕之罪大而趙怒深，故君不如北兵以德趙，踐亂燕，以定身封，此百代之一時也。」君曰：「所道攻燕，非齊則魏，魏、齊新怨楚，楚君雖欲攻燕，將道何哉？」對曰：「請令魏王可。」君曰：「何如？」對曰：「臣請到魏而使所以信之。」廼謂魏王曰：「夫楚亦强大矣，天下無敵；乃且攻燕。」魏王曰：「鄉也子云『天下無敵』，今也子云『乃且攻燕』者，何也？」對曰：「今為馬多力則有矣，若曰勝千鈞，則不然者何也？夫千鈞，非馬之任也。今謂楚强大則有矣，若越趙、魏而鬬兵於燕，則豈楚之任也哉？非楚之任而楚為之，是敝楚也；敝楚，見强魏也；其於王孰便也？」

只要我們細心把此章披閱幾次，便可以發現此章似乎沒有一個「結局」！虞卿奉春申君之命去遊說魏王，希望藉此使春申君有個理想的封地；然而，此章只記述到春申君遊說魏王便截止了。曾鞏在章末批了幾個字，說：「此下恐欠。」實在是不錯。非常可能的，章末殘奪了一大段文字。

5. 魏策四首章：

獻書秦王曰：「昔竊聞大王之謀出事於梁，謀恐不出於計矣，願大王之熟計之也。梁者，山東之要也，有蛇於此……。」

此章章首有兩個小字，云：「闕文。」大概是姚宏的校注語。一部書或一篇文章，按常理來推測，書首、卷首或者書末、卷尾往往容易發生殘奪的現象；而且，這種殘奪往往是比較嚴重。這裏所殘奪的，至少在兩個字以上，很可能是一句七、八個字。

6.魏策四第二章：

八年，闕文謂魏王曰：「昔曹恃齊而輕晉，齊伐釐莒而晉人亡曹；……。」

「闕文」二字，深信也是姚宏校注語。保守地說，可能只缺兩個字；很可能也缺上一句七、八個字。

今本（姚本）在章次上的淆亂和殘奪，大致上就如上文所分析的。在這些討論當中，我們深深地體會出，戰國策這部書已經被擯棄到怎樣的地步！再加上前一章，我們已經討論過的篇卷問題，今本戰國策幾乎和劉向原訂本相差太遠了！要不是曾鞏、姚宏以及錢藻、劉敞等人的整理，它又將會殘奪到如何的程度。從吳師道到今天，又有多長久的歷史了；戰國策之必須再次研究和整理，幾乎是迫不及待的了。

第八章　今本之殘闕與輯補

我們在前面幾章，已經詳細地討論過，在曾鞏採合諸本以前，無論劉向本或高誘注本都分別有殘闕了。高誘注本又經過後人的「拉長」手續，其篇章的刋落和亡佚，更是可以想見。因此，今傳的姚宏校注本，實際上已和當日的高注本有一段距離，和劉向本更有一段距離了；這種距離，包括了篇卷分法之不同以及章次的淆亂、殘奪。

這種殘闕的現象，早在姚宏的時代已經有所指摘了；他在戰國策題辭裏，舉出六條佚文來：

①司馬貞引馬犯謂周君；

②徐廣引韓兵入西周；

③李善引呂不韋言周三十七王；

④歐陽詢引蘇秦謂元戎以鐵爲矢；

⑤史記正義竭石九門本有宮室以居；

⑥春秋後語武靈王游大陵，夢處女鼓瑟。

這六條，都是戰國策的佚文（參考本書附錄：戰國策佚文考證），姚宏說：「略可見者如此，今本所無也。」可見姚宏已經知道戰國策並非完本了。

到了姚寬，在這方面又下了一番工夫；根據他的考訂，戰國策佚文有下列二十七條：

司馬貞索隱五事

①豫讓擊襄子之衣，衣盡血。

（良樹案：見史記刺客列傳索隱）

②呂不韋言周凡三十七王。

（良樹案：此乃文選西征賦注引文；姚寬謂索隱引，誤）

③白圭爲中山將，亡六城，還拔中山。

（良樹案：見史記鄒陽列傳集解、索隱）

④馬犯謂周君。

⑤馬犯謂梁王。

（良樹案：史記周本紀云：「周王病甚矣，犯請後可而復之。」索隱：「戰國策甚作瘉。」此卽姚寬所云爾）

廣韻八事（原作「七事」，誤）

⑥晉有大夫芬質。

（良樹案：廣韻「芬」字下引）

⑦芊千者，著書顯名。

（良樹案：廣韻「羊」字下引）

⑧安陵丑。

（良樹案：廣韻「陵」字下引）

⑨雍門周。

（良樹案：廣韻「門」字下引）

⑩中山大夫藍諸。

（良樹案：廣韻「藍」字下引）

⑪晉有亥唐。

（良樹案：廣韻「亥」字下引）

⑫趙有大夫屖買。

（良樹案：廣韻「屖」字下引）

⑬齊威王時，有左執法公旗番。

（良樹案：廣韻「公」字下引）

玉篇一事

⑭驥仰而噴鼓鼻。

太平御覽二事

⑮涸若耶以取銅破恧山而出錫。

（良樹案：御覽六八、三四三引）

⑯廊廟之椽，非一木之枝；先王之法，非一士之智。

（良樹案：御覽一八八引）

元和姓纂一事

⑰晉大夫芸賢。

（良樹案：元和姓纂「芸」字下）

春秋後語二事

⑱趙武靈王遊大陵，夢處女鼓瑟。

⑲平原君躄者。

後漢地理志一事

⑳東城九門。

後漢第八贊一事

㉑廉頗爲人勇鷙而好士。

（良樹案：後漢書吳漢傳贊李賢注引）

藝文類聚一事

㉒蘇秦爲楚合從，元戎以鐵爲矢，長八寸，一弩十矢俱發。

（良樹案：類聚六十引）

北堂書鈔一事

㉓楚人以弱弓微繳加歸鴈之上者。

（良樹案：書鈔一二五引）

徐廣史記注一事

㉔韓兵入西周，令成君辨說秦求救。

（良樹案：史記周本紀集解引徐廣注）

張守節正義一事

㉕碣石九門，本有宮室以居。

（良樹案：史記趙世家正義引）

舊戰國策一事

㉖縦句見秦王曰：秦四塞之險，利於守，不利於戰。

李善注文選一事

㉗蘇秦說孟嘗君曰：秦，四塞之國。

從這二十七條佚文來看，今本戰國策的確是殘闕又殘闕了。

近人諸祖耿有戰國策逸文考，發表在章氏國學講習會學報第一期裏，輯出了六十五條戰國策佚文；根據他的文章，我寫了一篇戰國策佚文考證（見本書附錄），增補了五十八條之多，一共一百二十三條；今本戰國策殘闕的現象，可以說到了一目瞭然的地步了。假如我們配合第七章來看，戰國策的殘闕的確是很嚴重的。

至於韓補方面，姚宏在題辭裏也已經有所懷疑了；他說：

至如張儀說惠王，乃韓非初見秦；厲憐王引詩，乃韓嬰外傳；後人不可得而質矣。

姚宏所謂「張儀說惠王」，乃是指秦策一「張儀說秦王」章而言；所謂「厲憐王引詩」，指楚策四「客說春申君章」來說的；根據他的看法，這兩章很可能並非戰國策原來的文字，而是後人從他書如韓詩外傳補抄進去的。今本戰國策既然非原始本，更非完本，又經過後人迭次的「手術」，那麼，今本戰國策是否有一些旁的材料補加進去呢？也就是說，是不是有一些本來不是戰國策的文字而被後人故意加進去呢？姚宏所擧的兩個例子，其正確性姑且暫不討論；不過，他的懷疑精神是很可貴的，他的推理也是很合理的；他給後人的啓發太大了。

方苞在望溪文集裏，寫了一篇書刺客傳後的文章，他說：

> 余少讀燕策荊軻刺秦王篇，怪其序事類太史公，秦以前無此；及見刺客傳贊乃知果太史公文也。彼自稱得之公孫季功、董生所口道，則非國策之舊文決矣。意國策本無是文，或以史記之文入焉。

根據他的看法，戰國策燕策三「燕太子丹質於秦」章，約二千三、四百字，全是史記的原文；今本戰國策燕策三有此一大節文字，乃是後人將史記刺客列傳的文字「搬」進去。

吳汝綸吳摯甫文集，在記太史公所錄左氏義後一文裏，如此地寫道：

> 昔者，常怪子長能竄易尚書及五帝德帝繫姓之文，成一家言；獨至戰國策，則一因仍舊文，多至九十餘事，何至乖異如是？及細察國策中若趙武靈王、平原君、春申君、范睢、蔡澤、魯仲連、蘇秦、荊軻諸篇，皆取太史公敍論之，語而並載之，而曾子固亦稱「崇文總目有高誘注者僅八篇」，乃知劉向所校戰國策亡久矣！後之人反取太史公書充入之，非史公盡取材於戰國策決也。

根據吳汝綸的看法，戰國策裏凡是記載趙武靈王、平原君、春申君、范睢、蔡澤、魯仲連、蘇秦及荊軻的文字，總計在兩、三萬字以上，都是史記原本的文字；今本戰國策有這些文字，全是後人從史記抄進去的。

這種大發現，可以說是驚天動地了！胡玉縉四庫提要補正把他們的說法全抄進去，並且加以附和；可以說失之於疏的做法了。桐城派這種罔顧證據、「有所爲而爲」的用心，我們用不着去反駁；這裏，我舉出三個證據，只是來說明他們的錯誤而已。

第一、「燕太子丹質於秦」章見於今本戰國策卷三十一燕策三，約二千三、四百字，佔全卷三份之二的份量；假如說這三份之二的文字是轉錄進去的，其他三份之一的文字卽使不是轉錄者所「編」入的，也很可能「去古已遠」，失去了原本的面貌。樓蘭出土漢代書帛裏，有戰國策殘缺的章節（見日本出版之「書の時代」，中國篇第五十三頁），自燕策三首章之中間部份，至第二章末了，除了幾個虛字不同外，其他文字、章節都一樣。這證明了卷三十一並沒有如方苞、吳汝綸所說的，變動得那麼驚人。此外，這兩段文字不見於史記及其他古籍，這證明了卷三十一並沒有如方苞、吳汝綸所說的，被後人從其他的古籍「冒充」了一些文字進去。

第二、太史公記載荆軻刺秦王（見刺客列傳）的故事，其文字比戰國策詳細得多了！文章的開始，就敍述荆軻的爲人和交遊等等：

荆軻者，衞人也。其先乃齊人，徙於衞；衞人謂之慶卿；而之燕，燕人謂之荆卿。荆卿好讀書擊劍，以術說衞元君，衞元君不用。其後秦伐魏，置東郡，徙衞元君之支屬於野王。

荊軻嘗游過榆次，與蓋聶論劍，蓋聶怒而目之，荊軻出，人或言復召荊卿，蓋聶曰：「曩者吾與論劍，有不稱者，吾目之；試往，是宜去、不敢留。」使使往之主人，荊卿則已駕而去榆次矣。使者還報。蓋聶曰：「固去也，吾曩者目攝之。」荊軻游於邯鄲，魯句踐與荊軻博爭道，魯句踐怒而叱之，荊軻嘿而逃去，遂不復會。荊軻既至燕，愛燕之狗屠及善擊筑者高漸離，荊軻嗜酒，日與狗屠及高漸離飲於燕市。酒酣以往，高漸離擊筑，荊軻和而歌於市中相樂也；已而相泣，旁若無人者。荊軻雖游於酒人乎，然其爲人沈深好書；其所游諸侯，盡與其賢豪長者相結；其之燕，燕之處士田光先生亦善待之；知其非庸人也。

其次，又敍述燕太子丹如何與秦王政歡好，秦王又如何善遇太子丹，以及太子丹何以亡歸：

居頃之，會燕太子丹質秦，亡歸燕。燕太子丹者，故嘗質於趙，而秦王政生於趙，其少時與丹驩。及政立爲秦王，而丹質於秦，秦王之遇燕太子丹不善，故丹怨而亡歸。歸而求爲報秦王者，國小力不能。其後秦日出兵山東，以伐齊、楚、三晉，稍蠶食諸侯，且至於燕。

這些，都是戰國策所沒有的。不但如此，在整個故事裏，史記敍述得也比戰國策詳細，例如，在「秦地偏天下，威脅韓、魏、趙氏」之下，史記有這麼一節四十七字：

北有甘泉、谷口之固，南有涇、渭之沃，擅巴、漢之饒，右隴、蜀之山，左關、殽之險，

民衆而士厲，兵革有餘。意有所出，則長城之南，

假如說，後人把史記抄入戰國策，爲甚麼要刪減去前面兩節文字呢？卽使那兩節文字被刪省，他也沒有理由把後面這四十七個字刪減去！根據祖本加以改編或敍述的文字，絕大部份是比祖本詳細和完整；這種道理，是用不着贅言的。很顯然，太史公據戰國策加以補充，絕非後人據史記補戰國策。

第三、方苞唯一算得上證據是「彼自稱得之公孫季功、董生所口道」，實際上，方苞會錯了太史公的意思。史記這節文字是如此的：

> 世言荊軻其稱太子丹之命，天雨粟，馬生角也，太過；又言荊軻傷秦王，皆非也（良樹案：「皆」字指前後二事）。始公孫季功、董生與夏無且游，具知其事，爲余道之如是。

公孫季功、董用和太史公說的話，從這段文字來看，很顯然的，是說荊軻並沒有刺傷秦王（這裏撇開另一件「天雨粟、馬生角」不談）！夏無且當時侍立在殿上，曾經以藥囊提荊軻，他看得最清楚，秦王並沒有受傷。公孫季功、董生從夏無且聽到的，正是此事；太史公所聽到的，也正是此事；所以他說「非也」。夏無且深居秦宮，何由知道燕太子丹遣派荊軻的事？更何由知道荊軻赴秦的前後經過？太史公採用荊軻的故事，其資料來源難道只局限於夏無且嗎？很明顯的，其答案一定是否定的。所謂「爲余道之如是」，一定是別有所指，一定是一件宮外的人很難知道的事！

除了「天雨粟、馬生角」及「荊軻傷秦王」兩件諱莫如深的事外，還有甚麼呢？

附帶說幾句，史記索隱在「荊軻者，衞人也」下說：「贊論稱『公孫季功、董生爲余道之』，則此傳雖約戰國策，而亦別記異聞。」司馬貞似乎沒有體會出「爲余道之」的意義。史記會注考證在太史公敍述荊軻的爲人和交遊後，加上一句案語，說：「史公蓋得之公孫季功、董生。」我覺得考證說錯了。

有了這三個證據，我們敢肯定地說，方苞、吳汝綸的意見是不正確的。

否定了方苞、吳汝綸的說法後，難道我們可以說今本戰國策並沒有別的文字『闌入』嗎？換句話說，今本戰國策沒有經過後人「輯補」的工作嗎？沒有一些文字被「假冒」爲戰國策嗎？這裏，我要肯定地說：戰國策的確有少許文字是「假冒」的，的確是經過後人動過輯補的手術的。

現在，姑且舉一個例子來證明這個說法。

楚策四第八章說：

①客說春申君曰：「湯以亳，武王以鄗，皆不過百里，以有天下。今孫子，天下賢人也。君籍之以百里勢，臣竊以爲不便，於君何如？」春申君曰：「善。」於是使人謝孫子。孫子去之趙，趙以爲上卿。客又說春申君曰：「昔伊尹去夏入殷，殷王而夏亡；管仲去魯入齊，魯弱而齊强。夫賢者之所在，其君未嘗不尊，國未嘗不榮也。今孫子，天下賢人也，

君何辭之？」春申君又曰：「善。」於是，使人請孫子於趙，孫子爲書謝曰：

②「癘人憐王，此不恭之語也。雖然，不可不審察也；此爲刼弒死亡之主言也。夫人主年少而矜材，無法術以知奸，則大臣主斷，國私以禁誅於己也，故弒賢長而立幼弱，廢正適而立不義。春秋戒之曰：『楚王子圍聘於鄭，未出竟，聞王病，反問疾，遂以冠纓絞王殺之，因自立也。齊崔杼之妻美，莊公通之，崔杼帥其君黨而攻莊公，請與分國，崔杼不許，欲自刃於廟，崔杼不許，莊公走出踰於外牆，射中其股，遂殺之而立其弟景公。』近代所見，李兌用趙，餓主父於沙丘，百日而殺之。淖齒用齊，擢閔王之筋，縣於其廟梁，宿夕而死。夫癘雖癕腫胞疾，上比前世，未至絞纓射股；下比近代，未至擢筋而餓死也。夫刼弒死亡之主也，心之憂勞，形之困苦，必甚於癘矣！由此觀之，癘雖憐王，可也。

③因爲賦曰：『寶珍隋珠，不知佩兮。褘布與絲，不知異兮。閭姝子奢，莫知媒兮。嫫母求之，又甚喜之兮。以瞽爲明，以聾爲聰。以是爲非，以吉爲凶。嗚呼上天，曷惟其同。』

④詩曰：『上天甚神，無自瘵也。』」

這段文字，包括了一個開始①，自「客說春申君」至「孫子爲書謝曰」；包括了一段書簡②，自「癘人憐王」至「癘雖憐王，可也」，此書簡又見於韓非子姦刼弒臣篇；包括了一段賦③，自「因爲賦曰」至「曷惟其同」，此賦又見於荀子賦篇；又包括了兩句詩④，此詩又見於韓詩外傳卷四。

而全篇文章，又和韓詩外傳卷四那一篇完完全全相同！韓詩外傳是說經之書，故每章皆引詩作結尾，藉此以明經義。荀子、韓非子皆非說經之書，故不引詩作結；韓詩外傳引詩，很顯然的，是韓詩外傳抄合了荀子、韓非子的兩段文字，再加上一個頭①、一個尾④而成的。戰國策並非說經之書，爲甚麼也引詩作結尾呢？戰國策其他篇章偶而也引詩，譬如秦策四「頃襄王二十年」章，作者在中間引了大雅首章「靡不有初，鮮克有終」外，又引了一句佚詩「大武、遠宅不涉」（高注：「逸詩。」孫詒讓札迻曰：「卽周書大武篇之『遠宅不薄』。」孫說蓋是），還引了大雅巧言第四章「他人有之，予忖度之；躍躍毚兔，遇犬獲之」四句；但是，引詩作結尾的，僅僅只有這一章！這是很不尋常的現象。和韓詩外傳卷四一比較，很清楚的它並非戰國策本來的文字。非常可能的，這是後人在劉向本殘缺不足後，發現了韓詩外傳有一章「客說春申君」的文字，而「春申君」又是戰國策著名人物之一，便將韓詩外傳這一大段文字抄入戰國策！章末留有「詩曰」等十個字正是這道「手術」留下的一個不可否認的痕迹了。

由於殘闕不全，進而引起後人的輯補，這是很自然的事；上面所舉的，就是一個最好的例子。

下面，我們要討論四件和輯補有關的事情。

秦策一曾記載了一則張儀說秦王的故事，這則故事，和韓非子的第一篇初見秦極爲相似；爲丁比較研究和深一層的討論，我們先轉錄下來。

戰國策

①張儀說秦王曰：

②臣聞之，弗知而言爲不智，知而不言爲不忠。爲人臣不忠，當死；言不審，亦當死。雖然，臣願悉言所聞，大王裁其罪。

③臣聞天下陰燕陽魏，連荆固齊，收餘韓成從，將西南以與秦爲難，臣竊笑之。世有三亡，而天下得之，其此之謂乎！臣聞之曰：「以亂攻治者亡，以邪攻正者亡，以逆攻順者亡。」今天下之府庫不盈，囷倉空虛，悉其士民，張軍數千百萬。白刃在前，斧質在後，而皆去走不能死罪。其百姓

韓非子

①

②臣聞，不知而言不智，知而不言不忠。爲人臣不忠，當死；言不當，亦當死。雖然，臣願悉言所聞，唯大王裁其罪。

③臣聞天下陰燕陽魏，連荆固齊，收韓而成從，將西面以與秦强爲難，臣竊笑之。世有三亡而天下得之，其此之謂乎！臣聞之曰：「以亂攻治者亡，以邪攻正者亡，以逆攻順者亡。」今天下之府庫不盈，囷倉空虛，悉其士民，張軍數十百萬。其頓首戴羽爲將軍，斷死於前，不至千人，皆以言死。白刃在前，斧鑕在後，而却走不能死也。非其士

不能死也，其上不能殺也。言賞則不與，言罰則不行，賞罰不行，故民不死也。今秦出號令而行賞罰，不攻無攻相事也。出其父母懷衽之中，生未嘗見寇也。聞戰，頓足徒裼，犯白刃，蹈煨炭，斷死於前者比是也。夫斷死與斷生也不同，而民爲之者，是貴奮也。　一可以勝十，十可以勝百，百可以勝千，千可以勝萬，萬可以勝天下矣。今秦地形斷長續短，方數千里，名師數百萬。秦之號令賞罰、地形利害，天下莫如也。以此與天下，天下不足兼而有也。是知秦戰未嘗不勝，攻未嘗不取，所當未嘗不破也，開地數千里，此甚大功也。然而甲兵頓，士民病，蓄積索，田疇荒，囷倉虛，四鄰諸侯不服，伯王之名不成，此無異故，謀

民不能死也，上不能故也。言賞則不與，言罰則不行，賞罰不信，故士民不死也。今秦出號令而行賞罰，有功無功相事也。出其父母懷衽之中，生未嘗見寇耳。聞戰，頓足徒裼，犯白刃，蹈鑪炭，斷死於前者皆是也。夫斷死與斷生者不同，而民爲之者，是貴奮死也。夫一人奮死可以對十，十可以對百，百可以對千，千可以對萬，萬可以剋天下矣。今秦地折長補短，方數千里，名師數十百萬。秦之號令賞罰、地形利害，天下莫若也。以此與天下，天下不足兼而有也。是故秦戰未嘗不剋，攻未嘗不取，所當未嘗不破，開地數千里，此其大功也。然而兵甲頓，士民病，蓄積索，田疇荒，囷倉虛，四鄰諸侯不服，霸王之名不成，此無異故，其

臣皆不盡其忠也。

④臣敢言，往昔、昔者齊南破荊，中破宋，西服秦，北破燕，中使韓、魏之君，地廣而兵强，戰勝攻取，詔令天下。濟清河濁，足以爲限；長城鉅坊，足以爲塞。齊五戰之國也，一戰不勝而無齊。故由此觀之，夫戰者，萬乘之存亡也。且臣聞之曰：「削株掘根，無與禍隣，禍乃不存。」秦與荊人戰，大破荊，襲郢，取洞庭、五都、江南，荊王亡奔走，東伏於陳。當是之時，隨荊以兵則荊可舉，舉荊則其民足貪也，地足利也。東以强齊、燕，中陵三晉。然則是一舉而伯王之名可成也，四鄰諸侯可朝也。而謀臣不爲，引軍而退，而荊人和，今荊人收亡國，聚散民，立社主，置宗廟，令帥天下西面以

一一〇

謀臣皆不盡其忠也。

④臣敢言之，往者齊南破荊，東破宋，西服秦，北破燕，中使韓、魏，土地廣而兵强，戰剋攻取，詔令天下。齊之清濟濁河，足以爲限；長城巨防，足以爲塞。齊五戰之國也，一戰不剋而無齊。由此觀之，夫戰者，萬乘之存亡也。且聞之曰：「削迹無遺根，無與禍鄰，禍乃不存。」秦與荊人戰，大破荊，襲郢，取洞庭、五湖、江南，荊王君臣亡走，東服於陳。當此時也，隨荊以兵則荊可舉，荊可舉，則民足貪也，地足利也。東以弱齊、燕，中以凌三晉。然則是一舉而霸王之名可成也，四鄰諸侯可望也。而謀臣不爲，引軍而退，復與荊人爲和，令荊人得收亡國，聚散民，立社稷，主置宗廟，令率

與秦爲難，此固已無伯王之道一矣。

⑤天下有比志而軍華下，大王以詐破之，兵至梁郭，圍梁數旬則梁可拔，拔梁則魏可擧，擧魏則荆、趙之志絕，荆、趙之志絕則趙危，趙危而荆孤，東以强齊、燕，中陵三晉。然則是一擧而伯王之名可成也，四隣諸侯可望也。而謀臣不爲，引軍而退，與魏氏和，令魏氏收亡國，聚散民，立社主，置宗廟，此固已無伯王之道二矣。

⑥前者穰侯之治秦也，用一國之兵而欲以成兩國之功。是故兵終身暴靈於外，士民潞病於內，伯王之名不成，此固已無伯王之道三矣。

天下西面以與秦爲難，此固以失霸王之道一矣。

⑤天下又比周而軍華下，大王以詔破之，兵至梁郭下，圍梁數旬則梁可拔，拔梁則魏可擧，擧魏則荆、趙之意絕，荆、趙之意絕則趙危，趙危而荆狐疑，東以弱齊、燕，中以凌三晉。然則是一擧而霸王之名可成也，四鄰諸侯可朝也。而謀臣不爲，引軍而退，復與魏氏爲和，令魏氏反收亡國，聚散民，立社稷，主置宗廟，令，此固以失霸王之道二矣。

⑥前者穰侯之治秦也，用一國之兵而欲以成兩國之功。是故兵終身暴露於外，士民疲病於內，霸王之名不成，此固以失霸王之道三矣。

⑦趙氏，中央之國也，雜民之所居也。其民輕而難用。號令不治，賞罰不信，地形不便，上非能盡其民力。彼固亡國之形也，而不憂民氓。悉其士民，軍於長平之下，以爭韓之上黨。大王以詐破之，拔武安。當是時，趙氏上下不相親也，貴賤不相信。然則是邯鄲不守。拔邯鄲，完河間，引軍而去，西攻脩武，踰羊腸，降代、上黨。代三十六縣，上黨十七縣，不用一領甲，不苦一民，皆秦之有也。代、上黨不戰而已爲秦矣，東陽、河外不戰而已反爲齊矣，中、呼池以北不戰而已爲燕矣。然則是舉趙，則韓必亡，韓亡則荆、魏不能獨立，荆、魏不能獨立，則是一舉而壞韓、蠹魏、挾荆，以東弱齊、燕，決白馬之口以流魏氏，一舉而三

---

⑦趙氏，中央之國也，雜民所居也，其民輕而難用也。號令不治，賞罰不信，地形不便，下不能盡其民力。彼固亡國之形也，而不憂民萌。悉其士民，軍於長平之下，以爭韓上黨。大王以詔破之，拔武安。當是時也，趙氏上下不相親也，貴賤不相信也。然則邯鄲不守。拔邯鄲，筦山東河間，引軍而去，西攻脩武，踰華，絳上黨。代四十六縣，上黨七十縣，不用一領甲，不苦一士民，此皆秦有也。以代、上黨不戰而畢爲秦矣，東陽、河外不戰而畢反爲齊矣，中山、呼沱以北不戰而畢爲燕矣。然則是趙舉，趙舉則韓亡，韓亡則荆、魏不能獨立，荆、魏不能獨立，則是一舉而壞韓、蠹魏、拔荆，東以弱齊、燕，決白馬之口以沃魏氏，是一舉而三晉亡，從

晉亡，從者敗。大王拱手以須，天下徧隨而伏，伯王之名可成也。而謀臣不爲，引軍而退，與趙氏爲和。以大王之明，秦兵之强，伯王之業，地尊不可得，乃取欺於亡國，是謀臣之拙也。且夫趙當亡不亡，秦當伯不伯，天下固量秦之謀臣一矣。

⑧乃復悉卒乃攻邯鄲，不能拔也，棄甲兵怒，戰慄而却，天下固量秦力二矣。

⑨軍乃引退，並於李下，大王又並軍而致，與戰非能厚勝之也，又交罷却，天下固量秦力三矣。

⑩內者量吾謀臣，外者極吾兵力。由是觀之，臣以天下之從，豈其難矣。內者，吾甲兵頓，士民病，蓄積索，田疇荒，囷倉虛；

者敗也。大王垂拱以須之，天下編隨而服矣，霸王之名可成。而謀臣不爲，引軍而退，復與趙氏爲和。夫以大王之明，秦兵之强，弃霸王之業，地曾不可得，乃取欺於亡國，是謀臣之拙也。且夫趙當亡而不亡，秦當霸而不霸，天下固以量秦之謀臣一矣。

⑧乃復悉士卒以攻邯鄲，不能拔也，棄甲負弩，戰竦而却，天下固已量秦力二矣。

⑨軍乃引而復，並於孚下，大王又並軍而至，與戰不能尅之也，又不能反運，罷而去，天下固量秦力三矣。

⑩內者量吾謀臣，外者極吾兵力。由是觀之，臣以爲天下之從，幾不難矣。內者，吾甲兵頓，士民病，蓄積索，田疇荒，囷倉虛；外者，天下皆比意甚固。願大王有以慮

外者天下比志甚固。願大王有以慮之也。

⑪且臣聞之：「戰戰慄慄，日愼一日，苟愼其道，天下可有也。」何以知其然也？昔者紂為天子，帥天下將甲百萬，左飲於淇谷，右飲於洹水，淇水竭而洹水不流，以與周武王為難。武王將素甲三千領，戰一日，破紂之國，禽其身，據其地而有其民，天下莫不傷。智伯帥三國之衆以攻趙襄主於晉陽，決水灌之三年，城且拔矣；襄主錯龜數策占兆，以視利害，何國可降。而使張孟談，於是潛行而出，反智伯之約，得兩國之衆，以攻智伯之國，禽其身以成襄子之功。今秦地斷長續短，方數千里，名師數百萬；秦國號令賞罰，地形利害，天下莫如也；以此與天下，天下可兼而有也。

之也。

⑪且臣聞之曰：「戰戰栗栗，日愼一日，苟愼其道，天下可有。」何以知其然也？昔者紂為天子，將率天下甲兵百萬，左飲於淇溪，右飲於洹谿，淇水竭而洹水不流，以與周武王為難。武王將素甲三千，戰一日，而破紂之國，禽其身，據其地而有其民，天下莫傷。知伯率三國之衆，以攻趙襄主於晉陽，決水而灌之三日，城且拔矣；襄主鑽龜筮占兆，以視利害，何國可降。乃使其臣張孟談，於是乃潛於行而出，知伯之約，得兩國之衆以攻知伯，禽其身以復襄主之初。今秦地折長補短，方數千里，名師數十百萬；秦國之號令賞罰，地形利害，天下莫如也；以此與天下，天下可兼而有也。

⑫臣昧死，望見大王，言以擧破天下之從⋯⋯。——⑫臣昧死，願望見大王，言所以破天下之從⋯⋯。

只要稍微加以比較，我們輕易地就可以發現，除了章首「張儀說秦王曰」六個字爲韓非子所沒有外，其他各節的文句、措辭，幾乎非常相近；相近得幾乎就是同一篇文章！這篇文章到底是如他人所說爲張儀作的呢？還是出自韓非之手？歷代學者意見都不相同，眞是衆說紛紜，各執一端了。假如它是張儀作的，那麼，極可能是韓非子抄錄自戰國策；反過來說，假如是韓非作的，那麼，戰國策抄錄自韓非子的嫌疑就免不了了；這種抄錄工作，當然都是後人所做的，主要的目的是「假冒」爲本書的文字。假如我們判定是韓非子抄錄自戰國策，那麼，初見秦篇就是韓非子的贋品；相反的，「張儀說秦王曰」章就是戰國策的假貨了。在討論到今本戰國策殘闕和輯補的問題上，這個追探是非常重要的。

近人陳奇猷著有韓非子集釋一書，在初見秦篇的案語裏，他曾把這方面的意見歸納爲三派，簡單地作個介紹。這裏，把他的案語轉錄下來；並且，就他所遺漏的其他十家的說法加以補入，分爲四派。

（一）以為非出於韓非之手者

①沙隨程氏謂旣有存韓篇，故李斯言非終爲韓不爲秦，此篇有擧韓之論，乃范睢書也（見王應麟漢藝文志考證引）。

②四庫全書總目提要謂韓非著書，皆在未入秦之前；入秦後，未必有閒暇。且存韓一篇終以李斯駁非之議，及斯上韓王書，其事與文皆爲未畢。以爲名爲非撰，實非非所手定也（見子部法家類下）。

③太田方謂篇中有親齊、燕語，乃從人爲齊、燕說秦（見韓非子翼毳）。

④容肇祖謂存韓篇言韓未可擧，而初見秦篇言亡韓甚易，彼此矛盾，若存韓爲眞，則初見秦篇卽非出於韓非，而實爲蔡澤說秦王書（見韓非子考證）

⑤劉汝霖據初見秦篇所載長平之役及圍邯鄲之事，斷定此篇必作於公元前二五七年以後；又云「自是年至昭王死共七年，此七年中東方說客至秦者，只蔡澤一人」，因謂或卽蔡澤或其徒所作（見周秦諸子考）。

⑥蔣伯潛謂「又有羼入他人之言論者，則初見秦是也」（見諸子通考）。

⑦陳啓天謂篇中所言秦事，皆在昭王之時；又七稱「大王」，皆指昭王；因斷非出韓非之手，亦非張儀所作，以蔡澤之說爲可信（韓非子校釋）。

⑧錢賓四先生就篇中所言史實、措辭、語氣等，考訂其非韓非所著，云「近人有疑爲蔡澤

或澤之徒爲之者，殆或近是」（見先秦諸子繫年卷四）。

⑨張公量據史實考訂其非張儀所作，亦非韓非所作（見禹貢半月刊四卷二期張儀入秦說秦辨僞）。

⑩郭沫若在青銅時代一書裏，主張是呂不韋所作的。

（二）以為出於張儀之手者

①梁啓超謂篇首言成從以與秦爲難，明爲蘇秦合從時形勢，而爲張儀說秦惠王之詞（見要籍解題及其讀法）。

②胡適先生謂「初見秦篇乃是張儀說秦王的話，所以勸秦攻韓，韓非是韓的王族，豈有如此不愛國的道理」（見中國哲學史大綱）。

（三）以為出於韓非之手者

①吳師道、盧文弨、顧廣圻、張文虎等謂篇中述儀後事，秦策誤爲張儀作。

②陳祖釐謂韓非說以先舉趙而後亡韓，乃所以緩韓之急，其亡韓即所以存韓，故此云亡韓，與存韓篇實不抵觸（見韓非別傳，光華大學半月刊二卷四期）。

③鄧思善謂「非有意爲秦，而秦方慮六國合縱，故言破縱。五蠹篇於合縱連橫俱極詆誹，是篇言破縱而未主連衡，固與五蠹合……存韓伐趙，亦破縱之一法，意與初見秦合」（國

立中山大學語言研究所週刊一集四期）。

④松皐圓以為此言亡韓者，以見韓非不黨於宗國，入說之道，似有不得不然者矣（見韓非子纂聞）。

⑤高亨以為本篇列擧秦破趙、破魏、破楚及五國入齊事，而未明言破韓，是非為祖國諱；且非急於用事，果得志於秦，必不難於滅韓（見古史辨第四冊韓非子初見秦篇作於韓非考）。

⑥張心澂謂「初見秦所敍之事在張儀死後，其所指責者有關范雎，而蔡澤為雎所薦，可證明非儀作，非雎作，亦非澤作，而為非書之首篇，當為非作」（見僞書通考子部法家類）。

（四）以為張儀作而韓非襲用之者

①尹桐陽韓非子新釋有此說。

介紹了歷來學者四派的看法後，我們姑且把陳奇猷自己的意見轉錄下來；他說：

第一、自蘇秦死後，六國削弱，而言合從之聲復起，故此篇篇首言合從形勢。

第二、先是韓非為韓使秦，當卽上書言存韓，故李斯害韓非於秦王曰：「非終為韓不為秦。」秦王以為然，下吏治非，韓非欲自陳不見。此篇必係欲自陳不見之上秦王書，故篇末云：「願望見大王。」後人不知此篇出存韓之後而題為初見秦，國策又以為張儀書，遂使後人起爭論之端。

第三、後人編戰國策時，當是將各國檔案蒐集重加編排，而張儀、韓非等說客之上書，在檔案中當混於一處。至當時檔案，當亦不若今日檔案編排之精審，各案皆題名標姓。此篇在篇中又無一字及上書之名，故編國策者誤爲張儀之作。

第四、史記韓非傳謂秦王見韓非而悅之，此意韓非當亦知之，今未任用而被下吏治，又不能自陳，故詳述其策於此書中，一則乞秦王能任用，再則表明其爲秦而不私韓，故與存韓篇言存韓發生矛盾。

第五、本書民氓字皆作民萌，而此篇亦作民萌，可見本篇亦爲韓非手筆；且知伯決晉水灌晉陽事，韓非屢道之（十過、喻老、說林上、難三及本篇），與本篇陳說，其旨趣皆同，蓋舉之以告誡人主勿貪鄙而必防其下，亦可見此篇爲韓非之作。

毫無疑問的，陳奇猷的看法和第三派相合。審核這四派的結論和證據，我們發現，就中以第一、三派的看法爲最强、最有力；第二、四派的說法最弱。我們暫時把第一派的說法撇開不談；假如第三派的說法成立，換句話說，假如初見秦篇的確是韓非所作的，那將產生甚麼結論呢？非常可能的，秦策一「張儀說秦王曰」章就是戰國策的「贋品」，是後人在戰國策殘闕後從韓非子轉抄進去的；當然，在輯補之時，輯補者就在章首加上「張儀說秦王曰」六個字。這結論雖然並非絕對的，但是，我們至少可以這麼說，只要第三派的說法成立，導向這個結論的傾向是非常自然和難免的。

根據我個人的考證，「張儀說秦王曰」章並非戰國策的「贋品」，並非後人從韓非子輯補進去；相反的，初見秦篇才是從戰國策或戰國策的原始材料抄進去的。這裏有幾個證據支持我的說法，這幾個證據都是就前面所抄錄的兩篇文章上下比較而得來的。

歷來學者不是偏重於就史實年代的考訂以證明其作者，就是就其言論與作者的關係來考證作者的身世和身份，這種作法自然有其可貴之處，但是，其缺點却也顯而易見，以至於到如今，有的說是韓非作，有的說是別人作，莫衷一是。我離開這個立場，採用了另一種角度。我覺得，歷來學者幾乎忽略了一件事，一件和文章本身史實、言論同等重要的事，那就是：這兩篇文章到底是那一篇時代比較早？那一篇比較晚？或者竟是同時的產品？解決了這個問題後，我們才能進一步地去討論其作者。假如初見秦篇時代比較早，也就是說「張儀說秦王曰」章是戰國策的「贋品」，那麼，「韓非手著」的可能性方始存在；假如說「張儀說秦王曰」章時代比較早，也就是說初見秦篇是從戰國策或其原始本抄錄進去，那麼，「韓非手著」的可能性根本就不復存在了！這件事情的考慮，歷代學者似乎完全沒有注意到，以至產生了不少偏差的結論。

要解決這個問題，我們必須很仔細地將兩篇文章一句一句、一字一字作比較研究，然後才可以加以斷定。根據我的比較研究，我發現「張儀說秦王曰」章的時代比初見秦篇早；換句話說，初見秦篇極可能是後人從戰國策或其原始本抄錄進韓非子的。那麼，初見秦篇怎麼會是韓非所手著的呢？

在提出我的證據之前，有幾件事情必須說明。

第一、因爲我的證據完全是着重在文字上的比較研究，所以，凡是牽涉到版本上的差異，都撇開不談；這種做法，並不會構成「消滅他人的證據，保存自己有利的證據」。例如，戰國策作「往昔，昔者齊南破荆」，韓非子作「往者齊南破荆」（第④節），很顯然的，戰國策的兩個「昔」字可能是涉「者」字而衍，並且重疊了。這類例子，爲數非常少。

第二、有一些文字上的差異，對我們的結論沒有影響，例如戰國策云「上非能盡其民力」，韓非子作「下不能盡其民力」⑦，有的學者說當從戰國策作「上」，有的說當從韓非子作「下」，我以爲「上」和「下」都是「又」之形誤字；這些都不在比較研究之內。

第三、有一些顯然的是奪文的，也不在比較研究範圍之內。例如，戰國策云「降代、上黨」，韓非子作「絳上黨」⑦，韓非子實際上脫了一個「代」字，並不是兩者有何文字上的差異；韓非子下句說「代四十六縣，上黨七十縣」，可見韓非子原本「代」「上黨」並擧的。

爲甚麼說韓非子初見秦篇是抄錄自戰國策或其原始材料呢？最重要和最强的證據是：初見秦

篇行文比「張儀說秦王曰」章詳細、淸楚、淺白。這，可以分成幾方面來討論（以下以韓非子代表初見秦篇，以戰國策代表「張儀見秦王曰」章）。

一、韓非子比戰國策詳細

這裏，舉出五個例子來說明：

Ⓐ韓非子說：「張軍數十百萬，其頓首戴羽爲將軍，斷死於前，不至千人，皆以言死。」（見第③節）戰國策除了首句作「張軍數千百萬」外，沒有其餘二十個字。

Ⓑ戰國策說：「荆王亡奔走。」④韓非子作「荆王君臣亡走」，多了「君臣」二字。

Ⓒ戰國策說：「完河間。」⑦韓非子作「莞山東、河間」，多了「山東」二字。

Ⓓ戰國策說：「與趙氏爲和。」韓非子作「復與趙氏爲和」，比戰國策詳細。

Ⓔ戰國策說：「而使張孟談。」韓非子作「乃使其臣張孟談」，多了「其臣」二字。

二、韓非子修改戰國策文字，使其語意更淸楚、更通順

這裏，舉出六個例子來說明：

Ⓐ戰國策說：「不攻無攻相事也。」③韓非子改爲「有功無功相事也」，「不」當作「有」，

「攻」借爲「功」。

Ⓑ戰國策說：「當此之時，隨荆以兵則荆可舉，舉荆則其民足貪也。」④韓非子改「舉荆」爲「荆可舉」，與上句相承，語意較清楚。

Ⓒ戰國策說：「一舉而壞韓、蠹魏、挾荆。」⑦韓非子改「挾」作「拔」，與上文「壞」「蠹」語意更相近。

Ⓓ戰國策說：「以大王之名，秦兵之强，伯王之業，地尊不可得，乃取欺於亡國，是謀臣之拙也。」⑦韓非子改「名」作「明」；明，英明也，與「强」義相近。又改「伯王之業，所尊不可得」作「弃霸王之業，地曾不可得」語義更清楚、通順。

Ⓔ戰國策說：「又交罷却。」⑨語意含糊；韓非子改作「又不能反運，罷而去」，清楚可曉。

Ⓕ戰國策說：「帥天下，將甲百萬。」⑪韓非子改作「率天下，甲兵百萬」，視前者清楚。

三、韓非子增加戰國策文字，使其文句淺白、易於了解

這裏，也舉出六個例子來說明：

Ⓐ戰國策說：「其百姓不能死也，其上不能殺也。」③韓非子首句作「非其士民不能死也」，增一「非」字，語氣更强，亦易於了解。

Ⓑ戰國策說：「一可以勝十，十可以勝百，百可以勝千。」③韓非子首句作「夫一人奮死，可以對十」，加强文句，更易於了解。

Ⓒ戰國策說：「削株掘根。」④韓非子改作「削迹無遺根」，增、改文字，語意淺白，義意不變（顧廣圻校韓非子云「當從策」，誤甚）。

Ⓓ戰國策說：「引軍而退，與荆人和。」④韓非子下句作「復與荆人爲和」，增補「復」「爲」二字，語意更淺白。

Ⓔ戰國策說：「令荆人收亡國。」④韓非子「荆人」下增「得」字，語意更淺近。

Ⓕ戰國策說：「令魏氏收亡國。」⑤韓非子「魏氏」下增「反」字，語意尤淺近。

四、韓非子改正戰國策之誤文

這裏，只舉一例來說明：

Ⓐ戰國策說：「東以强齊、燕，中陵三晉。」④根據上下文來判斷，這個「强」字一定有誤；韓非子改作「弱」，再恰當也沒有了。

假如說戰國策是抄襲自韓非子，怎麼會有這種情形呢？非常可能的，戰國策大概在韓非子之前；當韓非子在抄錄戰國策之時，發現有語想不清、文句不易曉、誤文譌字的地方、就不惜增加文字、修改文句、修訂錯字，甚至意補許多句子，以期達到比較理想的地步。假如我們說韓非子在前的話，試問戰國策何必把本來淸楚、通順、正確的文字改作含糊、不易曉、錯誤呢？爲甚麼不完全「搬」進去呢？卽使要動「手術」來「假冒」的話，也應該在別一方面動腦筋，不應該把好文章改成壞文章！很顯然的，這個假設是不攻自破的。晏子春秋許多篇章抄襲左傳，因爲晏子春秋比左傳更淺白、淸楚和易曉；戰國策、韓非子的情形，完全和它們一樣。

下面，我要再提出幾個證據證，證明韓非子比戰國策晚了許多。

第一

戰國策全篇用「伯王」，韓非子在抄襲戰國策時，全部改作「霸王」。

首先要說，這一詞彙最初是作「伯王」，後來才改作「霸王」；以「霸」借爲「伯」。左成公二年傳說：「三王之王也，樹德而濟同欲焉；五伯之霸也，勤而撫之，以役王命。」後世的所謂「五霸」，實際上就是「五伯之霸」；伯者，長也，言爲諸侯之長也；霸，把也，言把持王者之政敎也；所以，「五伯」「伯王」出現得早，「五霸」「霸王」是後人所改易的。國語鄭語說：「史伯對桓公曰：『昆吾爲夏伯，大彭、豕韋爲商伯。』」爲「伯王」之「伯」字的原始意義。戰國策全篇作「伯王」，可證其時代之早遠；莊子大宗師篇：「上及有虞，下及五伯。」呂氏春秋諭大篇：「五伯欲繼三王，而不成。」還是襲用古舊的措辭。韓非子改作「霸王」，正可證明其時代之晚出了。

孟子告子篇說：「五霸者，三王之罪人也。」荀子有王霸篇；字皆作「霸」，是比較晚的了。我在談到作者問題時（第一章），曾把全書提到「五伯」一詞全部擧出來，並且區分爲三類；就中除了燕策一「人有惡蘇秦於燕王」章作「五霸」爲例外之外（可能是晚出材料，也可能後人所改），其他全部都作「五伯」，讀者可參考。這說明了戰國策全書是統一的，包括「張儀說秦王曰」章在內；而不是從旁的書本抄錄進去的。假如「張儀說秦王曰」章是抄自他書，爲甚麼能和全書如此統一呢？也許有人會說：抄錄者爲了磨滅證據，爲了「冒充」是「眞貨」，把「張儀說秦王曰」章的「伯王」改和全書統一，作爲「霸王」；這個論證不是有誤了嗎？這個問題固然有道理，但是，和我們的推論比較起來，其可能性就比較小了；何況我們還有其他各方面的證據！

因爲「伯王」「五伯」比「霸王」「五霸」古舊，又因爲「張儀說秦王曰」章和戰國策其他篇章統一地作「伯王」，所以，我們判定「張儀說秦王曰」章並不是抄錄自韓非子，並且比韓非子初見秦篇早。韓非子在抄錄戰國策或其原始材料時，爲了配合全書（如姦刼弑臣篇云：「則可以致霸王之功。」又云：「此三人者，皆明於霸王之術。」），把原本的「伯王」改作「霸王」。因爲「伯王」在「霸王」之前，我們才得以考證出是韓非子爲了配合全書而改「伯王」爲「霸王」；並非戰國策改「霸王」作「伯王」。

回過頭來，我們看看前面所轉錄的陳奇猷的意見。陳氏提出五個意見來證明初見秦篇是韓非手著的，換句話說，也就是等於證明「張儀說秦王曰」章是戰國策的「贗品」；實際上，陳氏的第五個意見才能算做是眞正的證據。他說：

知伯決晉水灌晉陽事，韓非屢道之，與本篇陳說，其旨趣皆同，蓋擧之以告誡人主勿貪鄙而必防其下，亦可見此篇爲韓非之作。

這是第五個意見的下半部；其實，這不能算作證據！知伯決晉水灌晉陽的故事，在當時可以說是家傳戶曉，無人不知的；許多書本都不止一次地提到它，何止韓非子一書呢！戰國策全書至少有四、五次以上提到這件事，那麼，我們是否也可以說「與本篇陳說，其旨趣皆同，亦可見此篇爲戰國策原著」呢？第五個意見的上半部說：

本書民氓字皆作民萌，而此篇亦作民萌，可見本篇亦爲韓非手著。

陳氏此說，可謂只知其一，不知其二了！初見秦篇全篇作「民萌」，和韓非子全書統一，就判定初見秦篇是韓非手筆；那麼，「張儀說秦王曰」章全篇作「民氓」，和戰國策全書統一，不是也可以說「張儀說秦王曰」章本是戰國策原著嗎？譬如，我在上面所擧的「伯王」一詞，戰國策全書作「伯王」，韓非子全書作「霸王」，假如我不是已經證明「伯王」比「霸王」的時代早的話，就不能說明、證明甚麼了。

陳奇猷的第五個證據，其實也不能成立的。

第二

戰國策「張儀說秦王曰」章「士民」（或作「民」）和「百姓」混用，如「悉其士民」、「其百姓不能死也」、「故民不死也」、「士民之病」；韓非子初見秦篇就不然了，不是作「士民」，就是作「民」，根本就沒有「百姓」二字。

這說明了一件事實：只有初見秦篇抄錄自「張儀說秦王曰」章，才如此統一地把「百姓」改作「士民」；假如說「張儀說秦王曰」章抄錄自初見秦篇，就非常不可能出現這種參差的措辭了。

第三

「張儀說秦王曰」章說：「是故，兵終身暴靈於外，士民潞病於內。」韓非子初見秦篇「暴靈」改作「暴露」。

首先必須說明，「暴靈」的「靈」字並非誤字，黃丕烈札記說：「今本『靈』，作『露』，鮑本作『露』，韓子是『露』字，此當各依本書。策下句言『潞病』，潞、露同字，此句不得更言『暴露』。」這說法是正確的。

靈，霝的假借字；零、霝古通。詩東山說「零雨其濛。」說文雨部引「零」作「霝」；詩定之方中說：「靈雨既零。」傳：「零，落也；零當作霝。」是兩個最好的證據。「暴靈」兩個字的意義，以黃丕烈之說法「暴謂日，靈謂雨」爲最佳；說文：「霝，雨零也。」就可證成黃氏之說了。「終身暴靈於外」，和「潞病於內」可以說完全沒有重複，而且，意義是相因相成的。

荀子王制篇：「彼將日日暴露殷折之中原。」韓非子亡徵篇：「罷露百姓。」呂氏春秋不屈篇：「士民罷潞。」風俗通義第九：「大用羸露。」也許爲了配合韓非子全書，也許「暴露」一詞比「暴靈」晚出，輯補者把戰國策抄入韓非子時，就把「暴靈」改作「暴露」。

把少見的詞彙改作通俗流行的詞彙，是抄錄者常見的現象。初見秦篇的抄錄者在抄錄時，無意中爲我們留下了這個痕跡。

有了上述的三個證據，再加上前面的四個證據，我們至少可以如此地說：「張儀說秦王曰」章在初見秦篇之前！「張儀說秦王曰」章並不是抄錄自韓非子。我們也可以這麼說：「張儀說秦王曰」章是這兩篇文章的祖本，初見秦篇是後人自這祖本抄入韓非子的。

初見秦篇既然是抄自戰國策或其原始本，那麼，它怎麼會是「韓非手著」的呢！也許有人會說，它本是「韓非手著」，被劉向編入戰國策，後人再從戰國策抄進韓非子；這樣「曲折」解釋，會有發生的可能嗎？因此，前面引述第三派學者的說法，很顯然的，是完全站不住脚的。那麼，我們是不是等於說，「張儀說秦王曰」章是張儀作的呢？和第二派學者的意見相合呢？不是，完全不是。我們說「張儀說秦王曰」章在初見秦篇之前，並不是等於說它就是張儀所手著；其實，這完全是兩回事，沒有牽連的關係。我們所得到的結論，只足够讓我們去否定「張儀說秦王曰」章是抄自韓非子、初見秦篇是「韓非所手著」而已。說得更清楚一點，根據我們的結論，在戰國策這一邊，「張儀說秦王曰」章是戰國策的原著，不是從他書輯補進去；在韓非子那一邊，初見秦篇並非「韓非手著」，它是後人從戰國策或其原始本抄進去的。放寬一點來說，初見秦篇也不一定是韓非子的「贋品」，韓非子一書有不少篇章根本不是「韓非手著」，初見秦篇何必一定要「韓非手著呢」？在韓非子編纂之時，編纂者（當然，並非韓非本人）無意之間把戰國策或其原始本「張儀說秦王曰」章抄錄進去，抹去章首的六個字，再冠上「初見秦」這個篇目。一定要把這篇文章說出它的作者來，似乎太執著了；一定要把它判定為「韓非手著」，其錯誤更可怕了。

姚宏在題辭說：「張儀說惠王，乃韓非初見秦。」完全說錯了。近人齊思和在戰國策著作時代考一文裏（燕京學報第三十四期）說：

國策中所載儀、秦說六國之辭，涉及後事者甚多，要皆後來者習縱橫長短之說，揣摩之辭，非儀、秦所自著。故是篇雖非必張儀之辭，亦未必卽係韓非之辭。蓋古書各篇本自單行，後人輯同類之書爲一編，遂有一篇而編入數書者。所下的斷語很寬，但是，由於他想不出方法作進一步研究，其論斷也嫌遊離不定，說不出深一層的道理來。

非常可能的，「張儀說秦王曰」章是一篇相當晚的文章，晚得幾乎在韓非的時代（該篇史實可證明；歷來學者言之至詳，此不贅）；它被冠上「張儀說秦王曰」六個字，極可能是縱橫之徒所作的。由於有了這六個字，它便和戰國策的原始本擺在一起，劉向編纂時，覺得它是縱橫家之物，自然而然地就把它編入戰國策。這種解釋，絲毫沒有勉强。後代學者因爲它有這六個字，又不知道它和初見秦篇的關係，不是被「張儀」二字所誤，就是被「韓非子」三個書名字所惑（初見秦篇爲韓非子首章，很容易使人以爲是韓非所作的），或說是張儀作的，或說是韓非作的，沒有法子擺脫「張儀說秦王曰」六個字以及「韓非子」三個書名字的糾纏。其實，只要我們跳開這兩個立場，先就文章本身的詳簡繁雜、淺白難懂等來考訂孰先孰後，再根據這個結論去衡量作者的問題時，我們就可以否定了一些武斷的說法，而趨向一個比較合理的見解了。

現在，我們回到本題上吧！我們說：「張儀說秦王曰」章是戰國策原本的文字，並非後人因戰國策殘闕而從韓非子輯補進去的。

另一件和輯補有關的事，是如此的。

齊思和在戰國策著作時代考一文裏，曾例舉了五則戰國策文字，說它們都是後人從別的古籍輯補進去的，他說：

如齊策一靖郭君善齊貌辨章，亦見於呂氏春秋知士篇。呂覽說理之書，故其每述一事，必加以推論，借事以明義也。而國策此章結語亦曰……，與呂覽相同，而與國策體例不合，其爲取自呂覽，似無疑義。

又齊策四孟嘗君爲從章，又見呂覽不侵篇。不侵篇明賢主知士，「故士盡力竭智，直言交爭而不辭其患」，故結論曰……，申論不侵之義也。而國策此章亦有此結論，與呂覽無別，而與他篇體例不同，其爲取自呂覽，亦無疑義。

此外魏策一魏公叔痤病章，記公叔痤擧衛鞅爲相，惠王不聽事，文又見呂氏春秋長見篇。長見篇明遠見之義，故結語曰……。今國策亦有此語，則此章亦當係由呂氏春秋抄入。

又齊策三孟嘗君在薛章，記荆人攻薛，淳于髠說齊王救之之事，又見於呂氏春秋報更篇。結論曰……，與呂覽同，當亦採自呂氏春秋。

又魏策二魏惠王死章，記魏惠王葬日大雪，惠施說太子弛期更日事，亦見於呂氏春秋開春篇。按呂覽是章之義在明善說者……故述惠施之說，結論曰……。今國策亦附此論，義申善說，無關從橫，當亦由呂氏春秋抄入。

詳細研究齊思和的意見，原來他以爲戰國策章末的結語①和其他古籍相同，②與國策體例不合；因而判定它們是後人抄輯進去，是戰國策的「贋品」。

這種推斷是不是可靠呢？我們以爲，這說法是完全不正確的。理由是：

第一、戰國策的結語和其他古籍不盡相同

我們姑且就齊思和所擧出的例子來討論吧！

①齊策三「孟嘗君在薛」章的結語說：「顚蹶之請，望拜之謁，雖得則薄矣。善說者，陳其勢，言其方，人之急也；若自在隘窘之中，豈用强力哉！」呂氏春秋報更篇結語說：「顚蹷之請，坐拜之謁，雖得則薄矣。故善說者陳其勢，言其方，見人之急也；若自在危厄之中，豈用彊力哉！彊力則鄙矣！說之不聽也，任不獨在所說，亦在說者。」兩相比較一下，呂氏春秋的結語比戰國策多了後面三句十五個字！假如戰國策抄自呂氏春秋，它何必拋棄這十五個字呢？

②齊策四「孟嘗君爲從」章的結語說：「公孫弘可謂不侵矣！昭王，大國也；孟嘗，千乘也。立千乘之義，而不可陵，可謂足使矣。」呂氏春秋不侵篇結語說：「公孫弘可謂不侵矣！昭王，大王也；孟嘗君，千乘也。立千乘之義而不可凌，可謂士矣。」兩相比較一下，我們可以發現，最末一句呂氏春秋作「士」，戰國策作「足使」；假如戰國策抄錄自呂氏春秋，爲甚麼必須

改這個字呢？

呂氏春秋和戰國策這兩部書，就內容來說，以呂氏春秋較爲有思想體系；基於這層關係上，呂氏春秋抄錄戰國策原始材料的故事，並且增補、修飾其結語，以符合本書篇章的主旨，其可能性似乎大得多多了。

第二、戰國策有些有結語的篇章是他書所無者

戰國策有結語的篇章，其數量相當多；除了齊氏所擧的五則外，還有下列十四則（參考第一章）：

1. 秦策二「齊助楚攻秦」一章；
2. 齊策一「鄒忌修八尺」一章；
3. 齊策四「齊人有馮諼者」一章；
4. 齊策四「齊宣王見顏斶」一章；
5. 齊策六「燕攻齊，取七十餘城」一章；
6. 楚策一「江乙說於安陵君」一章；
7. 楚策三「秦伐宜陽」一章；

8. 魏策四「秦、魏爲與國」章；
9. 韓策一「三晉已破智氏」章；
10 韓策一「秦、韓戰於濁澤」章；
11 韓策二「韓傀相韓」章；
12 宋策「宋康王之時」章；
13 衞策「衞人迎新婦」章；
14 中山策「樂羊爲魏將」章。

除了第六則的結語又見於說苑權謀篇外；其他十三則的故事和結語都是其他古籍所沒有的。難道它們都是從其他佚書抄進來的嗎？這個可能性似乎不大。相反的，反而是呂氏春秋、說苑爲了配合它們自己的篇章，從戰國策這許多故事裏摘取一部份擺進去，或修改結語，或補充結語；這種推論，似乎比較合理和客觀。

第三、戰國策同一章內有的案語不止一個

齊思和再三地强調，戰國策的體例是不應該有結語；其實，這是錯誤的。這裏，舉兩個例子來否定他的說法（參見第一章）。

1.齊策三「楚王死，太子在齊質」章，章末有十個結語：卽①可以請行；②可以令楚王亟入下東國；③可以益割於楚；④可以忠太子而使楚益入地；⑤可以爲楚王走太子；⑥可以忠太子使之亟去；⑦可以惡蘇秦於薛公；⑧可以爲蘇秦請封於楚；⑨可以使人說薛公以善蘇子⑩可以使蘇子自解於薛公。

2.中山策「司馬憙三相中山」章，章末有三個結語：卽①可以爲司馬憙；②可以爲陰簡；③可以令趙勿請也。

這難道不是戰國策的體例嗎？

根據我個人的看法，這些有結語的篇章，在劉向編纂之前，原是合在一起成爲自己的一批材料，它們極可能是「出於學縱橫者所著」(參見第一章)，旣記述當時史實，又主觀地加上一些案語；在實用上來說，這是很好的一個做法。這類材料相當多，劉向全部編入戰國策；呂氏春秋、說苑等書，爲了配合自己篇章的論點，才把小部份的故事從戰國策原始本摘進自己的書裏，而且，連同結語也摘進去了。史記爲了記述戰國史，也摘入一部份戰國策的故事；正是這種情形的最好寫照。齊思和沒有一點可靠的證據，憑私意推測，似乎武斷了一些。

還有一件和輯補有關的事情，我們也提出來討論。

齊思和在前述的文章裏，曾如此地說：

國策又有小章短記，多與韓非子相同，其中多蓋據同一材料。然亦有義不涉乎從橫，旨皆關乎法術，顯爲抄自韓非子，而非韓非子鈔自國策者。如魏策一文侯與虞人期獵章又見於韓非子說林篇，魏策田需貴於魏王章又見於韓非子說林上，龐忽與太子質於邯鄲章又見於韓非子內儲說上七術說，韓策一成午從趙來章見於韓非內儲說下六微篇，申子請仕從兄官章亦見於韓非子外儲說左上，宣王謂摎留曰章亦見韓非子說林上，宋衞策衞嗣君時章與韓非子內儲說七術篇同，中山策主父欲伐中山章與韓非子外儲說左上同。以上各章，似皆錄自韓非子。

這種結論，我們是不敢苟同的；說二書「蓋據同一材料」，或許還有此可能；一定要說戰國策「顯爲抄自韓非子，而非韓非子鈔自戰國策」、「似皆錄自韓非子」，那就似乎太武斷了。

最後一件要提出的，是如此的；齊思和說：

史記淮陰侯列傳載蒯通說韓信之辭凡千餘字，索隱曰：「按漢書因及戰國策皆有此文。」則此章亦見古本戰國策。按劉向戰國策序謂其書上繼春秋，下迄秦、漢之起，凡二百四十五年。而蒯通說韓信，在高祖四年，上距楚、漢之起已六年，其非向本原文可知。然則國策自唐卽已有後人羼入之文，固不待宋人之補歟？

韓信、蒯通都是「楚、漢之起」的人物，這是任何人都不能否定的；以蒯通說韓信在高祖四年，上距「楚、漢之起」六年，就抹煞了劉向和索隱的話，未免太大膽了！何況單單以這則故事，我們根本就否定不了韓信、蒯通是「楚、漢之起」的人物！退一步來說，高祖四年，楚王項羽正開始和漢王劉邦作生死之戰，怎麼不是「楚、漢之起」呢？齊氏的說法，未免太執著了。

這本是戰國策佚文的問題，因爲它和輯補有關，我們提出來在此加以討論。

討論了戰國策本身文字的殘闕和輯補後，我們附帶地想討論一下高注本的殘闕。我們在第四章裏，已經討論過今本戰國策實際上只殘存了十篇的高注本，其他卷一、卷五、卷十一至三十一，合計二十三篇，似乎全是劉向本（即無高誘注）。可是，經過我的研究之後，這十篇殘存的高誘注本實際上還有殘缺！換句話說，這十篇高誘注實際上也非「完本」。這裏，我舉出三個證據來支持我的說法。

第一、高誘每注一書，都加有自序一篇，呂氏春秋、淮南子等書，就是如此，戰國策是高誘注，却偏偏沒有他的序文！金德建在戰國策作者之推測一文裏，就根據這一點，懷疑高誘並沒有注解戰國策；今本所以題上「高誘注」，完全是後人假託的；這種說法似乎太武斷了！其實，戰國策也有高誘序，只是亡佚了！史記集解序索隱引高誘說：

六國縱橫之說也，一曰長短書，一曰國事，劉向撰爲三十三篇，名曰戰國策。

很顯然的，這就是高誘注戰國策的序文！

第二、文選曹子建求自試表注引高誘注說：「韓國之盧犬，古之名狗也。」這是齊策三（卷十）「淳于髡一日而見七人」章「韓子盧者，天下之疾犬也」下的高誘佚注。齊策三有高誘注，是高注本；高注本而猶有高誘佚注，可見今存高注本也是略有殘缺了。

第三、史記秦始皇本紀索隱引戰國策說：「本名子異，後爲華陽夫人嗣；夫人，楚人，因改名子楚。」這二十個字並不像是戰國策的文字。根據我的推測，非常可能是楚策五「濮陽人呂不韋」章「乃變其名曰：楚」下之高誘注。秦策五是高注本，而索隱引有高誘佚注，正可考見今傳高注本並非完本了。

從這三個證據來看，今傳的十篇高注本戰國策，實際上也是殘闕的。

第九章　來源及作成時代之蠡測

劉向在敍錄裏，曾如此地說：

又有國別者八篇……本號或曰國策，或曰國事，或曰短長，或曰事語，或曰長書，或曰修書。

很清楚的，戰國策是根據這七部份量不太相等的書編合而成；也就是說，戰國策源於這七個地方。今本戰國策一共有四百八十多章，在這麼些篇章裏，那些是來自國別？那些是來自國策？那些是來自國事？等等。這是個很有趣的問題，也是個很耐人尋味的問題。

在追探這個問題時，我們首先要考慮的事情，是，這些問題所能獲得的答案的正確性和程度性；生在今日，我們要追探戰國策原始本的面貌，甚至恢復原始本的本來面目，似乎是一件非常不可能的事。我們了解，其正確性和程度性可能不會非常高，但是，我們謹愼地加以嘗試，追探出若干線索來。我們所能做到的，也許只是一個「蠡測」，一個比較粗略的分析而已。

齊思和在戰國策著作時代考一文裏，曾做出一些簡單的貢獻；這裏，我再進一步地下一番工夫。

戰國策四百八十多章裏，大略言之，可分爲記事和記言兩大類。當然，這分法是比較粗略的，因爲記事中往往有記言，而記言之中也往往有記事；要截然地加以分開，似乎是很勉强的。一般上來說，稍微粗略地區分是可以做到的；以下，我們就根據這條線索來加以討論。

第一類

戰國策裏以記事爲主的，可歸之於史事類；劉向敍錄所說的國策、國別、國事三部原始資料，大概都是分記各國的史事，可以說是屬於記事這一類。所謂國策，各國之典策也；所謂國事，列國之事也；所謂國別，以國爲別之史事也。這類篇章相當多，我們先列舉出來：

東周策

1.「嚴氏爲賊」章；

秦策

2.「衞鞅亡魏入秦」章；
3.「司馬錯與張儀爭論」章；
4.「秦武王謂甘茂」章；
5.「甘茂亡秦」章；
6.「范雎至」章；
7.「三國攻秦」章；

8.「濮陽人呂不韋」章；

9.「文信侯欲攻趙」章；

齊策

10「靖郭君善齊貌辨」章；

11「犀首以梁爲齊」章；

12「齊人有馮諼」章；

13「蘇秦自燕之齊」章；

14「齊負郭之民」章；

15「燕攻齊，齊破」章；

16「齊王建入朝於秦」章；

楚策

17「楚襄王爲太子之時」章；

18「長沙之難」章；

19「楚考烈王無子」章；

趙策

20「知伯從韓、魏兵以攻趙」章；
21「知伯帥趙、韓、魏而伐范、中行氏」章；
22「張孟談既固趙宗」章；
23「晉畢陽之孫豫讓」章；
24「武靈王平晝閒居」章；
25「王立周紹爲傅」章；
26「趙燕後胡服」章；
27「王破原陽」章；
28「齊人李伯見孝成王」章；

魏策

29「知伯索地於魏桓子」章；
30「西門豹爲鄴令」章；
31「三晉已破智氏」章；

韓策

32「魏之圍邯鄲也」章；

33「韓傀相韓」章；
34「東孟之會」章；
燕策
35「燕王噲既立」章；
36「燕昭王收破燕」章；
37「昌國君樂毅」章；
38「燕太子丹質於秦」章；
宋衞策
39「公輸般爲楚設機」章；
40「宋康王之時」章；
41「智伯欲伐衞」章；
中山策
42「昭王既息民繕兵」章。

以上所列的，是一些偏重於記述史事的篇章；這些篇章，分析起來，大致上都有下列的幾個特點：

第一：偏重於史實的記載。儘管有些篇章有「言」，也有「事」；但是，「事」多於「言」，或「事」重於「言」的傾向，在這些篇章裏似乎表現得很特出。

第二：不重視言語的技巧。這些篇章雖然也有記「言」的部份，但是，一般上來說，並不太重視言談上的技巧和說服力；甚至，有不少地方只用三、兩句話就交代過去了。

第三：這些篇章都很有顯明的「國別色彩」。除了中山策「昭王既息民繕兵」章為後人附入外（說詳第七章），其他的篇章幾乎很容易就可以鑑別出其所屬的國別；造成這種現象的主要原因，是，它們本來就是專為記述某國的史事，而不是在記述某人的言談技巧。所謂「國策」、「國事」、「國別」，它們和其他幾部原始「書」不同的最大特點，也就是在這裏了。

第四：敍述史事比較客觀。正因為它們是專門記述史事，所以，行文也比較客觀。假如我們把這些篇章拿來和太史公的史記作個比較研究的話，我們不但發現大部份的篇章被太史公採納了，而且，太史公幾乎就沒有刪改、變易地「編」入了史記。從這件事實來看，它們的客觀性似乎被太史公承認了。

綜合這四點，我們可以這麼說，戰國策有一批材料是比較偏重於史實的記載，它們的特點是客觀、富國別色彩、重視史實的發展，這些篇章儘管不一定是相同的一批材料，但是，它們很可能是性質非常接近的兩、三批；這兩、三批材料，很可能就是劉向所指名的國策、國事、國別三部「書」。

第二類 與第一類相反的，就是偏重於記言的一批材料。記言的書，春秋時代就已經有了，國語楚語上說：

莊王使士亹傅太子箴……對曰：「……教之語，使明其德，而知先王之務用明德於民也。」韋昭解：「語，治國之善語。」可見記言之書，早已存在了。國語一書，實際上就是士亹所說的那一種書。劉向敍錄裏所說的事語、長書、修書三部原始本戰國策，非常可能就是記言的「書」了。

大致上，記言的篇章可以分爲兩種。戰國策記言的篇章非常多，爲了節省篇幅，這裏只舉出東、西周兩策來作爲第一種情形的說明。

東周策

1.「東周與西周爭」章；

2.「東周欲爲稻」章；

3.「昭獻在陽翟」章；

4.「周冣謂石禮」章；

5.「溫人之周」章；

6.「趙取周之祭地」章；

7.「昌他亡西周之東周」章；

西周策

8.「秦令樗里疾以車百乘入周」章；

9.「雍氏之役」章；

10「蘇厲謂周君」章；

11「司寇布」章；

12「宮他謂周君」章。

像以上這種情形的篇章，在今本戰國策裏，數量可以說多了一些；我們這樣「强分强析」的辦法是否正確呢？有些篇章很可能不是屬於這一類這一種，難道不會被我們「寃枉」地「囊括」進來嗎？是的，我們承認這事實的存在。但是，我們並不以此爲缺點，我們並非企圖恢復戰國策原始本，我們只是舉出一些例子來說明其原始本的大略情形，這說明實在是有助於我們了解其古本以及劉向敍錄的話語，進而粗略地分辨戰國策某些比較特別的篇章的「原始歸屬」。肯定了這前提後，我們來分析第二類第一種的特點：

第一：重視言語的技巧。重視言語的技巧，可以說是第一種篇章的特色，揮空爲有，指白爲黑，引寸進尺；只要能達到他們游說的目的，他們儘量地巧辭反覆。

第二：偏重於言語的記載。在這些篇章裏，固然記載了史實，但是，史實似乎並非這些篇章的重點所在。相反的，在這些篇章裏，「記言」的份量不但佔了很大的篇幅，也佔了很重要的比重量。這一事實，只要稍微翻閱一過，就可以輕易地發現出來。

第三：比較主觀。由於作者主要目的是在於表現言辭上的技巧，所以，史實的客觀性往往被忽略或抹煞了。爲了達到作者的目的，言辭裏的史實固然是偏向於主觀，言辭以外的史實也常常是如此。也許因爲這個緣故，太史公採入史記的並不太多。

另外一批材料，也就是我們所指定的第二類第二種，是比較特別的；因爲它們很特別，我曾經花了一些工夫把它們全部整理出來，現在先臚列於後：

東周策

1.「或爲周冣謂金投」章；

或爲周冣謂金投，曰「……。」

2.「謂薛公」章；

謂薛公，曰：「……。」

3.「謂周冣」章；

謂周冣，曰：「……。」

4.「爲周冣謂魏王」章；

爲周冣謂魏王，曰：「……。」

5.「謂周冣」章；

謂周冣，曰：「……。」

秦策三

6.「魏謂魏冉」章；

魏（字衍）謂魏冉，曰：「……。」

7.「謂魏冉」章；

謂魏冉，曰：「……。」

8.「謂穰侯」章；

謂穰侯，曰：「……。」

9.「謂魏冉」章；

謂魏冉，曰：「……。」

10「謂應侯」章：

謂應侯曰：「……。」曰：「……。」

秦策四

11「或為六國說秦王」章：

或為六國說秦王，曰：「……。」

秦策五

12「謂秦王」章：

謂秦王，曰：「……。」

齊策二

13「或謂齊王」章：

或謂齊王，曰：「……。」

楚策四

14「或謂楚王」章：

或謂楚王，曰：「……。」

15「或謂黃齊」章；

或謂黃齊，曰：「……。」

趙策一

16「謂皮相國」章；

謂皮相國，曰：「……。」

17「或謂皮相國」章；

或謂皮相國，曰：「……。」

18「謂趙王」章；

謂趙王，曰：「……。」趙王因起兵南戍韓、梁之西邊，秦見三晉之堅也，果不出楚王，卬而多求地。

趙策三

19「說張相國」章；

說張相國，曰：「……。」君曰：「善。」自是之後，衆人廣坐之中，未嘗不言趙人之長者也，未嘗不言趙俗之善者也。

20「或謂建信」章；

或謂建信：「……。」建信君再拜受命，入言於王，厚任葺以事能重責之；未期年，而葺亡走矣。

趙策四

21「爲齊獻書趙王」章；

爲齊獻書趙王，使臣與復丑曰：「……。」

魏策四

22「爲魏謂楚王」章；

爲魏謂楚王，曰：「……。」

韓策一

23「或謂公仲」章；

或謂公仲，曰：「……。」

24「或謂魏王」章；

或謂魏王：「……。」

韓策二

25「謂公叔」章；

謂公叔曰：「……。」

26「謂公叔」章；

謂公叔曰：「……。」

27「謂新城君」章；

謂新城君曰：「……。」

韓策三

28「或謂韓公仲」章；

或謂韓公仲曰：「……。」

29「或謂公仲」章；

或謂公仲，曰：「……。」

30「或謂韓王」章；

或謂韓王，曰：「……。」

31「或謂韓相國」章；

或謂韓相國，曰：「……。」

32「或謂山陽君」章；

或謂山陽君曰：「……。」山陽君因使之楚。

宋衞策

33「謂大尹」章。

謂大尹曰：「……。」

仔細研究這些篇章，我們可以發現它們幾個特點：

第一：不記載說客的姓名。爲甚麼它們都不記載說客的姓名呢？這實在是很耐人尋味的一個問題。這是偶然的嗎？不是。它們一共有三十三篇之多，我們不能用「偶然」兩個字來加以抹煞。那麼，爲甚麼呢？我將在第三類裏加以討論和推測。

第二：說辭之外，不記史實。在這許多篇章裏，除了18、19、20及32四章在章末有短短的幾句史實記載外，其他篇章全都把史實忽略了！換句話說，除了首句「或謂某某曰」外，全篇儘是游說的言辭。這種不尋常的現象，實在很令人注目；下文也將加以討論。

第三：沒有明顯的「國別色彩」。根據戰國策全書的常例來看，每一篇章的游說者和被游說者的身份並不能十分地用以決定該篇章的歸屬；以「蘇秦」爲說客，並不一定「擺」在燕策或周策；以「靖郭君」爲被說者，也不一定被「擺」在齊策。由於這些篇章都放棄了記述說客，篇章的歸屬問題便顯得愈加游離不定；另一方面，由於說辭往往牽涉到兩國以上的史事，更加喪失了共「國別色彩」。假如我們把這種現象的篇章逐一指出來，那將是一件很容易的事；我相信，劉向當初在編纂時，很可能甚爲這個問題所困擾。

綜合以上兩種，我們可以這麼說，戰國策裏有一批爲數相當大的材料是偏重於言辭的記載，它們比較主觀、不注重史實、沒顯著的「國別色彩」，甚至說客的姓名都省却了。這一大批材料雖然不一定是同在一批，但是，它們很可能是性質非常接近的兩、三批；它們極可能就是劉向所指名的事語、長書、修書這三部「書」。蘇秦、張儀游說六國，大概就在這三部「書」內。

第三類

在劉向的敍錄裏，又有「短長」一書；這部書，根據我個人的看法，也許是一部相當特別，而且和第二類有某些相似的書。所謂「短長」，歷來比較重要的解釋，大約有下面兩家：

①司馬貞說：言欲令此事長則長說之，短則短說之（見史記田儋列傳索隱）。

②張晏說：蘇秦、張儀之謀，趣彼爲短，歸此爲長（見漢書張湯傳師古注引）。

這兩家說法，有一個相同點：於己有利，便獻身以赴；只要於己有害，便放棄、揚棄。假如我們仔細分析一下，這兩家說法實際上又有一個很不相同的地方：司馬貞所說的，只是在於「說辭」上的短、長而已；張晏可就不同了，他把「短長」的意義擴大了一些，除了「說辭」外，還包括「計策」或「策略」，所以，他用一個「謀」字來說明。這個不同點非常重要，劉向敍錄說：

「臣向以為戰國時游士輔所用之國，為之筴謀。」可見短、長應該包括「計策」「策略」來說的；張晏的說法似乎比較正確一些。

所謂「短長」既然包括了「策略」和「言辭」兩項；那麼，今本戰國策是否有此類的篇章呢？這裏，我們轉錄齊策四的首章來說明：

齊有馮諼者，貧乏不能自存，使人屬孟嘗君，願寄食門下。孟嘗君曰：「客何好？」曰：「客無好也。」曰：「客何能？」曰：「客無能也。」孟嘗君笑而受之，曰：「諾。」左右以君賤之也，食以草具。居有頃，倚柱彈其劍，歌曰：「長鋏歸來乎？食無魚。」左右以告，孟嘗君曰：「食之比門下之客。」居有頃，復彈其鋏歌曰：「長鋏歸來乎？出無車。」左右皆笑之，以告，孟嘗君曰：「為之駕，比門下之車客。」於是，乘其車，揭其劍，過其友曰：「孟嘗君客我。」後，有頃，復彈其劍鋏歌曰：「長鋏歸來乎，無以為家。」左右皆惡之，以為貪而不知足，孟嘗君問馮公：「有親乎？」對曰：「有老母。」孟嘗君使人給其食用，無使乏。於是，馮諼不復歌。後孟嘗君出記問門下諸客：「誰習計會，能為文收責於薛者乎？」馮諼署曰：「能。」孟嘗君怪之曰：「此誰也？」左右曰：「乃歌夫長鋏歸來者也。」孟嘗笑君笑曰：「客果有能也，吾負之，未嘗見也。」請而見之，謝曰：「文倦於事，慣於憂而性懧愚，沉於國家之事，開罪於先生，先生不羞，乃有意欲爲收責於薛乎？」馮諼曰：「願之。」於是，約車治裝，載券契而行，辭曰：「責畢收，以何市而反？」孟嘗君曰：「視吾家所寡有者。」驅而之薛，使吏召諸民當償者悉來合券，券徧合，起矯命以責賜諸民，因燒其券，民稱萬歲。長驅到齊，晨而求見，孟嘗君怪其疾也，衣冠而見之曰：「責畢收乎？來何疾也？」曰：「收畢矣。」「以何市而反？」馮諼曰：「君云『視吾家所寡有者』，臣竊計君宮中積珍寶，狗馬實外廄，美人充下陳，君家所寡有者以義耳，竊以爲君市義。」孟嘗君曰：「市義奈何？」曰：「今君有區區之薛，不拊愛子其民，因而賈利之。臣竊矯君命以責賜諸民，因燒其券，民稱萬歲；乃臣所以爲君市義也。」孟嘗君不說曰：「諾，先生休矣。」

後期年，齊王謂孟嘗君曰：「寡人不敢以先王之臣爲臣。」孟嘗君就國於薛，未至百里，民扶老携幼，迎君道中，孟嘗君顧謂馮諼曰：「先生所爲市義者，今日見之。」馮諼曰：「狡兎有三窟，僅得免其死耳；今君有一窟，未得高枕而臥也；請爲君復鑿二窟。」孟嘗君予車五十乘，金五百斤，西遊於梁，謂惠王曰：「齊放其大臣孟嘗君於諸侯，諸侯先迎之者，富而兵强。」於是，梁王虛上位，以故相爲上將軍，遣使者黃金千斤、車

> 百乘，往聘孟嘗君。馮諼先驅，誡孟嘗君曰：「千金，重幣也；百乘，顯使也；齊其聞之矣。」梁使三反，孟嘗君固辭不往也。齊王聞之，君臣恐懼，遣太傅齎黃金千斤，文車二駟，服劍一，封書謝孟嘗君曰：「寡人不祥，被於宗廟之祟，沉於諂諛之臣，開罪於君；寡人不足爲也，願君顧先王之宗廟，姑反國統萬人乎？」
>
> 馮諼誡孟嘗君曰：「願請先王之祭器，立宗廟於薛。」廟成，還報孟嘗君曰：「三窟已就，君姑高枕爲樂矣。」孟嘗君爲相數十年，無纖介之禍者，馮諼之計也。

這麼一則故事，首先引起我們注意的是：它是否可靠的？可靠到甚麼程度？馮諼固然是一位善說善謀的人，但是，事情就那麼「理想化」嗎？細讀此章，我們總有一個想法：一切事情發展得太順乎理想了！理想得使人不敢相信！它不像是史實，好像一則故事，一則極富戲劇性的故事！故事中的主角馮諼，無異的是短長的能手，他把長的策略「歸」於「此」，把短的策略「趣」於「彼」；整個篇章的情節，就記述他如何地「短長」各種謀略。

這類故事，戰國策記載得相當多；上面所轉錄的，只是順手拈來而已。齊策一「孟嘗君出行國」章、燕策二「蘇代自齊使人謂燕昭王」章等等，都是和這故事非常相近的篇章。根據我個人的看法，這些篇章很可能是屬於「短長」一書的。

以「言辭」來短長的，爲數也非常多。首先，我將第一批材料列出來：

東周策

1.「東周與西周戰」章；

東周與西周戰，韓救西周。爲東周謂韓王曰：「……。」

2.「楚攻雍氏」章；

楚攻雍氏，周粻秦、韓，楚王怒周，周君患之。爲周謂楚王曰：「……。」

3.「周文君免士工師藉」章；

周文君免士工師藉，相呂倉；國人不說也，君有閔閔之心。謂周文君曰：「……。」周君遂不免。

4.「齊聽祝弗」章；

齊聽祝弗，外周最。謂齊王曰：「……。」

5.「杜赫欲重景翠於周」章；

杜赫欲重景翠於周。謂周君曰：「……。」

6.「三國隘秦」章；

三國隘秦，周令其相之秦，以秦之輕也，留其行。有人謂相國曰：「……。」

7.「昭翦與東周惡」章；

昭翦與東周惡。或謂昭翦曰：「……。」遂和東周。

西周策

8.「秦攻魏將」章；
秦攻魏將犀武軍於伊闕，進兵而攻周。為周冣謂李兌曰：「……。」

9.「周君之秦」章；
周君之秦。謂周冣曰：「……。」

10「楚兵在山南」章；
楚兵在山南，吾得將為楚王屬怒於周。或謂周君曰：「……。」

11「秦召周君」章；
秦召周君，周君難往。或為周君謂魏王曰：「……。」

12「三國攻秦」章；
三國攻秦，反，西周恐魏之藉道也。為西周謂魏王曰：「……。」魏王懼，令軍設舍速東。

13「犀武敗周」章；
犀武敗周，使周足之秦。或謂周足曰：「……。」

秦策四

14「秦取楚漢中」章；

秦取楚漢中，再戰於藍田，大敗楚軍，韓、魏聞楚之困，乃南襲至鄧，楚王引歸。後三國謀攻楚，恐秦之救也。或說薛公可發使告楚曰：「……。」

秦策五

15「秦王與中期爭論」章；

秦王與中期爭論，不勝，秦王大怒，中期徐行而去。或爲中期說秦王曰：「……。」秦王因不罪。

楚策四

16「楚王后死」章；

楚王后死，未立后也。謂昭魚曰：「……。」

趙策一

17「秦、韓圍梁」章；

秦、韓圍梁，燕、趙救之。謂山陽君曰：「……。」

魏策一

18「秦敗東周」章：

秦敗東周，與魏戰於伊闕，殺犀武，魏令公孫衍乘勝而留於境，請卑辭割地以講於秦。

爲竇屢謂魏王曰：「……。」

19「五國伐秦」章：

五國伐秦，無功而還，其後，齊欲伐宋而秦禁之，齊令宋郭之秦，請合而以伐宋，秦王許之，魏王畏齊、秦之合也，欲講於秦，謂魏王曰：「……。」

魏策二

20「秦、楚攻魏」章：

秦、楚攻魏，圍皮氏。爲魏謂楚王曰：「……。」乃出魏太子，秦因合魏以攻楚。

魏策三

21「葉陽君約魏」章：

葉陽君約魏，魏王將封其子。謂魏王曰：「……。」魏王乃止。

22「秦使趙攻魏」章：

秦使趙攻魏，魏（字衍）謂趙王曰：「……。」

魏策四

23「穰侯攻大梁」章；

穰侯攻大梁，乘北郢，魏王且從。謂穰侯曰：「……。」

24「秦、趙構難而戰」章；

秦、趙構難而戰。謂魏王曰：「……。」

25「樓梧約秦、魏」章；

樓梧約秦、魏，將令秦王遇於境。謂魏王曰：「……。」

26「秦攻魏」章；

秦攻魏，急。或謂魏王曰：「……。」

韓策二

27「幾瑟亡之楚」章；

幾瑟亡之楚，楚將收秦而復之。謂芊戎曰：「……。」

韓策三

28「韓珉相齊」章。

韓珉相齊，令吏逐公疇豎，大怒於周之留成陽君也。謂韓珉曰：「……。」

我們不厭其煩地把全部篇章列出來，又不厭其煩地把它們首幾句錄下來，爲的是甚麼呢？在討論之前，我們先說明它們的特點：

第一：不記載說客的姓名。這情形，和第二類第一種完全相同。

第二：說辭外，絕少涉及史實。這情形，也和第二類第一種有些相同。

了解了它們的特點後，我們不禁要問，它們有甚麼值得我們去尋思呢？只要我們仔細想一想；這些篇章除了首幾句是簡單的史實外，其他竟全是說客的言辭，而且，這些說客是誰呢？說它們全是史實嗎？歷史的記載不應該沒有主角；有意記述歷史的人，很容易就會知道這是不容忽視的一件事。說它們是「故事新編」嗎？沒有各種變化的情節，也不是。那麼，是甚麼呢？晁公武在郡齋讀書志裏說了一句話，他說戰國策全書「蓋出於學縱橫者所著」；我却要說，這一批材料大概是「學縱橫者」平日的習作。這些「學縱橫者」為了揣摩他們的口才，為了磨練他們的腦筋，常常標舉一、兩件史實，或是一、兩件虛構的「史實」，然後根據這個標題自己「短長」一番。「東周與西周戰，韓救西周」、「齊聽祝弗，外周最」等，就是他們習作的題目。既然是習作，當然不會有主角說客的名字；既是「短長」口才，除標題外，當然就不必記述其他史實！秦策一「蘇秦始將連橫」章說，蘇秦「乃夜發書陳篋數十，得太公陰符之謀，伏而誦之，簡練以為揣摩」；所謂「發書數十篋」「太公陰符之謀」，很可能就是此類書；所謂「簡練」「揣摩」，正是這種學習的最好寫照。

我們否定它們的歷史價值，說它們只是「學縱橫者」的習作，不是太大膽了嗎？不會。我在第一章曾舉出齊策三、中山策的兩篇長故事；這裏，我簡單地再舉出來，作爲我的推斷的證據。

齊策三

楚王死，太子在齊質，蘇秦謂薛公曰：「君何不留楚太子以市其下東國？」薛公曰：「不可。我留太子，郢中立王；然則是我抱空質而行不義於天下也。」蘇秦曰：「不然。郢中立王，君因謂其新王曰：『與我下東國，吾爲王殺太子；不然，吾將與三國共立之。』然則下東國必可得也。」蘇秦之事，①可以請行，②可以令楚王亟入下東國，③可以益割於楚，④可以忠太子而使楚益入地，⑤可以爲楚王走太子，⑥可以忠太子使之亟去，⑦可以惡蘇秦於薛公，⑧可以爲蘇秦請封於楚，⑨可以使人說薛公以善蘇子，⑩可以使蘇子自解於薛公。

①……故曰：可以請行也。

②……故曰：可以使楚亟入地也。

③……故曰：可以益割於楚。

④……故曰：可以使楚益入地也。

⑤……故曰：可以爲楚王使太子亟去也。

⑥……故曰：可以使太子急去也。

⑦……故曰：可使人惡蘇秦於薛公也。

⑧……故曰：可以爲蘇秦請封於楚也。

⑨……故曰：可以爲蘇秦說薛公以善蘇秦。

⑩（缺）

中山策

司馬憙三相中山，陰簡難之。田簡謂司馬憙曰：「趙使者來屬耳，獨不可語陰簡之美乎？趙必請之，君與之，卽公無內難矣！君弗與趙，公因勸君立之，以與正妻，陰簡之德公無所窮矣！」果令趙請，司馬憙曰：「君弗與趙，趙王必大怒，大怒，則君志危矣！」然則立以爲妻，固無請人之妻不得、而怨人者也。

田簡自謂取使，

①可以爲司馬憙；

②可以爲陰簡；

③可以令趙勿請也。

這兩篇文字，不是習作是甚麼？每一個阿剌伯數字之下都是一個「作文題目」；「學縱横者」簡直就像漢代的「策士」，根據題目「短長」其口才！

以上這批文字，我認爲是劉向敍錄所指「短長」一書的主要材料。

其次，我們再看看下面所轉錄的兩段文字；都是在東周策裏的：

1. 東周與西周爭，西周欲和於楚、韓，齊明謂東周君曰：「臣恐西周之與楚、韓寶，令之爲己求地於東周也。不如謂楚、韓曰：『西周之欲入寶，持兩端。今東周之兵不急西周，西周之寶不入楚、韓；楚、韓欲得寶，卽且趣我攻西周。』西周寶出，是我爲楚、韓取寶以德之也，西周弱矣。」

2. 東周欲爲稻，西周不下水，東周患之。蘇子謂東周君曰：「臣請使西周下水，可乎？」乃往見西周之君，曰：「君之謀過矣！今不下水，所以富東周也。今其民皆種麥，無他種矣；君若欲害之，不若一爲下水，以病其所種。下水，東周必復種稻；種稻而復奪之。若是，則東周之民，可令一仰西周，而受命於君矣。」西周君曰：「善。」遂下水。蘇子亦得兩國之金也。

這兩段文字，和前面所敍述的那一種可以說完全相同，唯一差異的，是記述了說客的名字而已。這類篇章，在今本戰國策裏，爲數相當多；根據我個人的看法，這些篇章也是學「縱橫者」的習作，並非眞有其事。

以上是我對國別、國策、國事、短長、事語、長書及修書等幾部戰國策原始來源的分析。劉向在敍錄裏，曾經清楚地交代過，戰國策的來源是國別、國策、國事、短長、事語、長書及修書；我們姑且就今本戰國策的文字，分析這七部原始本的大略情形。清代以降，有一些學者在談到戰國策時，有意無意之間對其來源提出了一些新的見解；下面，我們就他們的見解提出批評和分析。

漢書藝文志縱橫家著錄有蘇子三十一篇、張子十篇。由於戰國策記述蘇秦、張儀的文字非常多，所以，沈欽韓以爲蘇子三十一篇、張子十篇也是今本戰國策來源之一，他說：

今見於史記、國策，灼然爲蘇秦者八篇，其短章不與。秦死復蘇代、蘇厲等並有論說，國策通謂之蘇子，又誤爲蘇秦，此三十一篇，容有代、厲幷入（王先謙漢書補注引）。

齊思和在戰國策著作時代考一文裏，附和沈氏的說法，他說：

以爲戰國策中所載蘇氏之說，卽取自蘇子，其說甚卓。是故，策中秦、儀每稱子，此亦一證矣。戰國諸子之書，多出於其後學所爲，而非自著，蘇子亦猶是矣。國策中存張子說七國之辭凡七篇，短章凡十餘首，當亦採自張子之書也。

他們這個說法似乎非常堅强，蘇子三十一篇、張子十篇眞的是戰國策的原始材料嗎？所謂「國策通謂之蘇子」是可靠的嗎？假如這個證據可靠，那麼，他們的意見是頗可成立的。

爲了探討這個問題，也爲了審查這個證據的可靠性，我把全書「蘇秦」「蘇厲」「蘇代」「蘇子」及「張儀」「張子」各詞彙統計了一下，並且製成一表。在附表之前，有兩點必須說明：

第一：說客對蘇、張的稱呼，不管是「蘇子」「張子」，或是「蘇秦」「蘇代」「蘇厲」「張儀」，都不包括在此附表之內；說詞裏的稱呼，不足以代表該篇章的作者的觀點。

第二：說詞以外的文字，卽使是簡稱，如「蘇秦」稱「秦」，「張儀」稱「儀」，也包括在本統計表之內。

附表

卷數	稱「蘇秦」「張儀」之次數（包括「蘇代」「蘇厲」）	稱「蘇子」「張子」之次數（包括「蘇代」「蘇厲」）	附註
1 東周	4	2	
2 西周	7		
3 秦一	18	1	
4 秦二	11	3	
5 秦三			

6 秦三			
7 秦五			
8 齊一	2		
9 齊二	11	1	
10 齊三	16	2	
11 齊四	2		
12 齊五	1		
13 齊六			
14 楚一	4		
15 楚二	2	3	
16 楚三	9	10	
17 楚四			
18 趙一	8		「蘇君」一見，不入。
19 趙二	3	2	
20 趙三			
21 趙四	1		
22 魏一	13	6	「張子儀」一見，不入。

23 魏二	8		
24 魏三			
25 魏四	1	2	
26 韓一	6		
27 韓二			
28 韓三	1		
29 燕一	36		「蘇氏」一見，不入。
30 燕二	10	7	
31 燕三			
32 宋衛	1		
33 中山			
共計	175	39	

仔細審閱此附表，我們可以發現，戰國策對蘇、張的敬稱並不多，佔全部百分之二十二而已！沈欽韓說：「國策通謂之蘇子。」似乎有言過其實之嫌；齊思和附同他的意見，也似乎失之於疏。很顯然的，沈氏這個說法是不能成立，換句話說，漢志縱橫家著錄的蘇子三十一篇、張子十

篇不可能是戰國策的原始材料。

其實，我們還有兩個相反意見可以證明沈說的不正確。

我們知道，劉向、歆父子奉命整理中秘時，撰有七略一書，所謂蘇子三十一篇、張子十篇，七略一定有所著錄（班固漢書藝文志本於七略，藝文志著錄有蘇子、張子二書，卽本於七略而來）。假如戰國策原始本和蘇子三十一篇、張子十篇有重複的話，劉向整理戰國策時，一定會有所發現，而且，也一定會在敍錄裏提出這個問題。然而，我們讀一讀劉向的敍錄，除擧出國別、國策、國事等七書外，再也沒有「蘇子」「張子」了！劉向親身看過「蘇子」「張子」及「戰國策」原始本兩大批材料尙且不敢說前者是後者來源之一，生在今日的我們，怎麼敢如此大膽呢？何況根據我們的考證，這個說法是不正確的（藝文志本於七略，這是不疑之論；我們用七略來加以說明，實際上就等於用藝文志來說明，並不發生錯誤）！齊思和在戰國策著作時代考說：

然劉向所擧六七種之底本，並無蘇、張二子之名，且蘇、張二子之書，並列於漢志諸子略從橫家，而七略並不以爲重複。蓋蘇、張之書，早經從橫家改編爲長短等書，以資揣摩。劉向所據者乃長短書，而非蘇、張原本，故其序中並無蘇、張之書歟。

這種推論，顯然的過份曲折，實在難以使人信服。

其次，戰國策對說客稱「子」的地方相當多，我們隨手拈幾則來看：

1. 齊策一「邯鄲之難」章，稱「鄒忌」爲「鄒子」；
2. 同策「田忌爲齊將」章，稱「孫臏」爲「孫子」；
3. 齊策二「秦攻趙」章，稱「樓緩」爲「樓子」；
4. 楚策二「楚襄王爲太子時」章，稱襄王之傅爲「愼子」；
5. 楚策三「張儀逐惠施於魏」章，稱「惠施」爲「惠子」；
6. 同策「五國伐秦」章，稱「昭陽」爲「昭子」；
7. 趙策一「腹擊爲室而鉅」章，稱「腹擊」爲「腹子」；
8. 趙策四「樓緩將使伏事辭行」章，稱「樓緩」爲「樓子」。

爲甚麼沈氏及齊氏忽略了這些呢？很顯然的，他們是不能自圓其說的。齊策二「權之難」章稱「田嬰」爲「薛公」；也和這些有相似之處。說這批材料是他們的門人寫的也可，說這批材料是敬仰他們的人寫的也可；假若一定要指定它們中間的某一小批材料是出自某書，顯然的就有穿鑿附會之嫌疑！何況這種指定並沒有堅强的證據。

另一個問題我們要談到的，是如此。史記淮陰侯列傳載蒯通游說韓信，曾說了幾句話：

夫聽者，事之候也；計者，事之機也。聽過計失而能久安者，鮮矣。聽不失一二者，不可亂以計；計不失本末者，不可紛以辭。

司馬貞索隱說：「案：漢書因及戰國策有此文。」羅根澤根據索隱，說戰國策是蒯通所作的（詳見第一章），他說：

> 史記田儋列傳贊：「蒯通者，善爲長短說，論戰國之權變爲八十一首。」漢書蒯通傳：「通論戰國時說士權變，亦自序其說，凡八十一首，號曰：雋永。」……根據前二證，知蒯通確寫了「論戰國說士權變」的一部書。……劉向的編校又確是依據了基礎藍本，那末蒯通的這部書就具有了最基礎藍本的最大可能性。……因而是基礎藍本的可能性就更大了。

羅氏此說，見於他著的「潘辰先生試論戰國策的作者問題商榷」一文裏；蒯通著戰國策之不可靠，我們在第一章已詳細討論了。蒯通的「論戰國說士權變」、「雋永」兩部書是今本戰國策的材料來源處；這一說法的錯誤，也用不着我們來說明和批駁了。

和羅氏論點非常接近的金德建著有「戰國策作者之推測」一文，他說：

> 戰國策的篇數根據劉校及漢志均屬三十三篇。至於漢志所記蒯通僅止五篇，然而漢志所記主父偃亦有二十八篇。以二十八篇加上了五篇，剛巧也是三十三篇。……這篇數的符合，更足以使我們相信蒯通、主父偃的書卽是戰國策無疑。漢志上蒯通、主父偃二家的書並不會亡逸，實際就是一部戰國策，在漢代有時候分析爲二書。……大概蒯通先成五篇，而其餘二十八篇主父偃續，說不定還不止主父偃一人。總之，續的篇數是二十八篇。

憑着蒯通五篇和主父偃二十八篇兩個數目湊合起來正是三十三篇，就判斷蒯通和主父偃二書爲戰國策的基本來源；這種治學方法之荒謬，簡直是離了譜了。漢志著錄的蒯通五篇、主父偃二十八篇絕不可能由他們這一說明，就成爲戰國策的來源材料；這是可以斷言的。

至於戰國策作成的時代，齊思和在戰國策著作時代考一文裏說：

其最晚之事至於齊王建之虜，時在始皇二十六年。楚策四、燕策二並及秦始皇之號。燕策末又及高漸離刺秦王，事更在秦統一天下之後。則是書實訖於六國之亡，其書於六國陰私，如楚幽王爲春申君之後，郭開譖李牧等事皆言之甚悉。則其中一部之著作時期，至早當秦統一天下之後。又是書於秦之穢事，不甚避諱。秦策詳記呂不韋立子楚事，楚策四更言嫪毒亂秦事。皆秦人所諱忌者，則其著作時期當在漢初年矣。

這個推斷大致上是可靠的。

嚴格來說，齊思和這個說法似乎還不够圓滿。今本戰國策實際上並非完本，它應該包括了許多散佚的篇章文字（見附錄）；要推斷戰國策的作成時代，應該把這些佚文包括進去才是。劉向敍錄說：「其事繼春秋以後，訖楚、漢之起，二百四十五年間之事。」把今本戰國策的內容和劉向所說的話來作個比較的話，我們發現，戰國策比較晚的材料應該在佚文裏，而不在今本的戰國策裏；因此，我們要推斷戰國策全書（完本）的眞正作成時代，應該到佚文裏去尋求解答。

在我所能搜羅到的戰國策佚文裏，以下面兩則為最晚：

范陽人蒯通說范陽令，曰：「竊聞公之將死，故弔；然，賀得通而生。」

漢王使隨何說淮南王，隨何曰：「項王伐齊，大王宜悉淮南之衆，為楚軍前鋒；今乃提空名以向楚，臣竊為大王不取也。」淮南王陰許畔楚，與漢。

根據這兩段文字，戰國策一部份材料作成時代的「下限」應該在淮南王之後。

第十章 從太史公用「戰國策」看戰國策原始本之面貌

在討論問題之前，有一件事必須加以說明。本章提到戰國策時，將出現兩種形式；凡是戰國策上下文加括號的，指劉向未整理以前的幾批原始材料；相反的，指劉向整理以後的戰國策。本章的標題，便已經把這兩個不同的形式表現出來。

漢書司馬遷傳說：「司馬遷據左氏、國語，采世本、戰國策，述楚、漢春秋。」嚴格來說，班固這幾句話是有語病的。戰國策本是好幾批零散的材料，劉向整理後，才給它換上現在的名字；劉向以前的太史公，何來戰國策這部書呢？太史公史記採用戰國策的原始材料，是絕對沒有問題的；班固當然發現這件事實。爲了這件事實在敍述上的方便，也爲了後來讀者的易於了解，班固只好籠統地說太史公「據戰國策」；這種做法是可以諒解的。

史記採用「戰國策」不只是毫無問題，而且，數量非常多；凡是牽涉戰國時代的，幾乎可以說大部份取材於「戰國策」。撇開表、書及自序不談，我們把史記牽涉到戰國時代的篇卷開列出來：

本紀——周、秦、秦始皇。

世家——齊、燕、衞、宋、晉、楚、鄭、趙、魏、韓、田。

列傳——韓非子、孫子吳起、商君、蘇秦、張儀、樗里子甘茂、穰侯、白起王翦、孟子荀卿、孟嘗君、平原君虞卿、魏公子、春申君、范雎蔡澤、樂毅、廉頗藺相如、田單、魯仲連、屈原、呂不韋、刺客、李斯、蒙恬。

這些篇卷，大約佔史記全書百分之三十六。

爲了說明史記採用「戰國策」的情形，我們附上一份統計表；在附上之前，有五點必須加以說明：

第一、它並非十全十美的，因爲它所統計的只是行數，並非字數。爲了手頭上的方便，我們根據日本瀧川龜太郎的史記會注考證；不管是集解、索隱、正義，或者是考證等注文，都不在統計之內；當然，考證本注文一概雙行夾注，給我們一些統計上的麻煩。

第二、史記採用「戰國策」的片言隻語，不在此統計之內。太史公根據「戰國策」的史實，提綱挈領地繫於某年之下；這些，也不在此統計之內。

第三、本表偏重於統計整段的故事；這故事雖經太史公「濃縮」或删省，也包括在本表之內。

第四、戰國始於何年，是一個爭論不休的問題；本表依據資治通鑑的說法，始於公元前四〇三年、周威烈王二十三年，卽趙、魏、韓分封爲侯之時。

第五、戰國策不涉及魯、陳、吳、越四國之事，所以，魯、陳、吳、越諸世家不在本表之內。

附表：

篇名	該篇涉及戰國之文字（以「行」為單位）	該篇採用「戰國策」之文字（以「行」為單位）	本表起、訖文字
周本紀	97	74	始自「威烈王二十三年」。
秦文記	109	2	始自「簡公十六年卒」。
秦始皇本紀	74	0	訖於「得齊王建」。
齊世家	3	0	始自「康公二年」。
燕世家	42	26	始自「釐公立」。
衞生家	9	0	始自「子昭公糾立」。

宋世家	8	0	始自「昭公四十七年卒」。
晉世家	4	0	始自「烈公十九年」。
楚世家	194	69	始自「簡王八年」。
鄭世家	4	0	始自「繻公二十年」。
趙世家	305	152	始自「烈侯六年」。
魏世家	204	98	始自「魏文侯二十二年」。
韓世家	89	55	始自「景侯六年」。
田世家	169	86	始自「子康公貸立」。
韓非列傳	65	0	始自「韓非者」。
孫子吳起列傳	81	2	始自「後百餘歲有孫臏」。
商君列傳	114	6	全篇。
蘇秦列傳	332	319	全篇。
張儀列傳	298	261	全篇。
樗里子甘茂列傳	138	118	全篇。
穰侯列傳	76	54	全篇。

白起王翦列傳	102	28	訖於「與李信破定燕、齊地」。
孟子荀卿列傳	60	0	始自「孟軻，騶人也」。
孟嘗君列傳	166	32	全篇。
平原君虞卿列傳	152	66	全篇。
魏公子列傳	109	0	全篇。
春申君列傳	114	89	全篇。
范雎蔡澤列傳	313	201	全篇。
樂毅列傳	97	62	全篇。
廉頗藺相如列傳	165	0	全篇。
田單列傳	39	0	全篇。
魯仲連列傳	103	93	全篇。
屈原列傳	82	0	全篇。
呂不韋列傳	773	23	全篇。
刺客列傳	22	196	始自「豫讓者」。
李斯列傳	57	0	訖於「竟幷天下」。

蒙恬列傳	6	0	訖於「虜楚王」。
共計	4775	2112	後者佔百份之四十四。

看過這個表後，我們可以討論如下：

第一、根據此表，我們可以看出太史公在諸列傳裏大量地採用「戰國策」；在諸本紀及世家裏，採用的可就不太多。實際上，太史公在本紀及世家裏也採用了非常多的「戰國策」，只是採用的方法異於列傳罷了。在列傳裏，太史公是整段整段地採入；在本紀、世家裏，却是「濃縮」、「簡化」地採入。我們把後者撇開，所以，本表略有偏差。

第二、根據古注、類書的徵引，我們可以證明史記廉頗列傳、田單列傳實際上是本諸「戰國策」的；讀者可參考本書附錄。假如把這些也附入史記採用「國策」文字的範圍內，那麼，所佔百份比將再提高；但是，我們並不這麼做。

第三、太史公在韓非列傳裏轉錄了韓非的說難，屈原列傳裏轉錄了屈原的懷沙，李斯列傳裏轉錄了諫逐客書，這些，實際上應該劃出統計表的。如此，史記涉及戰國的文字將減少了許多，史記採用「戰國策」文字的百份比就會再提高；但是，我們沒這麼做。

第四、根據這個表，我們淸楚地可以看出來，太史公在記述戰國時代的文字裏，百份之四十四以上是採自「戰國策」。假如我們把前面三點也加以考慮的話，這個百份比很可能會提高到百**份之六十五；這是一個多麼高的比率呀！**

第五、把這百份之四十四至百份之六十五扣除掉，剩下來的是甚麼呢？這是很值得我們注意的事，毫無疑問的，爲了上下文的銜接，有一部份是太史公自己補的，份量並不多，如蘇秦、張儀列傳的卷端及卷中；有一部份是根據別的材料，如孟子荀卿列傳等；有一部份是年代的記載和簡單史實的記述，如秦本紀等；有一部份是和「戰國策」毫無關係的，如鄭世家、李斯列傳等；這些，估去了所剩餘的一部份。把這些除去後，剩下的就是値得我們特別注意的了，也就是本章所要討論的了。

太史公既然大量地採用「戰國策」，假如我們透過這些材料，加以分析、研究、推測，是否能看出一些戰國策原始本的面貌呢？我們是否能對劉向所說的國別、國策、國事、短長等七部「書」作個粗略的描述呢？它們和今本戰國策又有些甚麼不同呢？這些，都是很耐人尋味的問題，也是研究戰國策者所關心的問題。這個研究，當然是很大膽的；不過，「大膽假設，小心求證」，我們抱着這個態度來處理問題，相信不會差得太遠。以下，是我對這方面的剖析和推斷。

從太史公用「戰國策」，我們可以推測出原始本戰國策具有下列幾個面貌。

第一、太史公看到的「戰國策」，和劉向編定後的今本，在文字上及章節上，幾乎沒有多大的差異。

在文字方面，我們知道，太史公常常用漢代的「今語」把艱深的古書「翻譯」過來；譬如太史公採用尚書、左傳某段文字，爲了使當時人易於閱讀，就常常把那些艱深的詞彙改成淺近的文字。這些，都是人人皆知的。戰國策文字比較淺近，太史公幾乎不注重「翻譯」，反而是注重在增刪、改易這方面的工作了。由於如此，我們可以從比較的過程中，獲知原始本戰國策在文字上的本來面貌。大致上來說，史記轉錄過去的文字，和今本戰國策的文字的差異，可以分成下列幾類：

㈠小異。例如：

1.東周策「秦假道於周」章，史記周本紀轉錄此章，首句「秦假道於周」的「周」字，史記作「兩周」。

2.西周策「薛公以齊爲韓」章，史記孟嘗君列傳採入，「韓慶爲西周」作「蘇代爲西周」。

㈡易字而義同。例如：

1.東周策「周共太子死」章，太史公採入周本紀，「何不封公子咎，而爲之請太子」作

「不如以地資公子咎，爲請太子」。

2.西周策「秦令樗里疾以車百乘入周」章，太史公採入樗里子列傳，「周君迎之以卒，甚敬」作「周以卒迎之，意甚敬」。

3.秦策一「張儀又惡陳軫」章，太史公採入張儀列傳，「賣僕妾售乎閭巷者」作「賣僕妾不出閭巷而售者」。

㈢易字而義近。例如：

1.西周策「蘇厲謂周君」章，太史公採入周本紀，「有一人過」作「有一夫立其旁」，「養由基曰：『人皆善，子乃曰：「可教射。」子何不代我射之也？』」作「養由基怒，釋弓搤劍曰：『客安能教我射乎？』」。

2.秦策一「張儀又惡陳軫於秦王」章，太史公採入張儀列傳，「是軫自爲而不爲國也」作「軫自爲厚，而爲王薄也」。

㈣加字句。例如：

1.秦策一「張儀又惡陳軫於秦王」章，太史公採入張儀列傳，「軫馳楚、秦之間」作「軫重幣輕使秦、楚之間，將爲國交也」。

2.秦策二「齊助楚攻秦」章，太史公採入楚世家，「惠王患之，謂張儀曰」二句之間，又有「乃宣言張儀免相」七字。

3.同策同章，「則兩國兵必至矣」下，史記又有「善爲王計者，不若陰合而陽絕於齊，使人隨張儀，苟與吾地，絕齊未晚也；不與吾地，陰合謀計也」一節。

4.秦策二「義渠君之魏」章，太史公採入張儀列傳，「義渠君之魏」下復有「犀首聞張儀復相秦，害之」二句。

(五)刪省。例如：

1.秦策三「薛公爲魏謂魏冉」章，太史公採入孟嘗君列傳，「君不如勸秦王令敝邑卒攻齊之事」作「子不如勸秦王伐齊」。

2.同策同章，「齊予晉弊邑而不能支秦」作「晉國弊於齊而畏」。

(六)全改而義略同。例如：

1.秦策二「齊助楚攻秦」章，太史公採入楚世家，「大王苟能閉關絕齊，臣請使秦王獻商、於之地方六百里；若此齊必弱，齊弱則必爲王役矣，則是北弱齊，西德於秦而私商、於之地以爲利也，則此一計而三利俱至」作「大王誠能聽臣，閉關絕約於齊，臣請獻商、於之地六百里，使秦女得爲大王箕帚之妾。秦、楚娶婦嫁女，長爲兄弟之國」。

2.秦策二「甘茂亡秦」章，太史公採入甘茂列傳，「今臣不肖，棄逐於秦而出關，願爲足下掃室布席，幸無我逐也」作「今臣困，而君方使秦而當路矣，茂之妻子在焉，願君以餘光振之」。

所謂「太史公增刪、改易」，完全是站在今本戰國策的立場上來說的。實際上，古本戰國策和今本戰國策在文字上多少有一些出入；當然，這些出入有的是很不重要的。儘管這種出入微不足道，太史公所看到的「戰國策」，却和今本並不一定全同。這點，是易於了解的。一方面是材料的短缺，一方面是這種出入微小得很，我們撇開各方面的問題而站在今本戰國策的立場上來立論。

根據我們上文的幾項比較研究，我們發現太史公所看到的「戰國策」，在文字上和今本的戰國策沒有太大的差異。比較特出的是後面三類，這些，我們不是把它們解釋作「太史公爲了配合上下文」，就是解釋作「太史公別有所根據」；這三類的差異雖然大了一些，不過，並不足以影響我們的結論。

至於章節上，我曾通盤地做個比較研究，除了很明顯的有些是太史公有意地刪省或加補外，大致上都和今本相同。

劉向敍錄說：「分別不以序者，以相補，除復重……本字多誤脫爲半字，以趙爲肖，以齊爲立，如此字者多。」根據劉向這幾句話，又根據我們所得到的客觀事實，劉向整理「戰國策」，在章節上、文字上，並沒有作多大的變動。

第二、太史公看到的「戰國策」的篇幅，比劉向編定者更大

劉向敍錄說：「分別不以序者，以相補，除復重，得三十三篇。」據此，劉向在編定國別、國策、國事、短長、事語、長書及脩書時，曾作了刪省的工作；這個刪省工作，保守地說，是刪除重複的章節。劉向校書時，並不只他一個人，而是假借其他助手；這是人人皆知的事。因爲人手衆多，劉向的編纂工作做得並不理想，書中重複的地方非常多，我們舉出兩個例子來說明。

1.陳軫告楚之魏，張儀惡之於魏王曰：「軫猶善楚，爲求地甚力。」左爽謂陳軫曰：「儀善於魏王，魏王甚信之；公雖百說之，猶不聽也。公不如以儀之言爲資，而得復楚。」陳軫曰：「善。」因使人以儀之言聞於楚，楚王喜，欲復之（楚策三）。

魏策一「張儀惡陳軫」一章，除了「左爽」作「左華」外，其他文字幾乎全同。

2.韓公叔有齊、魏，而太子有楚、秦，以爭國，鄭申爲楚使於韓，矯以新城、陽人予太子，楚王怒，將罪之，對曰：「臣矯予之，以爲國也。臣爲太子得新城、陽人，以與公叔爭國。而得之，齊、魏必伐韓，韓氏急，必懸命於楚，又何新城、陽人之敢求？太子不勝，然而不死，今將倒冠而至，又安敢言地？」楚王曰：「善。」乃不罪也（楚策一）。

韓策二「韓公叔與幾瑟爭國」章，除了「鄭申」作「鄭彊」外，其他文字幾乎全同。

這兩個例子，我們在第一章已經討論過了。我在第七章第五節重複裏，舉出更多這類例子，讀者可參考。這些，似乎應該歸咎於編纂人的草率和粗心。

本是重複而應該刪除的，結果，因爲粗心和草率，被編者保留了；那麼我們不禁要問，沒有重複而應被保留的，會不會也因爲粗心和草率，被編纂者刪除呢？這是非常可能的。因爲粗心和草率，該刪除而不被刪除，或者該保留而不被保留，兩者的可能性，可以說各佔百份之五十。

根據這個推論，太史公看到的「戰國策」的篇幅，比今本戰國策更大；這個可能性，似乎無庸置疑的。我們姑且讀一讀下列兩段文字：

史記周本紀

1.秦攻宜陽，楚救之，而楚以周爲秦，故將伐之，蘇代爲周說楚王曰：「何以周爲秦之禍也，言周之爲秦甚於楚者，欲令周入秦也，故謂周、秦也。周知其不可解，必入於秦，此爲秦取周之精者也。爲王計者，周於秦因善之，不於秦亦言善之，以疏之於秦；周絕於秦，必入於郢矣。」

史記衛世家

2.魏伐衛，衛君患之，如耳見衛君曰：「請罷魏兵，免成陵君可乎？」衛君曰：「先生果能，孤請世世以衞事先生。」如耳見成陵君曰：「昔者魏伐趙，斷羊腸，拔閼與，約斬趙，趙分而為二，所以不亡者，魏為從主也。今衞已迫亡，將西請事於秦，與其以秦醳衞，不如以魏醳衞；衞之德魏，必終無窮。」成陵君曰：「諾。」如耳見魏王曰：「臣有謁於衞；衞，故周室之別也。其稱小國，多寶器。今國迫於難，而寶器不出者，其心以為攻衞醳衞，不以王為主，故寶器雖出，必不入於王也。臣竊料之，先言醳衞者，必受衞者也。」如耳出。成陵君入，以其言見魏王。魏王聽其說，罷其兵，免成陵君，終身不見（魏世家亦錄此事）。

這兩段文字，和戰國策的文字有甚麼不同呢？假如攙入戰國策內，誰又會懷疑它們本來不是戰國策的文字呢？

在史記相關的篇卷裏，我發現了不少這類文字；因為它們都很特別，我全部轉錄過來：

史記周本紀

3.秦破華陽約，馬犯謂周君曰：「請令梁城周。」乃謂梁王曰：「周王病；若死，則犯必死矣。犯請以九鼎自入於王，王受九鼎而圖犯。」梁王曰：「善。」遂與之卒，言戍周。因謂秦王曰：「梁非戍周也，將伐周也，王試出兵境以觀之。」秦果出兵。又謂梁王曰：「周王病甚矣，犯請後可而復之。今王使卒之周，諸侯皆生心，後舉事且不信，不若令卒以周城，以匿事端。」梁王曰：「善。」遂使城周。

楚世家

4. 齊湣王欲爲從長，惡楚之與秦合，乃使使遺楚王書曰：「寡人患楚之不察於尊名也，今秦惠王死，武王立，張儀走魏；樗里疾、公孫衍用，而楚事秦。夫樗里疾善乎韓，而公孫衍善乎魏，楚必事秦，韓、魏恐，必因二人求合於秦，則燕、趙亦宜事秦；四國爭事秦，則楚爲郡縣矣。王何不與寡人並力，收韓、魏、燕、趙與爲從，而尊周室，以案兵息民令於天下，莫敢不樂聽，則王名成矣。王率諸侯並伐，破秦必矣。王取武關、蜀、漢之地，私吳、越之富，而擅江、海之利，韓、魏割上黨，西薄函谷，則楚之彊百萬也。且王欺於張儀，亡地漢中，兵銼藍田，天下莫不代王懷怒。今乃欲先事秦，願大王孰計之。」楚王業已欲和於秦，見齊王書，猶豫不決，下其議羣臣。羣臣或言和秦，或曰聽齊，昭雎曰：「王雖東取地於越，不足以刷恥；必且取地於秦，而後足以刷恥於諸侯。王不如深善齊、韓以重樗里疾，如是，則王得韓、齊之重以求地矣。秦破韓宜陽，而韓猶復事秦者，以先王墓在平陽，而秦之武遂去之七十里，以故尤畏秦。不然，秦攻三川，趙攻上黨，楚攻河外，韓必亡。楚之救韓，不能使韓不亡，然存韓者楚也。韓已得武遂於秦，以河、山爲塞，所報德莫如楚厚，臣以爲其事王必疾。齊之所信於韓者，以韓公子眛爲齊相也。韓已得武遂於秦，王甚善之，使之以齊、韓重樗里疾，疾得齊、韓之重，其主弗敢弃疾也。今又益之以楚之重，樗里子必言秦，復與楚之侵地矣。」於是懷王許之，竟不合秦，而合齊以善韓。

5.楚人有好以弱弓微繳加歸鴈之上者，頃襄王聞，召而問之，對曰：「小臣之好射鶀鴈、羅鸗，小矢之發也，何足為大王道也。且稱楚之大，因大王之賢，所弋非直此也。昔者三王以弋道德，五霸以弋戰國，故秦、魏、燕、趙者，鶀鴈也；齊、魯、韓、衞者，青首也；騶、費、郯、邳者，羅鸗也；外其餘，則不足射者。見鳥六雙，以王何取？王何不以聖人為弓，以勇士為繳，時張而射之，此六雙者，可得而囊載也，其樂非特朝昔之樂也，其獲非特鳧鴈之實也。王朝張弓而射魏之大梁之南，加其右臂而徑屬之於韓，則中國之路絕，而上蔡之郡壞矣！還射圉之東，解魏左肘，而外擊定陶，則魏之東外弃，而大宋、方與二郡者舉矣！且魏斷二臂顛越矣！膺擊郯國，大梁可得而有也。王綪繳蘭臺，飲馬西河，定魏大梁，此一發之樂也。若王之於弋，誠好而不厭，則出寶弓，碆新繳，射噣鳥於東海，還蓋長城以為防，朝射東莒，夕發浿丘，夜加即墨，顧據午道，則長城之東收、而太山之北舉矣！西結境於趙，而北達於燕，三國布猦，則從不待約而可成也。北遊目於燕之遼東，而南登望於越之會稽，此再發之樂也。若夫泗上十二諸侯，左縈而右拂之，可一旦而盡也。今秦破韓以爲長憂，得列城而不敢守也。伐魏而無功，擊趙而顧病，則秦、魏之勇力屈矣。楚之故地漢中、析、酈，可得而復有也。王出寶弓，碆新繳，涉鄳塞，而待秦之倦也；山東、河內，可得而一也。勞民休衆，南面稱王矣！故曰：秦爲大鳥，負海內而處，東面而立，左臂據趙之西南，右臂傅楚鄢、郢，膺擊韓、魏，垂頭中國。處既形便，勢有地利，奮翼鼓翄，方三千里，則秦未可得獨招而夜射也。」欲以激怒襄王，故對以此言。襄王因召與語，遂言曰：「夫先王爲秦所欺，而客死於外，怨莫大焉；今以匹夫有怨，尚有報萬乘，自公、子胥是也。今楚之地方五千里，帶甲百萬，猶足以踊躍中野也，而坐受困，臣竊爲大王弗取也。」於是頃襄王遣使於諸侯，復爲從，欲以伐秦。

6. 楚欲與齊、韓連和伐秦，因欲圖周，周王赧使武公謂楚相昭子曰：「三國以兵割周郊地以便輸，而南器以尊楚，臣以爲不然。夫弑共主，臣世君，大國不親；以衆脅寡，小國不附。大國不親，小國不附，不可以致名實；名實不得，不足以傷民。夫有圖周之聲，非所以爲號也。」昭子曰：「乃圖周則無之；雖然，周何故不可圖也？」對曰：「軍不五，不攻城；不十，不圍。夫一周爲二十晉，公之所知也。韓嘗以二十萬之衆辱於晉之城下，銳士死，中士傷，而晉不拔；公之無百韓以圖周，此天下之所知也。夫怨結於兩周，以塞騶、魯之心，交絕於齊，聲失天下，其爲之危矣。夫危兩周，以厚三川，方城之外，必爲韓弱矣，何以知其然也？西周之地，絕長補短，不過百里，名為天下共主；裂其地不足以肥國，得其衆不足以勁兵，雖無攻之，名為弒君。然而，好事之君，喜攻之臣，發號用兵，未嘗不以周為終始，是何也？見祭器在焉。欲器之至，而忘弒君之亂。今韓以器之在楚，臣恐天下以器讎楚也。臣請譬之，夫虎肉臊，其兵利身，人猶攻之也；若使澤中之麋、蒙虎之皮，人之攻之，必萬於虎矣。裂楚之地，足以肥國；詘楚之名，足以尊主；今子將以欲誅殘天下之共主，居三代之傳器，吞三翮六翼，以高世主，非貪而何？周書曰：『欲起無先。』故器南則兵至矣。」於是楚計輟不行。

魏世家

7. 無忌歸魏，率五國兵攻秦，敗之河外，走蒙驁。魏太子增質於秦。秦怒，欲囚魏太子增，或為增謂秦王曰：「公孫喜固謂魏相曰：『請以魏疾擊秦，秦王怒，必囚增；魏王又怒擊秦，秦必傷。』今王囚增，是喜之計中也。故不若貴增而合魏，以疑之於齊、韓。」秦乃止增。

田完世家

8. 騶忌子以鼓琴見威王，威王說而舍之右室。須臾，王鼓琴，騶忌子推戶入曰：「善哉！鼓琴。」王勃然不說，去琴按劍曰：「夫子見容未察，何以知其善也？」騶忌子曰：「夫大弦濁以春溫者君也，小弦廉折以清者相也。攫之深，醳之愉者，政令也；鈎諧以鳴，大小相益，回邪而不相害者，四時也。吾是以知其善也。」王曰：「善語音。」騶忌子曰：「何獨語音？夫治國家而弭人民，皆在其中。」王又勃然不說，曰：「若夫語五音之紀，信未有如夫子者也。若夫治國家而弭人民，又何爲絲桐之閒？」騶忌子曰：「夫大弦濁以春溫者君也，小弦廉折以清者相也。攫之深，而舍之愉者，政令也；鈎諧以鳴，大小相益，回邪而不相害者，四時也。夫復而不亂者，所以治昌也；連而徑者，所以存亡也。故曰：琴音調而天下治。夫治國家而弭人民者，無若五音者。」王曰：「善。」騶忌子見三月而受相印。

9. 與魏王會田於郊，魏王問曰：「王亦有寶乎？」威王曰：「無有。」梁王曰：「若寡人國小也，尚有徑寸之珠，照車前後各十二乘者十枚，奈何以萬乘之國而無寶乎？」威王曰：「寡人之所以爲寶與王異。吾臣有檀子者，使守南城，則楚人不敢爲寇東取，泗上十二諸侯皆來朝；吾臣有肦子者，使守高唐，則趙人不敢東漁於河；吾吏有黔夫者，使守徐州，則燕人祭北門，趙人祭西門，徙而從者七千餘家；吾臣有種首者，使備盜賊，則道不拾遺；將以照千里，豈特十二乘哉！」梁惠王慙，不懌而去。

10 楚圍雍氏，秦敗屈丐，蘇代謂田軫曰：「臣願有謁於公，其爲事甚完，使楚利公，成爲福，不成亦爲福。今者臣立於門，客有言曰：『魏王謂韓馮、張儀曰：「煮棗將拔，齊兵又進；子來救寡人則可矣！不救寡人，寡人弗能拔。」』此時轉辭也。秦、韓之兵毋東旬餘，則魏氏轉韓從秦，秦逐張儀，交臂而事齊、楚，此公之事成也。」田軫曰：「奈何使無東？」對曰：「韓馮之救魏之辭，必不謂韓王曰『馮以爲魏』，必曰：『馮將以秦、韓之兵東卻齊、宋，馮因摶三國之兵，乘屈丐之弊，南割於楚，故地必盡得之矣。』張儀救魏之辭，必不謂秦王曰『儀以爲魏』，必曰：『儀且以秦、韓之兵，東距齊、宋，儀將摶三國之兵，乘屈丐之獘，南割於楚，名存亡國，實伐三川而歸，此王業也。』公令楚王與韓氏地，使秦制和，謂秦王曰：『請與韓地，而王以施三川，韓氏之兵不用，而得地於楚。』韓馮之東兵之辭，且謂秦何？曰：『秦兵不用而得三川，伐楚、韓以窘魏，魏氏不敢東，是孤齊也；張儀之東兵之辭，且謂何？』曰：『秦、韓欲地而兵有案，聲威發於魏，魏氏之欲不失齊、楚者有資矣。魏氏轉秦、韓，爭事齊、楚，楚王欲而無與地。公令秦、韓之兵不用而得地，有一大德也。秦、韓之王劫於韓馮、張儀，而東兵以徇服魏，公常執左券以責於秦、韓，此其善於公而惡張子多資矣！」

孟嘗君列傳

11 孟嘗君相齊，其舍人魏子爲孟嘗君收邑入，三反而不致一入，孟嘗君問之，對曰：「有賢者，竊假與之，以故不致入。」孟嘗君怒而退魏子。居數年，人或毀孟嘗君於齊湣王曰：「孟嘗君將爲亂。」及田甲劫湣王，湣王意疑孟嘗君，魏子所與粟賢者聞之，乃上書言孟嘗君不作亂，請以身爲盟，遂自剄宮門，以明孟嘗君。湣王乃驚而蹤跡驗問，孟嘗君果無反謀。乃復召孟嘗君，孟嘗君因謝病歸老於薛，湣王許之。

平原君列傳

12平原君家樓臨民家，民家有躄者，槃散行汲，平原君美人居樓上，臨見大笑之。明日，躄者至平原君門請曰：「臣聞君之喜士，士不遠千里而至者，以君能貴士而賤妾也。臣不幸有罷癃之病，而君之後宮，臨而笑臣。臣願得笑臣者頭。」平原君笑應曰：「諾。」躄者去，平原君笑曰：「觀此豎子，乃欲以一笑之故殺吾美人，不亦甚乎！」終不殺。居歲餘，賓客門下舍人稍稍引去者半。平原君怪之曰：「勝所以待諸君者，未嘗敢失禮；而去者何多也？」門下一人前對曰：「以君之不殺笑躄者，以君爲愛色而賤士，士卽去耳。」於是平原君乃斬笑躄者美人頭，自造門進躄者，因謝焉。其後，門下乃復稍稍來。

13秦之圍邯鄲，趙使平原君求救，合從於楚。約與食客門下有勇力、文武備具者二十人偕。平原君曰：「使文能取勝則善矣！文不能取勝，則歃血於華屋之下，必得定從而還。士不外索，取於食客門下足矣。」得十九人，餘無可取者，無以滿二十人。門下有毛遂者，前自贊於平原君曰：「遂聞君將合從於楚，約與食客門下二十人偕，不外索，今少一人；願君卽以遂備員而行矣。」平原君曰：「先生處勝之門下，幾年於此矣？」毛遂曰：「三年於此矣。」平原君曰：「夫賢士之處世也，譬若錐之處囊中，其末立見。今先生處勝之門下三年於此矣！左右未有所稱誦，勝未有所聞，是先生無所有也。先生不能，先生留。」毛遂曰：「臣乃今日請處囊中耳！使遂蚤得處囊中，乃穎脫而出，非特其末見而已！」平原君竟與毛遂偕，十九人相與目笑之，而未發也。毛遂比至楚，與十九人論議，十九人皆服。平原君與楚合從，言其利害。日出而言之，日中不決。十九人謂毛遂曰：「先生上！」毛遂按劍歷階而上，謂平原君曰：「從之利害，兩言而決耳。今日出而言從，日中不決，何也？」楚王謂平原君曰：「客何爲者也？」平原君曰：「是勝之舍人也。」楚王叱曰：「胡不下！吾乃與而君言，汝何爲者也？」毛遂按劍而前曰：「王之所以叱遂者，以楚國之衆也。今十步之內，王不得恃楚國之衆也！王之命，縣於遂手。吾君在前，叱者何也？且遂聞湯以七十里之地王天下，文王以百里之壤而臣諸侯，豈其士卒衆多哉！誠能據其勢而奮其威。今楚地方五千里，持戟百萬，此霸王之資也。以楚之强，天下弗能當，白起小豎子耳！率數萬之衆，興師以與楚戰，一戰而擧鄢、郢，再戰而燒夷陵，三戰而辱王之先人，此百世之怨，而趙之所羞，而王弗知惡焉！合從者爲楚，非爲趙也！吾君在前，叱者何也？」楚王曰：「唯唯，誠若先生之言，謹奉社稷而以從。」毛遂曰：「從定乎？」楚王曰：「定矣！」毛遂謂楚王之左右曰：「取雞狗馬之血來！」毛遂奉銅槃而跪進之楚王，曰：「王當歃血而定從，次者吾君，次者遂。」遂定從於殿上。毛遂左手持槃血，而右手招十九人曰：「公相與歃此血於堂下。公等錄錄，所謂因人成事者也。」平原君已定從而歸，歸至於趙曰：「勝不敢復相士，勝相士多者千人，寡者百人，自以爲不失天下之士；今乃於毛先生而失之也！毛先生一至楚，而使趙重於九鼎大呂；毛先生以三寸之舌，强於百萬之師！勝不敢復相士。」遂以爲上客。

把上面兩則計算在內，一共就有十三則。這十三則不見於他書的文字，根據我個人的看法，它們極可能都是古本戰國策的文字，太史公用「戰國策」時，把它們轉錄進去；劉向整理戰國策，因爲粗心和草率，竟把它們刪除了。

我們這種推論，有些甚麼根據呢？有的。

一、第三則「周王病甚矣」下，索隱說：「戰國策『甚』作『瘉』。」

二、藝文類聚六十、白孔六帖五八、北堂書鈔一二五、太平御覽三四七分別引有一片斷文字（詳略不同，見本書附錄），和第五則相合。

三、第七則「或爲增謂秦王曰」下，索隱說：「戰國策作『蘇秦爲公子增謂秦王』。」；「公孫喜」下，索隱又說：「戰國策作『公孫衍』。」

四、太平御覽四六〇引有一節文字（見附錄），和第八則相近。

五、禮記大學疏引有一片斷文字（見附錄），和第九則相近。

這五項「證據」，是我找出上述十三則文字之後才發現的。這五項「證據」，分別可以證明上述相關的五則是屬於今本戰國策的佚文；這一證明，雖然使上述文字從十三則減爲八則，却加强了我們推斷另外八則是古本戰國策文字的信心。在上述第五則之末，史記會注考證引了方苞的一個說法，說：「此眞戰國之文，而不見於楚策中。」竟和我們不謀而合了。

無論如何，我們似乎可以說，漢初原始本戰國策的內容，比劉向編定者更爲豐富，在史記裏我們可以找到證據。它們之所以不見於劉向編定的戰國策，那是由於編者的草率和粗心；這種情形，就好像他們把重複的仍然保留在今本裏一樣。

第三、太史公所看到的「戰國策」內容，似乎不止於劉向所言的那七本

劉向在敍錄裏明白地說，凡是重複的章節都被刪除去；可是，我們考察史記，却出現了另外一種情形。這種情形，可以讓我們證明太史公所看到的「戰國策」，若不是篇幅比劉向本豐富，就是不止於劉向所言的七本而已。這裏，我舉出三個例子來加以說明。

戰國策齊策四「齊有馮諼者」章，記述馮諼寄食孟嘗君門下，爲孟嘗君市義，又爲孟嘗君鑿三窟；這則故事，太史公在孟嘗君列傳裏也有所記載。這兩篇文章非常相類，但，却又有很大的不同；爲了清楚起見，我們列一表，逐一加以比較。

	戰國策	史記
1	馮諼因家貧不能自存，使人屬孟嘗君，願寄食門下。	馮驩聽說孟嘗君好客，自己又家貧，乃寄食其門下。
2	馮當面見了孟，孟問他何能。	孟見傳舍之長，問他馮何所能。
3	有「左右以君賤之也，食以草具」一節。	沒有。
4	馮彈劍歌「無以爲家」後，孟使人給其老母食用，無使貧乏。	馮彈劍歌「無以爲家」後，孟不悅。
5	孟請人去收稅租，沒說明原因。	孟請人去收稅租，因爲「食客三千人，邑入不足以奉客」。

6	孟貼公告，問門下諸客，誰能收債於薛。	孟問左右，何人可使收債。
7	馮自薦。	傳舍長薦馮。
8	辭行之前，有「辭曰：『責畢收，以何市而反？』孟嘗君曰：『視吾家所寡有者。』」一節。	沒有
9	到薛後，有錢的就收其債，沒錢的就矯命以債賜其民。	到薛後，得息錢十萬，買酒買牛，大吃大喝。
10	沒有	又說了一大堆話。
11	馮自動驅車囘齊。	孟聽說馮燒券契，怒，使使召馮返齊。
12	馮提出「市義」的說法。	馮提出「焚無用虛債之券，捐不可得之虛計，令薛民親君而彰君之善聲」的說法。
13	孟不悅。	孟拊手而謝之。

14	齊王廢孟，因爲「不敢以先王之臣爲臣」。	齊王廢孟，因爲「惑於秦、楚之毀」。
15	沒有	有「諸客見孟嘗君廢，皆去」一節。
16	孟歸薛，未至百里，民扶老擕幼，迎於中道，孟乃曰：「所爲市義者，今日見之。」	沒有此節。
17	馮以「狡兎有三窟，僅得免其死」說孟。	馮以「借臣車一乘入秦，令君重於國」說孟。
18	孟使馮遊梁。	孟使遊秦。
19	梁王虛上位，往聘孟。	秦王遣車十乘，以迎孟。
20	馮先驅，誡孟不可接受。	馮先驅，誡齊王不可讓孟往秦。
21	梁使三反，齊王懼，封書向孟謝罪，請孟復舊位。	齊王信馮之說，令孟復相齊。

22	沒有。	孟復位，諸客皆返，孟有「文常好客，遇客無所敢失，食客三千有餘人。客見文一日廢，皆背文而去」之歎，並有「客如復見文者，必唾其面而大辱之」之憤。
23	馮誡孟請立先王之宗廟於薛之後，方可接受齊王之相位。	沒有。
24	沒有。	馮緩和孟對門客之憤怒，說：「富貴多士，貧賤寡友。」
25	有「孟嘗君爲相數十年，無纖介之禍者，馮諼之計也」一節。	沒有。
26	沒有。	孟聽從馮之勸告，迎客如故。

這兩篇文章的不同，歷來已經有人指出了；梁玉繩在史記志疑裏，引了習學記言的說法，

又參入自己的意見，他說：

習學記言云：「史記蓋別有所本，其義爲勝也。」然多有不合。如無家之歌，左右惡之爾，而此以爲孟嘗不悅；削去給馮老母一段，則無以見孟嘗待客之周，一也。煖矯令燒劵，反齊求見；而此以爲得息錢大會，不能與息者燒劵，孟嘗聞之，怒而召驩，情節全乖，二也。孟嘗去相，煖說梁得復位；而此以爲說秦又說齊，三也。孟嘗復用，欲殺齊士大夫，譚拾子有趨市之喻；而此以爲客背孟嘗，驩爲客謝語，四也。其爲倣撰無疑。

根據我們的分析，實際上有二十六點不同之處。這兩篇文章，實際上是環繞着兩個不同主題來描寫的，戰國策重點是「市義」，史記重點是「門客見孟嘗君廢，皆去；見孟嘗君復位，皆返」（卽馮所云「富貴多士，貧賤寡友」），所以，自第二十一點以後，兩文彼此都絕不重複，換句話說，各自朝自己的途徑發展去了。站在內容的立場上來說，戰國策的主題是有意義得多多了！

梁玉繩引習學記言說：「史記蓋別有所本，其義爲勝也。」批評得並不正確。凌稚隆說：「戰國策孟嘗君使人給其食用無使乏，於是馮諼不復歌；史記以左右惡以爲孟嘗君不悅；似誤。」以爲史記有誤，也說得不中肯。凌稚隆又說：「戰國策馮驩焚薛債劵後期年，孟嘗君免相，就國于薛，未至百里，民扶老携幼以迎；太史公不載，似缺。」這一批評，宗全不明瞭它們主題的不同了。

這二十六點的不同處，說明了甚麼呢？梁玉繩說史記是「倣撰無疑」，我覺得完全不是。史記用「戰國策」，絕對沒有變動得這麼大的；戰國策這篇的文字非常淺白，而且，也比史記所據者有份量得多多，太史公大可直接搬進去，用不着倣撰；史記不可能是本於今本戰國策的。太史公依據甚麼材料呢？我們現在已經不可明白地考證出來了。不過，我們可以這麼推測，太史公所依據的那件材料，極可能在劉向所指的那七本裏頭，也極可能是在七本外的另一本，這些，都是戰國策的原始本。在這七本裏，或者在這七本及七本外的另一本裏，這兩篇很長而又很相近的故事，以「一事兩傳」的情形同時存在着，因爲同樣都是很長的故事，而且都是記述著名的孟嘗君、馮諼的故事，很容易被人發現，劉向或其助手便刪除了其中的一篇；而太史公所根據的，正是被劉向刪除的那一篇！

第二個我們要舉出來的例子，見於戰國策趙策一及史記趙世家（趙惠文王十六年）。這兩篇文章相當長，我們先作個比較研究：

戰國策	史記
1. 趙收天下，且以伐齊。	1. 秦復與趙數擊齊，齊人患之。
2. 蘇秦爲齊上書說趙王曰：「臣聞古之賢君	2. 蘇厲爲齊遺趙王書曰：「臣聞古之賢君，

，德行非施於海內也，教順慈愛非布於萬民也，祭祀時享，非當於鬼神也；甘露降，風雨時至，農夫登，年穀豐盈，衆人喜之而賢主惡之。

3. 今足下功力非數痛加於秦國；而怨毒積惡，非曾深凌於韓也，臣竊外聞大臣及下吏之議，皆言主前專據，以秦爲愛趙而憎韓；臣竊以事觀之，秦豈得愛趙而憎韓哉！欲亡韓、吞兩周之地，故以韓爲餌，先出聲於天下，欲鄰國聞而觀之也。

4. 恐其事不成，故出兵以佯示趙、魏；恐天下之驚覺，故徵韓以貳之；恐天下疑己，故出質以爲信；聲德於與國，而實伐空韓。

5. 臣竊觀其圖之也，議秦以謀計必出於是。

其德行非布於海內也，教順洽於民人也，祭祀時享，非數常於鬼神也；甘露降，時雨至，年穀豐孰，民不疾疫，衆人善之，然而，賢主圖之。

3. 今足下之賢行功力，非數加於秦也；怨毒積怒，非素深於齊也。秦、趙與國，以强徵兵於韓，秦誠愛趙乎？其實憎齊乎？物之甚者，賢主察之，秦非愛趙而憎齊也！欲亡韓而吞二周，故以齊餤天下。

4. 恐事之不合，故出兵以劫魏、趙；恐天下畏己也，故出質以爲信；恐天下亟反也，故徵兵於韓以威之；聲以德與國，實而伐空韓。

5. 臣以秦計爲必出於此。今齊久伐而韓必亡；破齊，王與六國分其利也。亡韓，秦獨擅

6.且夫說士之計，皆曰：『韓亡三川，魏滅晉國。』恃韓未窮而禍及於趙，且物固有勢異而患同者，又有勢同而患異者；昔者楚人久伐而中山亡。今燕盡韓之河南，距沙丘而鉅鹿之界三百里；距於扞關，至於榆中千五百里；秦盡韓、魏之上黨，則地與國都邦屬而壤挈者七百里；秦以三軍強弩坐羊唐之上，卽地去邯鄲二十里。且秦以三軍攻王之上黨而危其北，則句注之西，非王之有也。

7.今魯句注，禁常山而守，三百里通於燕之

之，收二周，西取祭器，秦獨私之；賦田計功，王之獲利，孰與秦多？

6.說士之計，曰：『韓亡三川，魏亡晉國。』市朝未變而禍已及矣。燕盡齊之北地，去沙丘、鉅鹿，斂三百里；韓之上黨，去邯鄲百里，燕、秦謀王之河山閒三百里而通矣。秦之上郡，近挺關，至於榆中者千五百里。秦以三軍攻王之上黨，羊腸之西，句注之南，非王有已。

7.踰句注，斬常山而守之，三百里而通於燕

唐、曲吾；此代馬、胡駒不東，而崑山之玉不出也；此三寶者，又非王之有也。今從於强秦國之伐齊，臣恐其禍出於是矣。

8. 昔者五國之王嘗合横而謀伐趙，參分趙國壤地，著之盤盂，屬之讎柞，五國之兵有日矣。

9. 韓乃西師以禁秦國，使秦發令素服而聽，反溫、枳、高平於魏，反三公、什清於趙，此王之明知也。

10 夫韓事趙，宜正為上交，今乃以抵罪取伐，臣恐其後事王者之不敢自必也。

11 今王收，　天下必以王為得。韓危社稷以事王，天下必重王；然則韓義王以天下就之，下至，韓慕王以天下收之；是一世之命制於王已。臣願大王深與左右羣臣卒

；代馬、胡犬不東下，昆山之玉不出；此三寶者，亦非王有已。王久伐齊，從强秦攻韓，其禍必至於此。願王孰慮之。

8. 且齊之所以伐者，以事王也。天下屬行以謀王也，燕、秦之約成，而兵出有日矣。

9. 五國三分王之地，齊倍五國之約，而殉王之患，西兵以禁强秦。秦廢帝請服，反高平、根柔於魏，反巠分、先俞於趙。

10 齊之事王，宜為上佼，而乃抵辠，臣恐天下後事王者之不敢自必也。願王孰計之也。

11 今王毋與天下攻齊，天下必以王為義。齊抱社稷而厚事王，天下必盡重王；義，王以天下善秦，秦暴，王以天下禁之；是一世之名寵制於王也。」

計而重謀先事，成慮而熟圖之也。」

史記會注考證說：「似本戰國策趙策，但策『蘇厲』作『蘇秦』，『齊』作『韓』，地名亦多舛異，不獨文字有異同也。」根據我們的分析，這兩篇文章實際上有下列五點差異。

第一：人名的差異。

最明顯的是第二節戰國策作「蘇秦」，史記却作「蘇厲」。

第二：國名的差異。

戰國策凡是提到「韓」，史記一定作「齊」，第三、六、七、十及十一等各節裏，都分別出現這類差異。

第三：地名的差異。

最特出的幾點是在第九節裏；戰國策作「溫、枳」，史記作「根柔」；戰國策作「三公」，史記作「巠分」；戰國策作「什淸」，史記作「先兪」。

第四：措辭的差異。

凡是作「○」號者，都是文字措辭上的差異；這些，幾乎出現在每一節裏。

第五：文字的參差。

有時，在某一節裏，戰國策多了幾句話；有時，在某一節裏，史記多了幾句話；凡是作「△」號者，都是這種情形。幾乎每一節，都出現這種參差。

這些差異，在在都是說明了太史公不是本於趙策一這篇文章；因爲太史公用「戰國策」文字，絕少有改動這麼厲害的。這篇文章和趙世家的上下文並沒有衝突，文字也很淺白，太史公何必如此大加更改呢？很顯然的，它也和前面所舉的例子一樣，太史公另有所依據；而太史公所依據的那一段文字，就和今本趙策一這段文字，以「一事兩傳」的情形並存在劉向所言的七本裏，或是七本以外的一本裏。

第三個我們要舉出來的例子，見諸戰國策西周策及史記周本紀；我們先轉錄下來：

西周策

秦召周君，周君難往，或爲周君謂魏王曰：「秦召周君，將以使攻魏之南陽。王何不出於河南？周君聞之，將以爲辭於秦而不往；周君不入秦，秦必不敢越河而攻南陽。」

周本紀

秦召西周君，西周君惡往，故令人謂韓王曰：「秦召西周君，將以使攻王之南陽也。王何不出兵於南陽？周君將以爲辭於秦；周君不入秦，秦必不敢踰河而攻南陽矣。」

這兩段文字，有下列四點不同：

第一、戰國策作「周君」，史記作「西周君」。

第二、戰國策作「魏王」，史記作「韓王」。

第三、「王何不出於河南」句，戰國策作「河南」，史記作「南陽」。

第四、前後二文在措辭上也有差異之處，例如戰國策作「或爲周君」，史記作「故令人」；戰國策說「周君聞之，將以爲辭於秦而不往」，史記沒有「聞之」「而不往」五字；戰國策說「越河」，史記說「踰河」等。

這些差異，無一不是在說明它也和前面所擧的兩個例子一樣。

有了這三個證據，我們似乎可以如此推測；太史公所看到的「戰國策」，其內容極可能不止於劉向所指的七本而已。

以上三個面貌，是我們根據太史公的史記而加以推測的；根據我個人的研究，漢初原始本戰國策大概就是這種情形。

第十一章　從戰國策佚文比較劉向本與今本之差異

推測了戰國策原始本之後，我們對被動過多次手術的劉向本，是否也可以加以推測呢？劉向本和今本有何差異呢？劉向本到底亡佚了多少篇章、文字呢？這些，都是不容易回答的。通過戰國策佚文，我們大膽地恢復劉向本的原貌，也許我們可以發現它和今本的一些差異；儘管這項工作是不討好的，我們還是本着初衷「大膽假設，小心求證」地去做。

我們採用的方法是這樣的。首先，我們把所有輯出的佚文加以仔細地審核一番，研究出它們本來是擺在那一策裏；也就是說，它們本是從那一策亡佚的。其次，我們再把本策的佚文的文字加以大略的統計，看看佔全策百分之多少。再其次，我們把全部佚文和全書作個百分比的比較，看看佚文佔了多少巴仙。最後，我們才作出若干結論。當然，有些零星或整段的佚文是沒法斷定它們的歸屬的，遇到這些，只有存疑而不論了（每則佚文前所加的阿剌伯數碼，本於書末的附錄）。

13史記周本紀索隱引「馬犯謂周君」一三五字，

72史記周本紀集解引「韓兵入西周」十五字。

△以上二則當入周策，計一五〇字。

12史記淮陰侯列傳索隱謂國策有蒯通說韓信文一二三〇字。
14文選西征賦注引「呂不韋」十六字，
15姚寬謂佚文有「羅尙見秦王」十八字，
46太平御覽二八二引「秦伐趙」二四二字，
62御覽四六〇引「秦將急攻韓」五十二字，
100御覽四六〇引「秦圍邯鄲」八十字，
101御覽同卷引「漢王數困」四九字，
102御覽同卷引「范增說項梁」一四四字，
103御覽同卷引「范陽人」三十字，
104御覽同卷引「漢王使隨何」七十字，
105御覽同卷「韓非說難」三十字，
106御覽同卷「蘇秦說六國」五二字，
107御覽同卷引「韓非知說」一六八字，
108御覽同卷引「李斯詣秦」五十字。
△以上十四則當入秦策，計二〇三一字。

18三國志劉廙傳注引「有以九九」五十字，
20御覽三二二引「韓、魏之君」二六字，
21御覽二八二引「魏、趙相攻」一〇二字，
22御覽二九四引「韓、魏相攻」二三三字，
23御覽二八二引「齊孫臏」六五字，
24廣韻「公」字下引「齊威王」十一字，
31初學記二四引「齊國將亡」十九字，
57御覽三三一引「吳子問孫武」七六字。

△以上八則當入齊策，計五八二字。

17御覽四五〇引「秦王使人至楚」五十字，
33藝文類聚六十引「蘇秦爲楚」二一字，
34御覽四六〇引「楚絕齊」二七字，
32又引「楚免淖齒」一〇二字，
35類聚六十、書鈔一二五引「楚人有好以弱弓」六〇五字，
77禮記大學疏引「秦欲伐楚」二四六字，

76韻府羣玉七引「楚莊王」七四字，

79御覽四五〇引「秦王使人之楚」六二字，

74又引「楚莊王」八三字，

92又引「楚莊王」一一〇字，

96又引「吳請師於楚」七三字，

99御覽四六〇引「鄒忌以鼓琴」一百零五字。

△以上十二則當入楚策，凡一五五八字。

42史記刺客列傳索隱引「衣盡出血」十四字，

39廣韻「犀」字下引「趙有大夫」六字，

41文選從軍行注引「衞行人」十一字，

43春秋後語注引「武靈王」十一字，

44史記蘇秦列傳索隱引「碣石山」九字，

45史記趙世家、御覽一六一引「本有宮室」十四字.

47御覽二九二引「秦師圍趙」五六字，

48御覽三三一引「秦師伐韓」四五字，

49又引「先據北山上」四四字，
50御覽二九二引「秦與趙」六九字，
80御覽四五〇引「趙簡子」一一〇字，
51御覽二七二引「秦與趙兵」二四六字，
52御覽二七四引「趙將李牧」二五一字，
83御覽四五〇引「趙簡子」九十字。
△以上十四則當入趙策，凡九七六字。
16史記魏世家索隱引「蘇秦爲公子增」六三字，
27御覽一八八、六九四引「或謂孟嘗君」二四字，
53御覽二八一引「魏以吳起」一〇九字，
54御覽三二二引「魏武侯問吳起」一〇一字，
55御覽三一一引「魏武侯問吳起」九八字，
56御覽二九五引「魏武侯問吳起」七一字。
△以上六則當入魏策，凡四〇三字。
89御覽四五〇引「韓昭侯」一二八字。

△以上一則當入韓策，計一二八字。

27御覽二九二引「燕昭王」一三六字，

28御覽二八二引「燕將騎刼」一二〇字，

29御覽二八二引「燕軍大破」一一九字，

30御覽二八二引「燕師伐齊」一四六字。

△以上四則當入燕策，凡五二一字。

64史記鄒陽列傳集解引「白圭爲中山將」二五字

65廣韻「藍」字引「中山大夫」六字，

86御覽四五〇引「白圭之中山」一八九字。

△以上三則當入中山策，凡二二〇字。

根據我們的研究，上述六十四則的「歸屬判斷」大概不會有太大的差錯；至於無法「判斷」的，有下列諸則：

1——9，

10、11、19，

25，

37、38，

40，

58、59，

60、61、63、66——69，

70、71、74、75、78，

81、82、84、85、87、88，

90、91、93、95、97、98。

這些無法判斷的，有的文字相當長，有的文字却很短。

其次我們列下一表，說明本策裏的佚文佔該策的百分比：

策名	全策文字	亡佚文字	亡佚佔百分比
周策	6160	150	2.5%
秦策	24200	2031	8.4%
齊策	19800	582	2.9%

楚策	12540	1558	12.4%
趙策	22800	976	4.3%
魏策	17600	403	2.3%
韓策	11300	128	1.1%
燕策	14000	521	3.7%
中山策	3520	220	6.3%

從這個統計表，我們可以作出如下的結論：

第一、以百分比來說，亡佚最多的是楚策，有12.4%；其次是秦策，有8.4%。

第二、以字數來說，亡佚最多的是秦策，其次是楚策，再其次是趙策。我們在第三章裏，已經說明了劉向所謂「楚、漢之起」的篇章應該是在秦策裏的，所以，秦策亡佚最多文字，似乎就代表了這個意義。

第三、今本戰國策每卷平均約三千五百字。表中秦策共亡佚了二千零三十一字；這個數目，竟超過了半卷！今本五卷秦策，實際上已亡佚了半卷以上；換句話說，以今本篇卷字數來計算的話，劉向本該有五卷半以上才對。但是，現在只剩下五卷了！

第四、假如我們把表裏亡佚的字數全部加起來(6,569)，再除以三千五百的話，其得數是接近二，也就是說，以今本篇卷字數來計算的話，今本一共亡佚了兩卷之多！這是個相當大的數字。再加上那些沒法分屬的佚文的話，很可能就接近了三卷了！

第五、戰國策每章平均約二百字，以秦策亡佚的字數來說，大概亡佚了十章之多，以楚策亡佚的字數來說，也有七章之多。

第十二章　姚宏注本的流傳及姚寬注本的考察

姚宏校注本自從南宋高宗紹興十六年刊行以後，似乎不太流行；這個，我們可以舉出兩件事實來證明：

第一：翻開宋史藝文志縱橫家類及兵書類，除了著錄鮑彪注十卷外，就沒著錄姚注本；這說明姚注本是多麼的不流行。除了尤袤遂初堂書目著錄有「姚氏本戰國策」六個字外，其他鄭樵的通志、王堯臣的崇文總目、陳振孫的直齋書錄解題、王應麟的玉海等也復如此；姚注本在宋代之不流行，於此可見了。元、明兩代的目錄如馬端臨的文獻通考、張萱的內閣藏書目錄、陳第的世善堂藏書目錄等，也不曾著錄姚氏本；清代錢謙益的絳雲樓書目、錢曾的述古堂書目、講書敏求記、瞿鏞的鐵琴銅劍樓藏書目、孫星衍的孫氏祠堂書目、平津館鑒藏書籍記等，也莫不如此。這些，都無不說明姚宏校注本的不流行。

第二：元代補正鮑彪注的吳師道「最早發現」了姚宏校注本戰國策，他在卷末跋姚宏「題辭」的識語裏，如此地說：

讀呂子大事記，引剡川姚宏，知其亦註是書。考近時諸家書錄皆不載，則世罕有蓄者。

元代時，姚宏校注本不但不流傳，甚至「世罕有蓄者」！吳師道補正戰國策，至少他對戰國策各版本的搜羅曾下過一番工夫；可是，他獲知姚宏校注本，還是間接地從呂祖謙的大事記裏面得到的！

根據這兩件事實，我們可以知道，姚宏校注本一開始就不太流行；要不是黃丕烈重新發掘及加以發揚光大，它大概不會重見天日了。

姚宏校注本之不流行，大概有下列兩個原因。

第一、吳師道在識語裏說：

考其書成，當紹興丙寅；而鮑註出丁卯，實同時。鮑能分次章條，詳述註說，讀者眩於浮文，往往喜稱道之，而姚氏殆絕；無足怪也。

元、明兩代，學者尚浮誇；鮑彪注本前後東、西周，變動章節，改易字句，甚得時尚。姚注本固然優點甚多，謹慎、嚴肅、保守，和標新立異的鮑注本完全相反，卻不能符合當時學者們的「要求」，所以才「殆絕」了。吳氏的分析和批評，非常正確。

第二、鮑注本經過吳師道補正之後，無異的比較進步了一些。在篇卷、章節上，吳師道絕大部份因襲鮑注本，但是，小部份的章節、校勘、名物、訓詁等，吳師道往往表示出他不敢苟同的意見；古人所謂「疏不破注」的原則，完全不能在吳師道的補正裏找出來。吳師道就曾在他的自序裏如此批評鮑彪：

> 高氏之疎略，信矣；若繆妄，則鮑氏自謂也！……古書字多假借，音亦相通，鮑直去本文，徑加改字，豈傳疑存舊之意哉！比事次時，當有明徵，其不可定知者，闕疑可也，豈必強爲傅會乎？……而通鑑諸書亦莫考，淺陋如是，其致誤固宜。

當他提到姚注本和鮑注本時，評價就完全不同了；說：

> 剡川姚宏亦注是書……參校補注，是正存疑，具有典則；大事記亦頗引之，而世罕傳，知有鮑氏而已。

在識語裏，他又說：

> 姚宏……亦註是書。……因高誘註，間有增續，簡質謹重，深得古人論撰之意，大與鮑氏率意竄改者不同。

在吳師道心目中，姚注本的價值是高過鮑注本的。因此，當吳氏在補正鮑注本時，的確下過一番修改的工夫；儘管這番工夫未必做得令人滿意，但是，卻很能取悅於士林。元朝以後，姚注本之不流行，吳師道補正本所給予的打擊很大。

元代的姚注本，根據吳師道所看到的，大概有兩種不同的版本。吳師道在卷首的識語裏說：

> 剡川姚宏續校注最後出，予見姚注凡二本；其一冠以目錄、劉序，而置曾序于卷末；其一冠以曾序，而劉序次之。蓋先劉氏者，元本也；先曾氏者，重校本也。

儘管學者尙浮誇，元代之時，姚注本還有兩個不同的刋本流行着，一個是元刋本，一個是重刻本。元刋本是以目錄、劉向敍錄在前，曾鞏序在卷末；重刻本是曾鞏序在卷端，劉向序次之。南宋呂祖謙在大事記裏用的是那一個刻本？覆刻本是何時刋行的？這些，吳師道都沒交代，實在是一件可惜的事。

明代的官、私目錄不曾著錄有姚氏本戰國策；這一點，我們已在上文討論過了。明人張文爟著有戰國策譚棷、閔齊伋著有戰國策裁注，在他們的序文裏，再三地贊揚鮑注本；對於姚注本，隻字不提，簡直是一無所知。從這兩方面來看，姚注本在明代學術界裏已經是到了「無人知曉」的地步了。

實際上，明代末年，姚宏校注本出現了兩個版本，一個是梁溪安氏本，每頁二十行，行二十字；一個是梁溪高氏本，每頁二十二行，行二十字。天啟年間，虞山錢（字伯）花了二十千購得梁溪安氏本，後來，他又得到梁溪的高氏本；清代的盧見曾就根據這兩個本子，在乾隆丙子年間刻成雅雨堂本。盧氏在自序裏說：

> 今鮑彪本誤以西周爲正統，升之卷首；始知古本戰國策爲鮑氏所亂久矣！……高注古雅遠勝鮑氏，其中編次亦與鮑氏迥異。

表面上，盧氏推崇高注本（卽姚注本），以梁溪高、安氏本爲底本，實際上，他大量地採用吳師道補正本；在所有戰國策的版本裏，雅雨堂本是最不純的一種了。黃丕烈在重刻剡川姚氏本序裏說：

千里爲予校盧氏雅雨堂刻本一過，取而細讀，始知盧本雖據陸敕先抄校姚氏本所刻，而實失其眞，往往反從鮑彪所改，及加字，並抹除者，未知盧、陸誰爲之也？夫鮑之率意竄改，其謬妄固不待言，乃更援而入諸姚氏本之中，是爲厚誣古人矣！

批評得非常正確。

嘉慶初年，黃丕烈得知姚注本有兩個版本，一個藏在桐鄉金雲莊家，此卽明代的梁溪高氏本，也極可能就是南宋的元刻本，最爲可貴；另一個藏在歙縣汪秀峰家。嘉慶三年冬天，通過鮑淥飲、袁綬堦的介紹，黃丕烈在鈕非石寓樓，用白鏹八十金購得最可貴的梁溪高氏本。至於梁溪安氏本，據說落在絳雲樓裏；錢曾購自絳雲樓，著錄於自己的讀書敏求記中。嘉慶八年，黃丕烈在顧千里的從兄抱沖家裏，見到它的影鈔本。至於歙縣汪秀峰的藏本，黃丕烈似乎就一直沒看到，黃氏在蕘圃藏書題識（卷二史類）裏說：

特未識汪本又何如耳，俟徐訪之。汪秀峰與錢聽默最友善，嘗謂錢曰：「吾有宋刻高注戰國策，有人需此，當以美妾易之。」今聞作古，未知書在何處？

一直到現在，我們還不知道此本的下落。邵懿辰四庫簡明目錄標注史部五說：

昭文張氏有陸敕先精校梁溪安氏姚宏本，與黃刻高氏姚宏本小異。繡谷亭書錄云「宋槧本有牧齋跋云：『天啟中以二十千得之梁溪安氏，後又得善本於梁溪高氏，此本遂次而居乙。』」云云；今藏汪氏飛鴻堂。

汪氏飛鴻會不會就是歙縣的汪秀峰？可能性非常大。假如是的話，汪秀峰所藏的實際上就是梁溪安氏本了。

嘉慶八年，黃丕烈根據他所得到的梁溪高氏本加以翻刻；我們現在所見到的讀未見書齋重雕剡川姚氏戰國策，就是這個翻刻本。黃氏在蕘圃藏書題識裏提到梁溪高氏本時，說：

惟首册缺目錄四葉，一卷一至六葉，末册序後五、六葉，當是藏書者圖章題識，淺人撕去之故，豈不可歎！

可見黃氏所得的梁溪高氏本，也卽讀未見書齋重雕的底本，實際上也有所殘損的。翻開黃氏的覆刻本，卷一第五頁、卷末序跋第五頁，版匡外並注有「宋闕鈔補」四個字；這四個字，無疑的，就是這種殘損現象的反映。

黃丕烈是版本目錄學家，又是校勘學家；刋行梁溪高氏本的姚注戰國策，自然另有一番意義，錢大昕在序裏這麼說：

黃君蕘圃乃取家藏宋槧本，重鋟諸堅木，行款點畫，壹仍其舊，其中烏焉魚豕，審知爲踳者，別爲札記，綴于卷末，而不肯移易隻字。吳正傳所云「存古闕疑」者，亦於蕘圃見之，洵書城中快事也。

顧廣圻在後序裏說：

戰國策傳於世者，莫古於此本矣！……後世欲讀戰國策，舍此本其何由哉！

錢、顧二氏對讀未見書齋所翻刻的姚注本戰國策的評語，一點也不阿諛；這些可貴點，只要我們讀一讀黃丕烈的戰國策札記，輕易地就可以發現了。

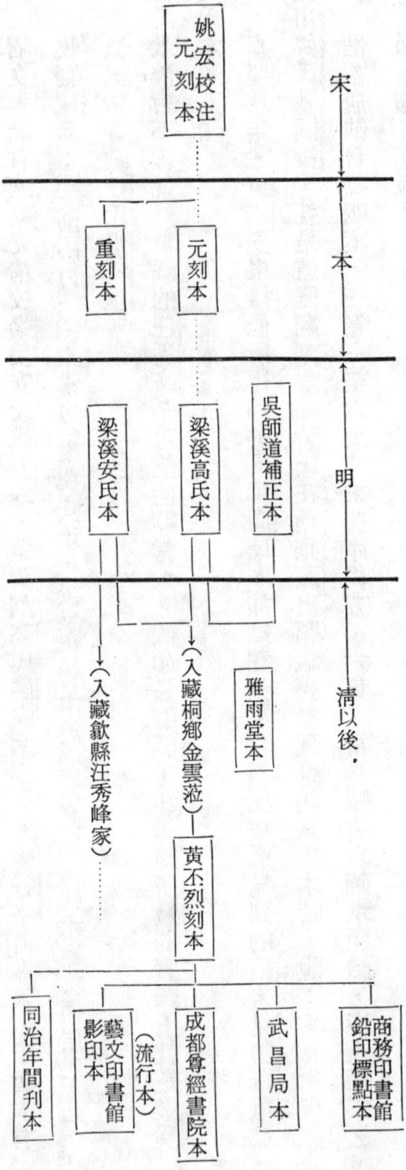

黃氏讀未見書齋重雕姚注本戰國策後，甚爲士林所重；楊紹和楹書隅錄卷二轉錄了顧廣圻的話，說：

> 宋槧之極精好者，今在黃蕘圃家，近將重爲刋行，於此有異同。

後來的武昌局、成都尊經書院分別又把黃本翻刻一次。日本靜嘉堂秘籍志著錄有一部同治年間的翻刻本，不知是何處所刋行的。十幾年前，臺灣臺北的藝文印書館據黃本影印流行；現在最通行的，大概就是此本了。

* * * *

今傳戰國策版本，大致上有兩個系統，一個是漢高誘注、宋姚宏校注本，一個是宋鮑彪注、元吳師道補正本，往後卽使有人翻刻、補注，也都離不了這兩個系統。姚宏校注完成於南宋高宗紹興十六年，鮑彪注完成於十七年，雖然是前後一年的事，不過，他們彼此都不知道對方有此工作。元吳師道把鮑本補正後，姚宏校注本被貶抑得幾乎失傳了；到了清代，經過黃丕烈的發揚，姚宏校注本才重新流傳出來，而且，贏得學術界一致的讚賞。

姚宏，字令聲，正史無傳；宋史翼卷二十八說：

> 宏，字令聲，少有才名。呂頤浩爲相，薦爲删定官，後忤秦檜，死大理獄。

這幾句話，是附在他弟弟姚寬傳之後（吳師道在他的補正的自序裏，也提到姚宏的生平，幾乎相同）；雖然文字簡單，我們卻可以了解姚宏是一位才氣縱橫、性格剛強的讀書人。

翻開姚注本戰國策，我們可以在卷末發現兩篇題跋之類的文章，一篇是姚宏的「題辭」，下署「紹興丙寅中秋，剡川姚宏伯聲文題」；一篇是姚寬的「書後」，下署「仲冬，朔日，會稽姚寬書」。這兩篇題跋文字，有下列幾個相同點：

1都是六、七百字的短文；

2內容大同小異；

3所舉的例證，也大致相同；

4行文、語氣也甚相似。

到底是兩篇文章呢？還是只是一篇？換句話說，姚寬的書後是他自己寫的呢？還是抄錄哥哥的？甚至或是後人把哥哥的文章附會爲弟弟的？假如是姚寬自己寫的，那麼，他爲甚麼要寫這文章？他也研究戰國策嗎？也注解戰國策嗎？假如姚寬曾注解戰國策，爲甚麼官、私目錄都沒著錄？甚至沒聽人說過呢！姚宏的校注和姚寬又有甚麼關係？這一連串的問題，都很令人深思。

首先，我們先考察歷來學者對這兩篇相似的題跋的意見。最早發現這個問題的，是元代的吳師道，他在姚寬書後的識語裏這麼說：

右此序，題姚寬撰，有手寫附于姚註本者，文皆與宏序同，特疏列逸文加詳。考其歲月則在後，乃知姚氏兄弟，皆嘗用意此書。寬所註者，今未之見；不知視宏，又何如也？

吳師道認為，姚宏、姚寬兄弟都曾研究、注解戰國策；題跋雖相似，卻是兩人分別所寫的。對這見解提出異議的是黃丕烈，他在吳師道這段識語之下，附上幾行小注（見姚注本戰國策），說：

兩序大同小異，此即伯聲所撰，而令威曾書之耳；當是有人見其本而寫附也。未詳兩稿孰為先後，要非令威撰；末題「姚寬書」，而吳氏遽云「題姚寬撰」，是其誤。又云「乃知姚氏兄弟皆嘗用意此書」云云，亦不然。假使令威自有注，不容此序中不及伯聲校一字也。

根據黃丕烈的看法，這題跋是姚宏撰；另外那一篇，只是姚寬（字令威）「書之」而已，在這裏，黃丕烈否定了姚寬的書後，也否定了姚寬曾經研究、注解戰國策。

我個人的意見是，吳師道的說法正確而且接近事實；這裏，從兩方面舉出幾個證據來說明。

第一方面

姚宏的題辭和姚寬的書後儘管異常相似，卻還有不少的小差異；經過仔細比較研究之後，我發現有以下幾種差異的情形：

（甲）「題辭」有而「書後」無的句子

①「南豐所校，乃今所行。」

②「互有失得。」

③「余頃於會稽得孫元忠所校於其族子愨，殊爲疎略。後再扣之，復出一本，有元忠跋，並標出錢、劉諸公手校字，比前本雖加詳，然，不能無疑焉。」

④「亦豈出於古歟？」

⑤「孫舊云『五百五十籤』，數字雖過之，然，間有謬誤，似非元書也。」

⑥「余萃諸本校定離次之，總四百八十餘條。」

這些差異雖然很小，但是，卻不容忽略；假如姚寬只是「書之」而已，似乎不該有這種現象。

(乙) 從兩者的措辭，分辨二人之手筆

①題辭說：「崇文總目：『高誘注八篇。』今十篇：第一、第五，闕前八卷，後卅二、卅三，通有十篇。」

書後說：「崇文總目：『高誘注八篇。』本存者有十篇。」

題辭能把十篇的篇目舉出來，書後只能籠統地說「存者有十篇」，這說明題辭了解得比較詳細。

②題辭說：「叔堅之論，今他書時見一、二。」

書後說：「延篤論，今亡矣。」

前者說「他書時見一、二」，後者說「今亡」；可見二者所見到的或是所了解的，有所不同。

③題辭說：「都下建陽刻本，皆祖南豐。」

書後說：「其浙建原小字刊行者，皆南豐所校本也。」

兩者前一句的意思相同，可是，下一句就不同了；前者是「祖南豐」，後者是「皆南豐所校本」。其實，後者說錯了。

（丙）兩者對戰國策佚文的搜羅，所獲者詳略不同

題辭和書後的作者在戰國策佚文搜羅上，都下了不小的工夫，成績互有差異；這一點，最足以表現出它們是兩個人的作品了。

△題辭、書後所搜佚文詳略表▽

（題辭）	（書後）
司馬貞引「馬犯謂周君」。	司馬貞索隱五事（姚寬有注，下同）。
徐廣引「韓兵入西周」。	徐廣注史記一事。
李善引「呂不韋言周卅七王」。	李善注文選一事。
歐陽詢引「蘇秦謂元戎以鐵爲矢」。	藝文類聚一事。
史記正義引「謁石九門，本有宮室以居」。	張守節正義一事。
春秋後語「武靈王游大陵，夢處女鼓瑟」。	春秋後語二事。
	廣韻七事。

玉篇一事。
元和姓纂一事。
太平御覽二事。
後漢地理志一事。
後漢第八贊一事。
北堂書鈔一事。
舊戰國策一事。

從這個對照表，我們淸楚地可以看出來，姚寬書後搜羅的佚文比較豐富，幾乎四倍於姚宏題辭所搜羅的。假如說姚寬只是將姚宏的題辭「書」一遍，如何會有如此的成績呢？說姚寬抄襲乃兄的題辭，將它據爲己有，似乎更是一件不合理的推測。

(丁) 兩人對戰國策的整理方向不相同

姚宏在題辭裏說：

秦古書見於世者無幾，而予居窮鄉，無書可檢閱，訪春秋後語，數年方得之，然，不爲無補。尙覬博採，老得定本，無劉公之遺恨。

仔細推敲這幾句話，姚宏整理戰國策似乎偏向於「校」方面，所以，他希望將來能得一「定本」；

翻開今傳姚宏校注本，的確是如此。可是，我們看看姚寬在書後裏說的：

某以所聞見，以爲集注，補高誘之亡云。

姚寬的整理工作偏向於「集注」，所以，他以「補高誘之亡」自許；反過來說，他既以「補高誘之亡」自許，可見他的工作並不自限於「校」而已。寥寥幾句話，相差非常大；若說二文同出一人，如何會有如此不同的工作意向呢？

第二方面

宋史翼卷二十八（列傳第二十八）文苑三，姚寬有傳，說：

……所著有西溪集十卷，注司馬遷史記一百三十卷，補注戰國策三十一卷。……寬每語人曰：「古稱圖書，豈可偏廢？」故其注史記、戰國策，辭有所不盡，必畫而爲圖。

姚寬注有戰國策，是千眞萬確的事；不但補注，而且還附圖說明！這是姚寬注本的一大特色。黃丕烈說：

未詳兩稿孰爲先後，要非令威撰；末題「姚寬書」，而吳氏遽云「題姚寬撰」，是其誤。又云「乃知姚氏兄弟皆嘗用意此書」云云，亦不然。

把宋史翼所說的「補注戰國策三十一卷」，來和姚寬書後的「某以所聞見，以爲集注」相對，豈不是完全吻合了嗎？黃丕烈完全說錯，似乎不會成問題的。

姚寬，字令威，年少時就以才氣著稱於世。初仕之時，「名流爭禮致之」（宋史翼語，下同），被呂頤浩召爲幕僚。秦檜執政，抑而不用，「寬亦不屈己求復」。後來，得到賀允中、徐林、張孝祥等的推薦，擔任尚書戶部員外郎，兼任金倉工部屯田郎及樞密院編修官。

年青時就博學強記，擅場於天文、推算。公元一一四九年，金丞相完顏亮弒熙宗自立，改元天德，入寇中原，南宋上下皆以爲憂，謠言迭起，紛紛主張退保自存。姚寬依據他的擅場，作了如此推論，說：

今八月，歲入翼；明年七月，入軫；又其行在巳巳者，東南屏蔽也。昔越得歲而吳伐越，吳卒以亡；晉得歲而苻堅伐晉，堅隨以滅，今狂虜背盟犯歲，滅亡指日可待。

公元一一六一，金弒其主亮，世宗立，改元大定；宋史翼說：「上幸金陵，以其言驗，令除郎，召對，上首問歲星之詳。」於是，姚寬「敷奏移晷」、「復論當世要務」，大大地施展了他的抱負。奈何「奏未畢，疾作，仆於榻前」，不久就逝世了。宋史翼說：「上甚念之，特官其一子，且用其弟憲於朝。」（案：姚憲，字令則。）

寬詞章之外，頗工於篆、隸，及工技之事；著有下列諸書：

1 西溪集十卷

2 司馬遷史記注一百三十卷

3 戰國策補注三十一卷

4 五行秘記一卷

5 西溪叢語一卷

6 玉璽書一卷

7 韓文公集注（未完稿）

宋史翼說他以詩稱著於當代，並引了葉適的批評說：「寬古樂府，流麗哀思，頗雜近體詩；絕去尖巧，乃全造古律，加於作者一等矣！」

姚宏著戰國策校注，寫了一篇題辭；姚寬著戰國策集注，寫了一篇書後。不曉得甚麼原因，姚寬的戰國策集注不傳於世。

宋尤袤遂初堂書目雜史類著錄戰國策書目，有下列五種：

舊杭本戰國策

遂初先生手校戰國策

姚氏本戰國策

鮑氏注戰國策

戰國策補注

這最末的一部「戰國策補注」，極可能就是姚寬所集注的（宋史翼稱「補注」，書後稱「集注」，當是一回事；遂初堂書目稱「補注」，與宋史翼尤其脗合）。遂初堂書目所著錄的可能是刻本，也可能是唯一的傳鈔本；我以爲，後者的可能性比較強。因爲它是傳鈔本，所以，其他官、私目錄再也不曾著錄，世間也就由此失傳；這眞是一件令人惋惜的事。

戰國策集注亡佚了，「書後」卻被後人保存在姚宏的戰國策校注裏，否則的話，姚寬這點功勞誰能察覺呢？宋史翼的話豈能令人信服呢？誰又能推測出遂初堂書目所著錄的，極可能就是姚寬的著作呢？這眞是不幸中的大幸了。

附錄一：戰國策佚文考證

民國初年，諸祖耿著有戰國策逸文考，發表於章氏國學講習會學報第一號；約一萬二千餘言，輯出佚文凡六十六則。余著戰國策集釋，廣爲搜羅，所輯者又有四十一則之多；今合諸氏文，著成考證一篇，凡二萬四千言。

1.擧標甚高。

諸祖耿曰：右四字，文選天台山賦、江賦李善注並引。

2.噎而後穿井，何及於急。

諸祖耿曰：右九字，太平御覽七百四十一引。

3.涸若耶以取銅；破堇山而出錫。

諸祖耿曰：右十二字，太平御覽六十八、三百四十三、藝文類聚六十引。姚寬書後擧此，「堇」作「恧」，疑譌；又越絕書載此，作「赤堇之山，破而出錫；若邪之谷，涸而出銅，歐冶用以爲純鉤之劍」。

案：諸氏所云越絕書，在越絕外傳記寶劍篇。

4.白頭如新，傾蓋如舊。

5. 桀之狗，可使吠堯；而蹠之客，可使刺由。

諸祖耿曰：右八字，太平御覽三百六十三引。此鄒陽上梁王書中語，見史記鄒陽傳。

諸祖耿曰：右十五字，史記鄒陽傳文；索隱曰：「並見戰國策。」齊策六：「刁勃謂田單曰：跖之狗吠堯，非貴跖而賤堯也，狗固吠非其主也。」語與此異。漢書藝文志縱横家有鄒陽七篇，此語蓋出鄒陽書，司馬遷采以爲傳，劉向采以入策，說詳後。

6. 聶政刺韓相，荆軻刺秦王，並白虹貫日。

諸祖耿曰：右十五字，太平御覽四引。史記鄒陽傳：「昔者荆軻慕燕丹之義，白虹貫日。」御覽所引，殆取諸此。又北堂書鈔一百五十一引戰國策曰：「唐雎說秦王曰：聶政刺韓傀，白虹貫日；荆軻欲刺秦王，白虹貫日。」考唐雎語在魏策，無後「荆軻」十字，唐雎語竟，秦王謝曰：「韓、魏滅亡，而安陵以五十里之地存者，徒以有先生也。」魏亡在始皇二十二年，荆軻入秦在始皇二十年，唐雎及見荆軻事，故得爲是語也。

7. 安陵丑。

諸祖耿曰：右三字，廣韻「陵」字下引。此卽姚寬書後所擧廣韻七事之一；今楚策一、魏策四並著安陵君事，無言安陵丑者。

8. 有羊千者，著書顯名。

諸祖耿曰：右八字，廣韻「羊」字下引。此卽姚寬書後所擧廣韻七事之一。

9.蘇秦曰：上下相怨，民無所聊。

諸祖耿曰：右十一字，文選袁紹檄豫州李善注引。

10張儀曰：儀交臂而事齊、楚。

諸祖耿曰：右十字，文選喩巴蜀檄李善注引。

案：文選潘元茂册魏公九錫文注引亦有此則，唯「交臂」上無「儀」字，蓋省略耳。

11廉頗爲人，勇鷙而愛士；白起視瞻不轉者，執志彊也。

諸祖耿曰：右二十字，後漢書吳漢傳贊李賢注引。

12齊人蒯通知天下權在韓信，欲爲奇策而感動之，以相人說韓信曰：「僕嘗受相人之術。」韓信曰：「先生相人何如？」對曰「貴賤在於骨法，憂喜在於容色，成敗在於決斷；以此參之，萬不失一。」韓信曰：「善，先生相寡人，何如？」對曰：「願少間。」信曰：「左右去矣。」通曰：「相君之面，不過封侯，又危不安；相君之背，貴乃不可言。」韓信曰：「何謂也？」蒯通曰：「天下初發難也，俊雄豪桀，建號壹呼，天下之士，雲合霧集，魚鱗雜遝，熛至風起，當此之時，憂在亡秦而已。今楚、漢分爭，使天下無罪之人，肝膽塗地，父子暴骸於中野，不可勝數。楚人起彭城，轉鬭逐北，至於滎陽，乘利席卷，威震天下；然兵困於京、索之間，迫西山而不能進者，三年於此矣！漢王將數十萬之衆，距鞏、雒，阻山河之險。一日數戰，無尺寸之功，折北不救。失滎陽，傷成皋，遂走宛、葉之間，此所謂智勇俱困者也。夫銳氣挫於險塞，而糧食竭於內府，百姓罷極怨望，容容無所倚。以臣料之，其勢非天下之賢聖，固不能息天下之禍。當今兩主之命，縣於足下。足下爲漢，則漢勝；與楚，則楚勝。臣願披腹心、輸肝膽、效愚計，恐足下不能用也。誠能聽臣之計，莫若兩利而俱存之，叁分天下，鼎足而居，其勢莫敢先動。夫以足下之賢聖，有甲兵之衆，據彊齊，從燕、趙，出空虛之地，而制其後，因民之欲西鄉，爲百姓請命，則天下風走而響應矣！孰敢不聽？割大弱彊，以立諸侯。諸侯已立，天下服聽而歸德於齊。案齊之故，有膠、西之地，懷諸侯以德，深拱揖讓，則天下之君王，相率而朝於齊矣。蓋聞天與弗取，反受其咎；時至不行，反受其殃；願足下孰慮之！」韓信曰：「漢王遇我甚厚，載我以其車，衣我以其衣，食我以其食；吾聞之，乘人之車者載人之患，衣人之衣者懷人之憂，食人之食者死人之事，吾豈可以鄉利倍義乎？」蒯生曰：「足下自以爲善漢王，欲建萬世之業；臣竊以爲誤矣！始常山王、成安君爲布衣時相與爲刎頸之交，後爭張黶、陳澤之事，二人相怨，常山王背項王，奉項嬰頭，而竄逃歸於漢王。漢王借兵而東下，殺成安君泜水之南，頭足異處，卒爲天下笑。此二人相處，天下至驩也；然而卒相禽者，何也？患生於多欲，而人心難測也。今足下欲行忠信以交於漢王，必不能固於二君之相與也。而事多大於張黶、陳澤，故臣以爲足下必漢王之不危己，亦誤矣！大夫種、范蠡，存亡越，霸句踐，立功成名，而身死亡；野獸已盡，而獵狗烹！夫以交友言之，則不如張耳之與成安君者也；以忠信言之，則不過大夫種、范蠡之於句踐也；此二人者，足以觀矣。願足下深慮之！且臣聞勇略震主者，身危；而功蓋天下者，不賞。臣請言大王功略。足下涉西河，虜魏王，禽夏說，引兵下井陘，誅成安君，徇趙、脅燕、定齊，南摧楚人之兵二十萬，東殺龍且，西鄉以報。此所謂功無二於天下，而路不世出者也。今足下戴震主之威，挾不賞之功，歸楚，楚人不信；歸漢，漢人震恐；足下欲持是安歸乎？夫勢在人臣之位，而有震主之威，名高天下，竊爲足下危之。」韓信謝曰：「先生且休矣。吾將念之。」後數日，蒯通復說曰：「夫聽者，事之候也；計者事之機也。聽過計失，而能久安者鮮矣！聽不失一二者，不可亂以言。計不失本末者，不可紛以辭，夫隨廝養之役者，失萬乘之權；守儋石之祿者，闕卿相之位。故知者，決之斷也；疑者，事之害也。審豪釐之小計，遺天下之大數，智誠知之，決弗敢行者，百事之禍也。故曰：猛虎之猶豫，不若蜂蠆之致螫；騏驥之跼躅，不如駑馬之安步；孟賁之狐疑，不如庸夫之必至也。雖有舜禹之智，吟而不言，不如瘖聾之指麾也。此言貴能行之。夫功者難成而易敗，時者難得而易失也。時乎時，不再來，願足下詳察之。」韓信猶豫，不忍背漢，又自以爲功多，漢終不奪我齊，遂謝蒯通。蒯通說不聽，已詳狂爲巫。

諸祖耿曰：右千一百三十字，史記淮陰侯傳文。索隱曰：「按漢書因及戰國策皆有此文。」漢書藝文志縱橫家有蒯通蒯子五篇。王先謙補注引王應麟曰：「本傳，論戰國時說士權變，亦自序其說，凡八十一首，號曰雋永；然則此文殆蒯子雋永中語，所謂自序其說者也。」其論戰國時說士權變者，馬國翰謂爲不可復見，余謂馬說非也。論者，論次議，非論說義。漢書張湯傳：「邊通學短長。」師古曰：「短長術興於六國時，長短其語，隱謬，用相激怒也。」張晏曰：「蘇秦、張儀之謀，趣彼爲短，歸此爲長，戰國策名短長術也。」主父偃傳：「主父偃齊人，學長短縱橫術。」服虔曰：「蘇秦法百家書說也。」（藝文志縱橫家有主父偃二十八篇）考戰國說士權變，蘇、張爲首，蒯通所論，當有其文。（蘇秦有蘇子，張儀有張子，魯仲連有魯連子，並見藝文志。蒯通所論，殆取於此。）邊通、主父偃所學，殆卽此也。戰國策本名短長，劉向校書錄序云：「中書本號，或曰國策，或曰國事，或曰事語，或曰長書，或曰修書，臣向以爲戰國時游士輔所用之國，爲之筴謀，宜爲戰國策。」（向名未當，蒯通鄒陽非戰國時人，其語在書，安得云戰國策哉。）劉向所舉六名，國事、事語、國策皆依質爲名；長書、修書、短長，則以趣爲名。修之與雋，長之與永，義並得通。（師古蒯通傳注曰：「雋，肥肉也。永，長也。言其所論甘美而義深長也。」今謂修亦肉義。）知向所見中書，卽蒯通所序邊通、主父偃輩所學者矣。向校書錄序又云：「所校中戰國策書，中書餘卷，錯亂相糅莒，又有國別者八篇，少不足。臣向因國別者略以時次之，分別不以序者，以相補，除復重，得三十三篇。」觀向所云，則向之所爲，特釐正先後，補除復重而已，其大體固已完具。蒯通之說韓信，鄒陽之荅梁王，均在三十三篇之內。唐、宋人所引可知也。中書所以復重者，漢初傳縱橫不一，服虔所謂「蘇秦法百家書說」，明此百家，非泛言諸子，乃傳蘇秦法之百家也。其書容有出入，或此著彼遺，或彼此均錄，是以復重。然其先無不導源於蘇秦。葉適習學記言曰：「戰國策國別必列蘇、張縱橫，且載代、厲始末。」意其宗蘇氏學者所次輯，漢初宗蘇氏學今可知者，蒯通、邊通、鄒陽、主父偃輩是矣。又史記魯仲連傳云：「魯仲連遺燕將書曰：今公行一朝之忿，不顧燕王之無臣，非忠也；殺身亡聊城，而威不信於齊，非勇也；功敗名滅，後世然稱焉，非智也。三者，世主不臣，說士不載。」然則忠、勇、智謀之事，魯仲連時說士均載之矣。說士所載，在戰國則韓非說林、內外儲之屬，後則蒯通之雋永、鄒陽之鄒陽、主父偃之主父偃是也。劉向校書，所見必有出蒯通五篇外者，要之均說士所載也。王士禛不達，說韓策楚圍雍氏、秦宣太后對尙靳淫褻之語一段曰：「出於婦人之口，入於使者之耳，載之國史之筆，可謂大奇。」焦袁熹駁之，謂「宣太后之行，國人知之，異國人皆知之，當時執管之士，因有此事，故作此言，用相調笑。史家增飾之辭，美惡皆有之，後人或泥其一兩言以議當時之是非得失，其不爲咸邱高叟者幾希！國策非實錄之比，尤不足據。」（見比木軒雜著。）余謂國策所載，本非國史，乃縱橫家所錄以資揣摩而作談助者，（秦策一：「蘇秦發篋陳書，得太公陰秘之謀，伏而誦之，簡練以爲揣摩。」今本秘作符，依北堂書鈔改正。揣摩陰秘之謀，以資談說，乃縱橫家傳授秘方。中書六名，其用在此。）王士禛謂爲國史之筆固非，焦袁熹謂爲史家增飾之辭，亦未盡然。試問秦滅六國，燔詩書，諸侯史記尤甚，設國策爲國史，則已早燔秦火矣！何得流傳中秘耶？

13周王病瘉矣，犯請後可而復之。

諸祖耿曰：右十二字，見史記索隱。周本紀「周王病甚矣，犯請後可而復之」，索隱曰：「按戰國策甚作瘉。」此卽姚宏所云「司非貞引馬犯謂周君」也。姚寬書後亦云「馬犯謂周君」「馬犯謂梁王」云，王病瘉作瘉字。今尋史記。其文作「馬犯謂周君曰：『請令梁城周。』乃謂梁王曰：『周王病，若死，則犯必死矣。犯請以九鼎自入於王，王受九鼎而圖犯。』梁王曰：『善。』遂與之卒，言戍周。因謂秦王曰：『梁非戍周也，將伐周也；王試出兵境以觀之。』秦果出兵。又謂梁王曰：『周王病甚矣，犯請後可而復之。今王使卒之周，諸侯皆生心，後舉事且不信，不若令卒爲周城以匿事端。』梁王曰：『善。』遂使城周。」

14呂不韋曰：周凡三十七王、八百六十七年。

諸祖耿曰：右十六字，文選西征賦李善注引。此卽姚宏所云「李善引呂不韋言周三十七王」也。姚寬書後述李善注不擧此，顧屬司馬貞索隱項下，殆誤。

15羅尙見秦王曰：「秦四塞之險，利於守，不利於戰。」

諸祖耿曰：右十八字，見姚寬書後舊戰國策文條注。舊戰國策不知何本。

16蘇秦爲公子增謂秦王曰：公孫衍。

諸祖耿曰：右十三字，見史記索隱魏世家：「或爲增謂秦王曰：公孫喜。」索隱曰：「按戰國策作蘇秦爲公子增謂秦王曰：公孫衍。」

案：史記魏世家曰：「或爲增謂秦王曰：『公孫喜固謂魏相曰：「請以魏疾擊秦，秦王怒，必囚增；魏王又怒擊秦，秦必傷。」是喜之計中也。故不若貴增而合魏，以疑之於齊、韓。』秦乃止增。」索隱曰：「戰國策作蘇秦爲公子增謂秦王，戰國策作公孫衍。」太史公蓋據國策錄此事，史記之異於國策者，索隱已備言之矣；諸氏僅錄其章首二句，蓋略。

17秦王使人至，楚王賢之，恐其爲楚用，以危秦也。昭子曰：「以王之德，與王之賢，因以遣之，楚王必爲有外心去楚矣。」從其計，果如其言。

諸祖耿曰：右五十字，太平御覽四百五十引。

18有以九九求見齊桓公，桓公不納。其人曰：「九九，小術；而君納之。況大於九九者乎！」於是，桓公設庭燎之禮而見之。居無幾，隰朋自遠而至，齊遂以霸。

諸祖耿曰：右五十六字，三國志魏志劉廙傳裴松之注引。此文詳見說苑尊賢篇及韓詩外傳卷三。洪頤煊讀書叢錄曰：「梅福傳：『臣聞齊桓之時，有以九九見者。』師古曰：『九九算術，若今九章五曹之輩。』頤煊案：管子輕重戊篇：『虙戲造六峜，以迎陰陽；作九九之數，以合天道。』魏劉徽九章算術序：『昔在庖犧氏，作九九之術，以合六爻之變。』神仙傳：『古人貴九九之好，善鳴吠之技，皆謂算術。』」

19 檀子。

諸祖耿曰：右二字，見史記索隱。田敬仲世家「吾臣有檀子者」索隱曰：「檀子，齊臣。檀姓，子，美稱。大夫皆稱子。盼子，田盼也。黔夫及種首，皆臣名。事悉具戰國策也。」史記田敬仲世家曰：「二十四年，與魏王會田於郊。魏王問曰：『王亦有寶乎？』威王曰：『無有。』梁王曰：『若寡人國小也，尚有徑寸之珠，照車前後各十二乘者十枚，奈何以萬乘之國而無寶乎？』威王曰：『寡人之所以爲寶與王異。吾臣有檀子者，使守南城，則楚人不敢爲寇，東取泗上十二諸侯皆來朝；吾臣有盼子者，使守高唐，則趙人不敢東漁於河；吾吏有黔夫者，使守徐州，則燕人祭北門，趙人祭西門，徙而從者七十餘家；吾臣有種首者，使備盜賊，則道不拾遺；將以照千里，豈特十二乘哉！』梁王慚，不懌而去。」韓詩外傳卷十亦載此，文同；惟「威王」作「宣王」爲異。

20 韓、魏之君不朝于齊，鄒忌爲齊相，田忌爲將，使田忌伐魏，三戰三勝。

諸祖耿曰：右二十六字，太平御覽三百二十二引。齊策一有鄒忌傾田忌事，無韓、魏之君不朝於齊語。

案：文選賈誼過秦論注引作「韓、魏之君朝田侯，鄒忌爲齊相，田忌爲將，使田忌伐魏，三戰三勝」，視御覽所引者爲詳。文選注並引高誘注云：「田侯，宣王也」。

21魏、趙相攻，齊將田忌引兵救趙，孫臏曰：「夫解雜亂紛糾者不控捲，救鬭者不搏撠，批亢、擣虛，刑格、勢禁則自爲解耳。今魏、趙相攻，輕兵銳卒必竭於外，老弱罷於內，君不若引兵疾走大梁，據其街路，衝其方虛，彼必釋趙而自收弊於魏也。」田忌從之，直走大梁，魏師遂退。

諸祖耿曰：右百二字，太平御覽二百八十二引。

案：御覽引此「不控捲」下有「丘員切」，「不搏撠」下有「音戟」，雙行小注共五字，諸氏略之，今補於此。

22韓、魏相攻，齊將田忌率兵伐魏。魏將龐涓聞之，去韓而歸。孫臏謂田忌曰：「彼三晉之士，素悍勇而輕齊，齊佯爲怯，善戰者因其勢而利導之。兵法：百里而趣利者，蹶上將軍；五十里走者，半至。」使齊軍入魏地爲十萬竈，明日爲五萬竈，又明日爲二萬竈。龐涓行三日，大喜曰：「我故知齊軍怯，入吾地三日，士卒亡者過半矣！」乃弃其步兵，與其輕銳，倍日並行，逐之。孫子度其行，暮當至馬陵。馬陵道狹而旁多阻險，可伏兵，乃斫大樹，白而書之曰：「龐涓死于此樹之下。」於是，令萬弩夾道而伏，期曰：「暮見火舉而俱發。」龐涓夜至斫木下，見白書，乃鑽火燭之，讀書未畢，齊軍萬弩俱發，軍大亂，龐涓乃自剄曰：「遂成豎子之名！」

諸祖耿曰：右二百三十三字，太平御覽二百九十四引。以上二則，均見史記孫臏傳。

案：御覽引「蹶上將軍」下有「蹶，猶挫也」，「逐之」下有「并，畢正切」，雙行小注八字。

23齊孫臏謂齊王曰：「凡伐國之道，攻心爲上，務先伏其心。今秦之所恃爲心者，燕、趙也。當收燕、趙之權。今說燕、趙之君，勿虛言空亂，必將以實利以回其心。所謂攻其心者也。」

諸祖耿曰：右六十五字，太平御覽二百八十二引。

24齊威王時有左執法公旗蕃。

諸祖耿曰：右十一字，廣韻「公」字下引。此卽姚寬書後所擧廣韻七事之一。

25雍門周。

諸祖耿曰：右三字，廣韻「門」字下引。此卽姚寬書後所擧廣韻七事之一。今齊策四有雍門養椒，齊策六有雍門司馬，均非此。文選張孟陽七哀詩李善注引桓子新論曰：「雍門周以琴見孟嘗君曰：『臣竊悲千秋萬歲後，墳墓生荆棘，狐兎穴其中，樵兒牧豎，躑躅而歌其上，行人見之悽愴。孟嘗君之尊貴，如何成此乎？』孟嘗君喟然歎息，淚下承睫。」此殆國策之文。譚引之也。

26或謂孟嘗君曰：「廊廟之椽，非一木之枝；先王之法，非一士之智。」

諸祖耿曰：右二十四字，太平御覽一百八十八引。又六百九十四引作「或謂孟嘗君曰：大廟之椽，非一木之枝也；千鎰之裘，非一狐之裘也」，此卽姚寬書後所舉太平御覽二事之一。

案：天中記四七引作「或謂孟嘗君曰：太廟之椽，非一木之枝也；千鎰之裘，非一狐一皮也」，詳略與御覽異。

27燕昭王以樂毅爲將，破齊七十餘城。及惠王立，與毅有隙。齊將田單乃縱反間於燕，宣言曰：「齊王已死，城不拔者二耳；樂毅畏誅而不敢歸，以伐齊爲名，實欲連兵南面王齊，齊人未附，故且緩卽墨殘矣。」燕王以爲然，使騎刼代毅，燕人士卒離心。單又縱反間曰：「吾懼燕人掘吾城外冢墓，僇先人。」燕軍從之，卽墨人激怒，請戰，大敗燕師；所亡七十餘城，悉復之。

諸祖耿曰：右百三十六字，太平御覽二百九十二引。

28燕將騎刼攻齊卽墨，齊將田單拒守，乃宣言曰：「吾惟懼燕軍之劓所得齊卒，置之前行，與我戰，卽墨敗矣。」燕人聞之，如其言。城中人見齊降者盡劓，皆怒，堅守，唯恐見得。田單又縱反間曰：「吾懼燕人掘吾城外塚墓，戮先人，可爲寒心。」燕軍盡掘壟墓，燒死人。卽墨人從城上遙見，皆涕泣。其欲出戰，怒皆十倍，因大敗燕。

諸祖耿曰：右百二十字，太平御覽二百八十二引。

29燕軍大破齊國。齊將田單守卽墨，知士卒可用，乃身操板插，與士卒分功；妻妾編行伍之間，盡散飲食饗士。令甲卒皆伏，使老弱女子乘城。遣約降於燕，燕軍皆呼萬歲。田單又收人金，得千鎰，令卽墨富豪遺燕將書曰：「卽墨卽降，願無掠虜吾族家妻妾，令安堵。」燕將大喜，許之。燕軍由此益懈，田單出軍擊，大敗之。

諸祖耿曰：右百十九字，太平御覽二百八十二引。

案：永樂大典四九〇八引有此則，與御覽小異。

30燕師伐齊，已下七十餘城，圍卽墨未下。齊將田單乃收城中，得千餘牛，爲縫繒衣，畫以五綵龍文，束兵刃於其中角，而灌脂束葦於尾，燒其端，鑿城數十穴，夜縱牛，壯士五千人隨其後。牛尾熱，怒而奔燕軍。燕軍夜大驚，牛尾炬火光明炫燿，燕軍視之，皆龍文，所觸盡死傷。五千人因銜枚擊之，而城中鼓譟從之，老弱者皆擊銅器爲聲，動天地，燕軍大駭，敗走。而齊七十餘城，皆復爲齊。

諸祖耿曰：右百四十六字，太平御覽二百八十二引。以上四則，均見史記田單傳。

31齊國將亡，亦有妖乎？其一人曰：齊桓公宮中七市。

諸祖耿曰：右十九字，初學記二十四引。東周策「齊桓公宮中七市，女閭七百，國人非之。管仲故爲三歸之家，以掩桓公之之字依御覽補非。」語與此異。

32楚兗淖齒於杜國，遊騰謂楚王曰：『秦有上犁午者重兵之戰，請秦王曰：『必無與楚戰』王曰：『何也？』對曰：『南方，火也；西方，金也。金之不勝火，亦必矣！』秦王不聽，其戰不勝。

今午又請秦王必與楚戰，南方火，西方金也，楚正夏中年而免其柱國。此所謂內自滅也。」楚懼，復置淖齒。

諸祖耿曰：右百二字，太平御覽四百六十引。此戰國時陰陽家言之僅存者，文不他見。董仲舒春秋繁露亦不載。

33 蘇秦爲楚合從，元戎以鐵爲矢，長八寸一弩，十矢俱發。

諸祖耿曰：右二十一字，藝文類聚六十引。此卽姚宏所云「歐陽詢引蘇秦謂元戎以鐵爲矢」也。姚寬書後同。

34 楚絕齊，齊擧兵攻楚，陳軫謂楚王曰：「不如以地東解於齊，而謀於秦矣。」

諸祖耿曰：右二十七字，太平御覽四百六十引。

35 楚人有好以弱弓微繳加歸鴈之上者，頃襄王聞而召問之，對曰：「見鳥六雙，王何不以聖人爲弓，以勇士爲繳，時張而射之，此六雙者可得而囊載也！」

諸祖耿曰：右五十七字，藝文類聚六十引。北堂書鈔一百二十五引「楚」下無「人」字，「對曰」下有「大王之賢所發非直此也」十字，無「見鳥六雙」四字，又無「射之」下十字。太平御覽三百四十七引「有」作「者」「聞而召問之」作「聞召問之」，又「見」下無「鳥」字。此卽姚寬書後所擧北堂書鈔之一事。

案：白孔六帖五八引亦有此則。此卽史記楚世家頃襄王十八年「楚人有好以弱弓微繳加歸鴈之上者」之事；太史公據國策錄之也。

36鳴犢、鐸犨。

諸祖耿曰：右四字，見漢書劉輔傳。顏師古注曰：「戰國策說二人姓名云：鳴犢、鐸犨。」史記孔子世家作竇鳴、犢舜華。徐廣曰：「或作鳴鐸、竇犨，又作竇犨鳴、犢舜華也。」索隱引國語云「鳴鐸竇犨」。今尋三國志劉廙傳注引新序作「趙有[牛睪]犨，晉有鐸鳴」（今新序無此文。），說苑權謀「晉有澤鳴、犢犨」，均以為二人，與顏說合。唯琴操作竇鳴[牛睪]，水經河水注五作鳴犢，蓋取史記。

37晉有大夫芬質。

諸祖耿曰：右六字，廣韻「芬」字下引。

38晉有亥唐。

諸祖耿曰：右四字，廣韻「亥」字下引。

39趙有大夫犀賈。

諸祖耿曰：右六字。廣韻「犀」字下。引以上三則，均姚寬書後所舉廣韻七事之一。

40晉大夫芸賢。

諸祖耿曰：右五字，見元和姓纂「芸」字下，云「風俗通晉大夫芸賢，見戰國策。」此卽姚寬書後所擧元和姓纂之一事。

41衞行人燭過，免冑橫戈而進。

諸祖耿曰：右十一字，文選得軍行李善注引。此見呂氏春秋貴直篇。其文曰：「趙簡子攻衞，附郭，自將兵，及戰，且遠立，又居於犀蔽屛櫓之下，鼓之而士不起。簡子投桴而歎曰：『嗚呼，士之遫弊，一若此乎。』行人燭過冑橫戈而進曰：『亦有君不能耳，士何弊之有！』簡子艴然作色曰：『寡人之無使，而身自將是衆也。君謂寡人之無能，有說則可，無說則死！』對曰：『昔吾先君獻公。卽位五年，兼國十九，用此士也。惠公卽位二年，淫色暴慢，身好玉女，秦人襲我，遜去絳七十，用此士也。文公卽位二年，底之以勇，故三年而士盡果敢。城濮之戰，五敗荆人，圍衞取曹，拔石社，定天子之位，成尊名於天下，用此士也。亦有君不能取，士何弊之有？』簡子乃去犀蔽屛櫓而立於矢石之所及，一鼓而士畢乘之。簡子曰：『與吾得革車千乘也，不如聞行人燭過之一言』。」又見韓非子難二。

42衣盡出血，襄子迴車，車輪未周而亡。

諸祖耿曰：右十四字，史記刺客傳索隱引。此卽姚寬書後所擧司馬貞索隱五事之一。

43武靈王游大陵，夢處女鼓瑟。

諸祖耿曰：右十一字，見春秋後語。此卽姚宏所云「春秋後語武靈王游大陵，夢處女鼓瑟」也。姚寬書後亦擧之。史記趙世家云：「王游大陵。他日，王夢見處女鼓琴而歌詩曰：『美人熒熒兮，顏若苕之榮。命乎命乎，曾無我嬴。』異日，王飲酒，樂，數言所夢，想見其狀。吳廣聞之，因夫人而內其女娃嬴，孟姚也。孟姚甚有寵於王，是爲惠后。」

案：鮑本國策趙策「王破原陽」章吳師道用春秋後語注，其注文卽引戰國策此文；諸氏所據者，蓋此。

44 碣石山在常山九門縣。

諸祖耿曰：右九字，史記蘇秦傳索隱引。又後漢書郡國志常山九門注云：「碣石山，戰國策云：在縣界。」閻若璩潛邱箚記曰：「按通鑑地理通釋曰：『碣石凡有三：騶衍如燕，昭王築碣石宮，身親往師之，此碣石特宮名耳，在幽州薊縣西三十里寧臺之東，非山也。秦築長城所起自碣石，此碣石在高麗界中，當名爲左碣石。其在平州南三十餘里者，卽古大河入海處，爲禹貢之碣石，亦曰右碣石。』其說可謂精矣。或獻疑曰：『後漢書常山國九門縣劉昭補注曰：「碣石山，戰國策云在『縣界』。」史記蘇秦列傳索隱曰「戰國策碣石山在常山九門縣」，不又一碣石乎？王氏說尙有未盡。』余曰：九門縣自西漢、五代猶沿，宋開寶六年，始入藁城縣。西北二十五里有九門城，四面五百餘里皆平地，求一部婁塊阜，以當所謂碣石之山，亦不可得。故康成云：『今驗九門無此山也。』康成戒子書：『吾嘗游學往來幽、幷、兗、豫之域。』蓋亦以目驗知之，王伯厚生當晚宋，足不曾至中原，卽以信康成者削國策。不知古人譔著，屹如堅壘，豈易攻與。」洪頤煊讀書叢錄曰：「蘇秦列傳南有碣石，鴈門之饒。」索隱：「戰國策碣石在常山九門縣。尙書正義引鄭注：『戰國策碣石在九門縣，今驗九門無此山。』頤煊案，山海經北山經「碣石之山，繩水出焉，而東流注于河」，山次在鴈門、虖沲之間，當與九門相近。

45 本有宮室而居，趙武靈王改爲九門。

諸祖耿曰：右十四字，史記趙世家正義引。又太平御覽一百六十一引作「九門縣本有九室而居，趙武靈王改爲九門縣。」此卽姚宏所云「史記正義碣石九門本有宮室以居」也。姚合索隱、正義爲一，殆誤。

案：天中記十三引有國策佚文，云：「九門縣本爲九室而居，趙武靈王改之爲九門縣。」蓋卽此文。

46 秦伐趙，趙以趙奢之子代廉頗爲將，距秦將王齕於長平。秦王聞之，乃陰使武安君白起爲上將軍，而王齕爲裨將軍，令軍中敢有泄武安君者斬。馬服子至，則出兵擊秦軍，秦軍佯敗而走，張二奇兵以刼之。趙軍逐勝，追造秦壁，秦壁堅距，不得入，而秦奇兵二萬五千人絕趙軍，又一軍五千騎絕趙壁間，趙軍分而爲二，糧道絕。而秦出輕兵擊之，趙戰不利，因築壁堅守，以待救至。秦王聞趙食道絕，王自之河內，賜民爵各一級，發年十五以上，悉詣長平，遮絕趙救及糧食。至九月，趙卒不得食四十六日，皆內陰相殺食，來攻秦壘，欲出，爲四隊，四五復之，不能出。其時馬服子卒，自相搏戰，秦軍射殺之，軍大敗，卒二十餘萬人降，皆坑之。

諸祖耿曰：右二百四十二字，太平御覽二百八十二引。此見史記白起傳。

案：御覽引「王齕於長平」下有「齕，音恨勿切」小注五字。

47秦師圍趙閼與，趙將趙奢救之，去趙國都三十里，不進。秦間來，奢善食遣之，間以報。秦將以爲奢師怯弱，而止不行。奢卽隨而卷甲趨秦師，擊破之。

諸祖耿曰：右五十六字，太平御覽二百九十二引。

案：御覽引此「閼與」下有「音餘」，「善食，遣之」下有「食，音寺」，「擊破之」下有「斯則反用彼間」，雙行小注計十一字。

48秦師伐韓，圍閼與。趙遣將趙奢救之，軍士許歷曰：「秦人不意趙師至，此其來氣盛。將軍必厚集其陣以待之，不然，必敗。」

諸祖耿曰：右四十五字，太平御覽三百三十一引。

案：太平御覽二九三引有此則；二九二引亦有此則，略甚。史記廉頗列傳「秦伐韓」一節，卽本國策。

49先據北山上者勝，後至者敗。趙奢卽發萬人趍之，秦兵後至，爭山不得上。趙奢縱兵擊之，大破秦軍，遂解閼與之圍。

諸祖耿曰：右四十四字，太平御覽三百三十一引。

50秦與趙兵相拒長平，趙孝成王使廉頗爲將，固壁不戰，秦數挑戰，廉頗不出。秦之間言曰：「秦之所患，獨畏馬服趙奢之子爲將耳。」趙王信秦之間，因以奢子爲將，終爲秦將白起所敗。

諸祖耿曰：右六十九字，太平御覽二百九十二引。

51秦與趙兵相距長平，趙孝成王使趙奢之子將，藺相如曰：「王以名使括，若膠柱而鼓瑟耳。此子徒能讀其父奢書傳，而不知合變也。」趙王不聽。趙子括少時學兵法、言兵事，以天下莫能當。嘗與其父言兵事，奢不能難，然不謂之善。其母問其故，奢曰：「兵，死地也；而乃易言之。趙若以爲將，破軍者必是兒。」及是，其母上書具言不可，曰：「始妾事其父，時爲將，大王及宮室所賞者，盡以與軍吏士大夫；受命之日，不問家事。今此兒爲將，東向而朝，軍吏無敢仰視之者；王所賜金帛，歸藏家，而日視便利田宅買之。王以爲如其父子異心，願王毋遣。」王曰：「吾已決矣。」其母因曰：「卽有如不稱，妾得無隨罪乎？」王許諾，遂與秦軍戰死。事敗，數十萬降秦，秦悉坑之。

諸祖耿曰：右二百四十六字，太平御覽二百七十二引。

52趙將李牧常居代、雁門，備匈奴，以便宜置吏，市租皆輸入於幕府，爲士卒費。日擊數牛饗士，習騎射，謹烽火，多間諜，厚遇戰士。爲約曰：「匈奴卽入盜，急入收保。有敢捕虜者斬。」匈奴每入烽火謹，輒入收保，不敢戰。如是數歲，亦不亡失。然匈奴謂牧爲怯。趙王讓牧，牧如故。王怒，使人代將，歲餘，匈奴每來，出戰，數不利。復遣牧，牧至，如故約，匈奴數來，無所得，終以爲怯。邊士日得賞賜而不用，皆願一戰，於是乃具選車得千三百乘，選騎得萬三千疋，百金之士五萬人，彀弓弩者十萬人，悉勒習戰，大縱畜牧，人衆滿野。匈奴小入，佯北不勝，以數千人委之；單于聞之，大喜，悉衆來入。牧多爲奇陣，張左右翼擊，大破之，殺匈奴十餘萬騎，單于奔走。十餘歲，不敢近邊也。

諸祖耿曰：右二百五十一字，太平御覽二百九十四引。以上六則，並見史記廉頗傳。

53魏以吳起爲將，與士卒最下者同衣食，臥不設席，行不騎乘，親贏糧，與士卒分勞。卒有病疽者，吳起爲吮，卒母聞而哭之，或謂之曰：「母子卒也，而將軍自吮其疽，何哭矣？」母曰：「非然也。往年吳公吮其父，父戰不旋踵，遂死於敵；今又吮此子，妾不知其所死處矣！是以哭之。」於是擊秦，拔其五城。

諸祖耿曰：右百有九字，太平御覽二百八十一引。此見史記吳起傳。

案：御覽引此「與士分勞」下有「羸，音盈」，「吳起為吮」下有「疽，七余反」，雙行小注計七字。

54魏武侯問吳起曰：「兵何以勝？」曰：「以理為勝。」：曰「不在衆乎？」起曰：「法令不明，賞罰不信，聞鼓不進，聞金不止，雖有百萬之師，何益於用？所謂理者，居則有禮，動則有威，進不可當，退不可追，前却如節，左右應麾，雖絕成陣，雖散成行，投之所往，天下莫敢當。」

諸祖耿曰：右九十四字，太平御覽三百二十二引。此見偽吳子治兵篇。其文曰：「武侯問曰：『兵以何為勝？』起對曰：『以治為勝。』又問曰：『不在衆乎？』對曰：『若法不明，賞罰不信，金之不止，鼓之不進，雖有百萬，何益於用？所謂治者，居則有禮，動則有威，進不可當，退不可追，前卻有節，左右應麾，雖絕成陳，雖散成行，與之安，與之危，其衆可合而不可離，可用而不可疲，投之所往，天下莫當，名曰父子之兵。』」

55魏武侯問吳起曰：「兩軍相當，不知其將欲擊，何如？」起曰：「令賤而勇者將而擊銳，交合而北，告而勿罰，觀敵進取，一來一起，其政以理；奔北不追，見利不取，此將有謀。若其衆追北，其旗幟雜亂，自止自行，或縱或橫，貪利務得，凡若此類，將令不行。」

諸祖耿曰：右九十二字，太平御覽三百十一引。此見偽吳子論將篇。其文曰：「武侯問曰：『兩軍相望，不知其將，我欲相之，其術如何？』起對曰：『令賤而勇者將輕銳以嘗之，務於北，無務於得觀敵之來，一坐一起，其政以理，其追北佯爲不及，其見利佯爲不知，如此將者，名爲智將，勿與戰矣。若其衆讙譁，旌旗煩亂，其卒自行自止，或縱或橫，其追北恐不及，見利恐不得，此爲愚將，雖衆可獲。』」

56魏武侯問吳起曰：「暴寇卒至，掠吾田野，取吾牛馬，則如之何？」起曰：「暴寇之來，必精且强，善守勿應，潛伏路傍，暮去必卒，車乘重裝，驍騎逐擊，勢必莫當，遇我伏內，如雪逢湯也。」

諸祖耿曰：右六十六字，太平御覽二百九十五引。此見僞吳子應變篇。其文曰：「武侯問曰：『暴寇卒來，掠吾田野，取吾牛羊，則如之何？』起對曰：『暴寇之來，必慮其强，善守勿應，彼將暮去，其裝必重，其心必恐，還退務速，必有不屬，追而擊之，其兵可覆。』」

57吳子問孫武曰：「敵人保山據險，擅利而處，糧食又足，挑之則不出，乘間則侵掠，爲之奈何？」武曰：「分兵守要，謹備勿懈，潛探其情，密候其怠，以利誘之，禁其牧採，久无所得，自然變改，待離其固，奪其所愛。」

諸祖耿曰：右七十六字，太平御覽三百三十一引。此僞吳子不著。凡僞吳子，皆武侯問吳起荅，無吳起問孫武語。此文殆造僞者所遺。北宋時仍存戰國策也。吳子之僞，說見姚鼐讀司馬法六韜及姚際恒古今僞書考。

58鄭惠王。

諸祖耿曰：右三字，見史記韓世家索隱。韓世家：「哀侯元年，與趙、魏分晉國。二年，滅鄭，因徙都鄭。」索隱曰：「韓既徙鄭，因改號曰鄭。故戰國策謂韓惠王曰：鄭惠王。猶魏徙大梁稱梁王然也。」韓策鄭王凡二見，無稱鄭惠王者。

59 韓仲子。

諸祖耿曰：右三字，見史記韓世家索隱。韓策稱嚴仲子。

60 韓遂。

諸祖耿曰：右二字，見史記韓世家索隱。韓策稱嚴遂。

61 俠累名傀。

諸祖耿曰：右四字，見史記刺客傳索隱。

62 秦將急攻韓，韓王安使公子韓非西入秦，上書說秦王曰：「脣亡齒寒，故曰：兵者凶器。陛下試聽臣之計，則從者困而趙孤，天下可蠶食也。」

諸祖耿曰：右五十二字，太平御覽四百六十引。

63 鄭武公欲伐胡，先以其子妻胡。因問羣臣曰：「吾欲用兵，誰可伐者？」大夫關其思曰：「胡可伐。」武公怒而戮之曰：「胡，兄弟之國，子言伐之，何也？」胡君聞之，以鄭爲親己，而不備鄭。鄭襲胡，取之。

諸祖耿曰：右七十字，太平御覽二百九十二引。此見韓非子及史記韓非傳。

案：御覽引此「取之」下有「此用死間之勢」一小注六字。

64白圭爲中山將，亡六城，君欲殺之，亡入魏。文侯厚遇之，還拔中山。

諸祖耿曰：右二十五字，史記鄒陽傳集解文。索隱曰：「按事見戰國策及呂氏春秋。」此卽姚寛書後所擧司馬貞索隱五事之一。

65中山大夫藍諸。

諸祖耿曰：右六字，廣韻「藍」字下引。此卽姚寛書後所擧廣韻七事之一也。今中山策有藍諸君，無「大夫」字。右凡六十有六則，中二十二則又見史記。史記六國事，班固謂採自國策，考漢書藝文志「孝武世書缺簡脫，禮壞樂崩，於是建藏書之策，置寫書之官，下及諸子傳說，皆充秘府」，武帝紀，事在元朔五年。劉歆七略云：「孝武皇帝敕丞相公孫弘廣開獻書之路，百年之間，書積如山。」然則前所云說士之載，若蒯通、邊通、主父偃所傳，所謂諸子傳說者，無一不在秘府也。元封四年，司馬遷爲太史令，紬石室金匱之書。太初元年，論次其文，爲太史公書。見自序。石室金匱，漢家藏書之所，見索隱。劉歆所謂內有延閣、廣內、秘室之府者；遷於此紬繹羣書，撰次舊文。於六國時事，除親聞公孫季功、董生輩所口道，壹是皆依蒯通、邊通、主父偃輩所傳，故班固云「采戰國策也。」索隱謂戰國策劉向撰。固取其後名而書，非遷之時已名戰國策，其說甚是。

葉適習學記言謂司馬遷史記有取於國語、戰國策，及他先秦書，皆一切用舊文，無竄定。王充論衡超奇篇亦云：「馬司子長累積篇第，文以萬數，然而因成紀前，無胸中之造。」明遷所爲，本論次舊文，非翻新創作也。今觀御覽引孫臏、龐涓、田單、趙奢事，均云戰國策，而文史記；知戰國說士所載，蒯通輩所傳，有孫臏、龐涓、田單、趙奢事，司馬遷采之以入史記，劉向采之以入國策。北宋初年，國策未殘，故李昉得引之也。若云昉引爲誤，則何以一誤再誤，至於此耶！

66 鳥不爲鳥，鵠不爲鵠。

案：記纂淵海五三引。

67 彊弩之餘，不能穿魯縞。

案：詩出其東門孔疏引。

68 走人充於庭，辟人施於塗。

案：記纂淵海七一引。

69 三人成虎，十夫操權；衆口所移，無翼而飛。

案：類說三六引。

70 蓼蟲在蓼則生，在芥則死，非蓼仁而芥賊也。

案：合璧事類別集三六引。爾雅翼釋草引魏子曰：「蓼蟲在蓼則生，在芥則死，非蓼仁而芥賊也，本不可失。」所云與國策合。

71蘇秦與張儀爲友，秦在趙爲相，儀至趙，秦欲激之，令儀於城東門外坐，以破馬韉進麤食，儀憤，入秦，拜爲相，儀嘆曰：「馬韉之事，乃至此乎！」

案：韻府羣玉五引。史記張儀列傳載蘇秦激張儀事，與此大異；蓋太史公不本國策也。

72韓兵入西周，西周令成君辯說秦，求救。

案：史記周本紀集解引徐廣曰：「戰國策云云，當是說此事而脫誤也。」據徐廣之說，周本紀「王赧謂成君」卽指國策此事；惟今本史記此下有脫誤耳。

73本名子異，後爲華陽夫人嗣；夫人，楚人，因改名子楚。

案：史記秦始皇本紀索隱引。竊疑此非國策本文，恐是秦策五「濮陽人呂不韋」章「乃變其名曰楚」下之佚注；小司馬蓋誤以注文爲正文耳。

74魯漆室邑之女，過時未適人，倚柱而嘯，鄰婦曰：「子欲嫁乎？」曰：「非也。予憂者魯君老、太子幼。」鄰婦曰：「此丈夫之憂也。」女曰：「不然。昔有客過，繫馬園中，踐予葵，使予終歲不飽葵；鄰女奔，使予兄追之，逢水溺死，使予終身無兄。予聞河潤九里，漸汝三百步；今魯國有患，君臣父子被其辱，婦女獨安所避乎？」

案：事文類聚別集二七引。

75梁國之北地，名黎丘，有奇鬼焉，善效人之子姪昆弟，好扶邑丈人而道苦之。黎丘丈人之市，醉而歸者，黎丘之鬼效其子之狀，扶而道苦之。丈人歸，酒醒，而譙其子，其子泣而觸地，曰：「孽無苦也。」其父信之，曰：「譆，是必扶奇鬼也，我固聞之。」明日，復飲于市，欲遇而刺之。明日而醉，而眞子恐其父之不能反也。遂仰之，丈人望其眞子，拔劍刺之，而不知惑於似其子者而殺其眞子。

案：事文類聚前集四八、合璧事類前集六九引；呂氏春秋疑似篇亦載此事，略有不同。

76楚莊王賜羣臣酒，燭滅，有人引美人衣，美人援絕其冠纓，告王；王命百官皆絕纓，乃出火。後晉與楚戰，一人常在前，五合五獲首，怪問之，曰：「臣乃夜絕纓者。」

案：韻府羣玉七引。又韻府羣玉十七引國策亦有此事，止於「出火」；「引」作「牽」，「美人衣」下有「者」字，「乃出火」作「然後出火」（事又見說苑復恩篇）。

77楚王築壇，昭奚恤等立於壇上，楚王指之，謂秦使曰：「此寡人之寶。」

案：禮記大學孔疏引。考渚宮舊事卷三曰：「秦欲伐楚，使使觀楚國寶器，王召令尹曰：『吾和氏之璧，隋侯之珠，可以示諸？』令尹不對，昭奚恤進曰：『此欲觀吾國得失而圖之，寶在賢臣，非珠玉也。』王遂使昭奚恤應之。恤爲東西之壇一，秦使至，恤曰：『君客也，就上位。』東面令尹，西面太宰，子牧次之，葉公次之，司馬子發次之，奚恤自居西南之壇，稱曰：『客欲觀楚之寶器，楚之所寶也，賢臣也。理百姓，實倉廩，使人各得其所，令尹在此；奉珪璧，使諸侯，解忿爭之難，交兩國之歡，太宰、子牧在此；守封疆，謹境界，不侵他國，亦不見侵，葉公在此；理師旅以當疆國，提枹鼓以動百萬之衆，使皆赴湯火、蹈鋒刄，出萬死不顧一生，司馬子發在此；懷霸王之餘議，攝理亂之遺風，昭奚恤在此；惟大國之所觀。』秦使無以對，退言于秦君曰：『楚多賢臣，未可謀也。』遂不伐楚。」蓋國策有此事而爲渚宮舊事之所依據，惟今本佚之矣！禮記疏節引其文，今據渚宮舊事備錄於此。

78韓聞秦之好興利，欲罷之，無令東伐，乃使水工鄭國間說秦，令鑿涇自中山西控瓠口，爲渠，漑田。

案：記纂淵海七引。

79秦王使人之楚，楚王賢之，恐其爲楚用以危秦也，昭子曰：「以王之德，與王之賢，因以遺之，楚王必爲有外心去楚矣。」從其計，果如其言。

80趙簡子使人以明白之乘六，先以一璧爲遺於衞，衞叔文子曰：「先不意可以生故，以小之所以事大也；今我未以往，而簡子先以來，必有故。」於是，斬林除園，聚斂蓄積，而後遣使者，簡子曰：「吾擧也，爲不可知也；今旣已知之矣！」乃輟圍衞也。

81鄭桓公將欲襲鄶，先問鄶之辯智、果敢之士，書其名姓；擇鄶之良臣，而與之爲官爵之名，而書之。因爲設壇於門外而埋之，釁之以猳，若盟狀。鄶君以爲內難也，盡殺其臣；桓公因襲之，遂取鄶。

82鄭桓公東會封於鄭，暮舍於宋東之逆旅，逆旅之叟從外來，曰：「客將焉之？」曰：「會封，爲鄭。」逆旅之叟曰：「吾聞之，時難得而易失。今客之寢，安；殆非封也！」鄭桓公授轡自駕，其僕接御而載之，行十日十夜而至，至釐何，與之爭封。故以鄭桓公之賢，微旅之叟，幾不會封也。

83趙簡子使成何、涉他，與衞靈公盟於專澤。靈公未喋盟，成何、涉他捘靈公之手而擀之，靈公怒，欲反趙，王孫商曰：「君欲反趙，不如與百姓同惡之。」公曰：「若何？」對曰：「請命臣令於國曰：『有姑姊女者，家一人質於趙。』百姓必怨，君因反之矣。」君曰：「善。」乃令之。三日遂徵之，五日而令畢，國人巷哭，君乃召國大夫而謀曰：「趙爲無道，反之可乎？」大夫皆曰：「可。」乃出西門，閉東門。趙氏聞之，縛涉他而斬之，以謝於衞。成何走燕，子貢曰：「王孫商可謂善謀矣！憎人而能害之，有患而能處之，欲用而能附之，夫舉而三物俱至，可謂善謀矣！」

84吳闔閭夫人妾氏。齊景公以其子妻闔閭，送諸郊，泣曰：「余死，不汝見矣！」高夢子曰：

「齊，負海而縣山，縱不能全收天下，誰干我君？愛則勿行。」公曰：「余有齊國之固，不能以令諸侯，又不能聽，是生亂也。寡人聞之，不能令，則莫若從。且夫吳蜂蠆然，不弃毒於人，則不靜。余恐弃毒於我也。」遂遣之。

85晉文公與荊人戰於城濮，君問於咎犯，咎犯對曰：「服義之君，不足於信；服戰之君，不足於詐；君愼之，詐而已矣！」君問於雍季，對曰：「焚林而畋，得獸雖多，而明年無復也；乾澤而漁，得魚雖多，而明年無復也。詐猶可以偷利，而無報。」遂與荊軍戰，大敗之。乃賞，先雍季而後咎犯，侍者曰：「城濮之戰，咎犯之謀也。」君曰：「雍季之言，百世之謀也；咎犯之言，一時之權也；寡人既已行之矣！」（又見說苑權謀篇，略異）。

86白圭之中山，中山欲留之，固辭而去；之齊，齊王亦欲留之，又辭去。人問其辭，白圭曰：「二國將亡矣，所學者國有五盡故。莫之必忠，則言盡矣；莫之必譽，則名盡矣；莫之必愛，則親盡矣；行者無糧，居者無食，則財盡矣；不能用人，又不能自用，則功盡矣；國有此五者，無幸必亡。中山與齊，皆當此；若使中山之與齊也，聞五盡而更之，則必不亡也。其患在不聞也；雖聞，又不信也。」然則人生之務，在乎善聽而已矣（呂氏春秋先識覽、說苑權謀篇皆有此事，略異）。

87下蔡威公閉門而哭三日三夜，泣盡，而繼之以血，旁鄰窺牆而問之曰：「子何故而哭，悲若此乎？」對曰：「吾國且亡。」曰：「何以知也？」應之曰：「吾聞病之將死，不可爲良醫；國之將亡，不可爲計謀；吾數諫吾君，吾君不用，是以知國之將亡也。」於是，窺牆者聞其言，則舉宗而去之於楚。數年居，楚王果舉兵伐蔡，窺牆者爲司馬，將兵而往，束虜其衆，問曰：「得無有昆弟故人乎？」見威公縛在虜中，問曰：「若何以至於此？」應曰：「吾何以不至於此？且吾聞之也，言之者，行之役也；行之者，言之主也。汝能行，我能言；汝爲主，我爲役；吾亦何以不至於此哉！」窺牆者乃言之於楚王，遂解其縛，與俱之楚。故曰：能言者未必能行，能行者未必能言也（又見說苑權謀篇，略異）。

88石乞侍坐，屈建曰：「白公其爲亂乎？」石乞曰：「是何言也？白公至於室，無榮；所下士者，三人；與己相君臣者，五人；所與同衣食者，千人；白公之行若此，何故爲亂？」屈建曰：「此建之所謂亂也！以君子行，則可；於國家行，過禮，則國家疑之。且苟不難下其臣，必不難高其君矣！建是以知夫子將爲亂也。」處十月，白公果亂也（又見說苑權謀篇，略異）。

89韓昭侯作高門，屈宜咎曰：「昭侯不出此門。」曰：「何也？」曰：「不時。吾所謂不時者，非時日也。人固有利、不利，昭侯嘗利矣，不作高門。往年，秦拔宜陽；明年，大旱，民饑，不以此時恤民之急也，而顧反益以奢，此謂福不重至，禍不重來者也。」高門成，昭侯卒，竟不出此門矣（史記韓世家、說苑權謀篇並有此事）。

90田子顏自大術至乎平陵城下，見人子，問其父；見人父，問其子，田子方曰：「其以平陵反乎？吾聞行於內，然後施於外；子顏欲使其衆甚矣！」後果以平陵叛（說苑權謀篇亦載此事，略同）。

91晉人已勝智氏，歸而繕甲治兵，楚王恐，召梁公弘曰：「晉人勝智氏矣，歸而繕甲治兵，其以我爲事乎？」梁公曰：「不。患害其在吳乎？夫吳君恤民而同其勞，使其民重上之命，而人輕死以從上使。如虞之戰，臣登山以望之，見其用百姓之信。必也勿已乎，其備之若何？」不聽，明年，闔廬襲郢（又見說苑權謀篇，略異）。

92楚莊王欲伐陳，使人視之，使者曰：「陳不可伐也。」莊王曰：「何故？」對曰：「其城郭高，溝壑深，畜積多，其國寧也。」王曰：「陳可伐也。夫陳，小國也，而蓄多，是賦歛重，則民怨上矣；城郭高，溝壑深，則民力罷矣。」興兵伐之，遂取陳（又見說苑權謀篇，略異）。

93齊桓公將伐山戎孤竹，使人請助於魯君，進羣臣而謀，皆曰：「師行數千里，入蠻、夷之地，必不反矣。」於是，魯許助之，而不行。齊已伐山戎孤行，而欲移兵於魯，管仲曰：「不可。諸侯未親，今有伐遠，而還誅近鄰；鄰國不親，非霸王之道。君之所得山戎之寶器者，中國之新鮮也；不可以不進周公之廟乎？」桓公乃分山戎之寶，獻之周公之廟。明年，起兵伐莒，魯下令丁男悉發，五尺童子皆至。孔子曰：「聖人轉禍爲福，報怨以德，此之謂也。」（又見說苑權謀篇，略異）。

94楚莊王與晉戰，勝之，懼諸侯之畏己也，乃築為五仞之臺，成而觴諸侯，諸侯請為觴，皆仰而曰：「將將之臺，窅窅其謀；我言而不當，諸侯伐之。」於是，遠者來朝，近者入賓（說苑權謀篇亦載此事，視此為詳）。

95吳王夫差破越，又將伐陳，楚大夫皆懼，曰：「昔闔閭能用其衆，故伐我於栢舉；今聞夫差又甚焉。」子西曰：「二三子胡不相睦也，無患吳矣。昔闔閭食不二味，處不重席，擇不取費。在國，天有災、親戚乏困而供之；在軍，食熟者半，而後食其所嘗者卒乘；必與焉，是以民不罷勞。今夫差次有臺榭陂池焉，宿有妃嬙嬪御焉。一日之行，所欲必具，玩好必集，珍異是聚；夫差先自敗己，焉能敗我？」（說苑權謀篇有此事，略詳）。

96吳請師於楚以伐晉，楚王與大夫皆懼，將許之，左史倚相曰：「此恐吾攻己，故示我不病。請為長轂千乘，卒三萬，與分吳地也。」莊王聽之，遂取東國（又見說苑權謀篇，略異）。

97陽虎為難於魯，走之齊，請師攻魯，齊侯許之，鮑文子曰：「不可也。陽虎欲破齊師，齊師破，大臣必多死，於是欲奮其詐謀。夫虎有寵於季氏而將季孫，以不利魯國而容其求焉；今君富於季氏而大於魯，滋陽虎所欲傾覆也。魯免其疾而君收之，無乃害乎！」齊君乃執之，免而奔晉（又見說苑權謀篇，略異）。

98湯欲伐桀，伊尹曰：「請阻之貢職，以觀其動。」桀怒，起九夷之師以伐之，伊尹曰：「未可，彼尙猶能起九夷之師，是罪我也。」湯乃謝罪，請服後入貢職。明年，又不貢職，桀怒，起九夷之師，九夷之師不起，伊尹曰：「可矣！」湯乃與師，伐而殘之，遷桀南巢焉（又見說苑權謀篇，略異）。

案：右二十則，俱見於太平御覽四五〇引。御覽於是卷，首引國策「秦攻趙長平，大破之而歸」章，冠以「戰國策曰」四字；以下國策文凡廿八則，皆冠以「又曰」二字。凡此廿八則，其見於今本國策者僅八則：「秦攻趙長平」「楚圍雍氏五月」「中山陰姬」「安陵纏以顏色美壯」「智伯欲襲衞，故遺之乘馬」「智伯欲襲衞，乃佯亡其太子顏」等六章，分別見於今本國策趙策三、韓策二、中山策、楚策一、宋衞策（後兩則同）之內，其爲國策文無疑，據此推之，其下所引諸則冠以「又曰」者，蓋亦國策文也。其次，又有「智伯圍晉陽，絺疵謂智伯」章，御覽引在「晉文公與荆人戰於城濮」、「白圭之中山」兩則之間，存今本國策趙策一內；又有「智伯請地於魏宣子」章，御覽引在「齊桓公將伐山戎孤竹」、「楚莊王與晉戰」兩則之間，存今本國策魏策一內；此兩章皆冠以「又曰」二字，且俱爲國策文，是此二章前後凡冠「又曰」者，其爲國策文，蓋亦無可疑。復次，又有「秦王使人之楚，楚王賢之」章，御覽引在「中山陰姬」、「安陵纏以顏色美壯」兩則之間，「中山陰姬」在中山策內，「安陵纏以顏色美壯」在楚策內；是「秦王使人之楚」冠以「又曰」者，雖不見於今本國策內，而其爲國策文亦無疑。據此三端以觀之，御覽四五〇引國策文廿八則，見於今本國策者八則，或引在卷首，或引在卷中；不見於今本國策之二十則，皆爲國策佚文也。

99 鄒忌以鼓琴見威王，王悅而舍之右室。須臾，王鼓琴，鄒忌推戶入，曰：「善鼓琴，夫大絃濁以春者，君也；小絃廉折以清者，相也；攫之深而令人愉者，政令也；鈞以鳴，大小相蓋，因推而不害者，四時也；故曰：琴者調而天下正也。」

案：太平御覽四六〇引。史記六國年表齊威王廿一年書「鄒忌以鼓琴見威王」，蓋本於國策。

100 秦圍邯鄲，急，且降，平原君甚患之，邯鄲傳舍吏子李同說平原君，曰：「誠能令家之所有，盡散以饗士，士方其危苦之時，易得耳。」於是，平原君從之，得敢死之士三千，李同遂與三千人赴秦軍，秦軍爲之却三十里。

案：太平御覽四六〇引。史記平原君列傳亦載此事，蓋本於國策。御覽引國策作「李同」，疑是後人據史記而改也。

101 漢王數困滎陽、城皋，酈生曰：「今燕、趙已定，唯龍未下，臣請得奉明詔說龍王，使爲漢稱東藩。」上曰：「善。」

102 范增說項梁曰：「君江東楚將皆爭附君者，以君代楚將，爲能復立楚之後也。」於是，項梁然其言也。

103范陽人蒯通說范陽令，曰：「竊聞公之將死，故弔；然，賀得通而生。」

104漢王使隨何說淮南王，隨何曰：「項王伐齊，大王宜悉淮南之衆，爲楚軍前鋒；今乃提空名以向楚，臣竊爲大王不取也。」淮南王陰許畔楚，與漢。

案：右四則俱見於太平御覽四六〇引，在「鄒忌以鼓琴」「秦圍邯鄲」二則之後而冠以「又曰」二字。劉向敍錄云：「其事繼春秋以後，迄楚、漢之起，二百四十五年間之事。」酈生、范增、蒯通及淮南王皆「楚、漢之起」時事；則其爲國策文無疑，說又詳本書第三章。

105韓非說難曰：計利害以難其放，直指是非以飾其身；以此相持說之氏也。

106蘇秦說六國從合，秦爲從長，幷相六國，喟然歎曰：「使我有雒陽負郭田二頃，豈能佩六國相印乎？」於是散千金以賜宗族。

107韓非知說之難，爲說難，書曰：「所說實爲厚利而顯爲名高者也，而說之以名高，則陽收其身而實數疏之；說以厚利，則陰用其言而顯棄其身。」

108李斯詣秦，會莊襄王卒，乃求爲秦相呂不韋舍人。不韋賢之，任以爲郎，李斯因以得說秦王，秦王乃拜爲長史，聽其計。

案：太平御覽四六〇引。

附錄二：帛書本戰國策二三事

一九七三年冬天至一九七四年春天之間，考古學者在湖南長沙馬王堆三號漢墓裏，發現了一大批帛書；就中有一批「類似於今本戰國策」（註一）的資料，全文約一萬七千多字，分爲二十七章（註二）。在這二十七章帛書裏，內容與今本國策、史記大體相同的，共有十一章，佔總數的五分之二；另外十六篇，到目前爲止，不見於其他古籍。

一、命名的問題

由於帛書二十七章在出土的帛書上，並沒題上原書的名字，因此，這批帛書的書名便成了爭論的對象。在長沙馬王堆漢墓帛書座談會上（註三），唐蘭說：

> 帛書中所謂戰國策的一體，我很懷疑它是藝文志縱橫家裏的「蘇子三十一篇」，不是「戰國策」。現在這個卷子，我還沒有仔細研究。但它並不分國，又不按時代次序，就跟戰國策不一樣。現在的戰國策是劉向所定的，在他的序錄裏說得很清楚。在劉向之前，這些書「或曰國策，或曰國事，或曰短長，或曰事語，或曰長書，或曰脩書」，本沒有「戰國策」這個名稱。現在這本古佚書，約有二十八篇，能和「戰國策」對得上的，只有十一

篇，不過五分之二，就是對得上的，也有很大不同處。而且很多篇沒有說話的或上書的人的名字，查考起來都是蘇秦、蘇代、蘇厲等人，這是這本書就是「蘇子」的明顯證據。這本書的大部分都是蘇氏的話，只有絕少數不是。先秦古書中是常有攙雜着別人的東西的例子的。「蘇子」這本書，隋書經籍志裏已沒有，也是久已失傳的古書。

附和唐蘭的說法，似乎還有其他的學者；楊寬在「馬王堆帛書戰國策的史料價値」（註四）一文中，就這麼地說：

在對這部書作了初步研究的同志中間，有兩種不同的看法：一種認爲這些佚文以蘇秦、蘇代、蘇厲的言行爲主，可能是漢書藝文志縱橫家中的蘇子。另一種認爲把它看作戰國策的前身比較恰當，因爲西漢劉向編輯戰國策時所依據的就有國策、短長等多種册子。

這段文字，多多少少已經透露了帛書二十七章的命名的爭執了。

把帛書二十七章認作是漢志裏的蘇子，實際上是一種錯誤。劉向在敍錄裏，有這麼幾句話：「所校中戰國策書，中書餘卷，錯亂相糅莒；又有國別者八篇，少不足。臣向因國別者，略以時次之，分別不以序者，以相補，除重複，得三十三篇。……中書本號或曰國策，或曰國事，或曰短長，或曰事語，或曰長書，或曰脩書；臣向以爲戰國時游士輔所用之國，爲之筴謀，宜爲戰國策。」劉向所謂「國別者八篇」，猶謂以國爲別者八篇也；所謂國策、國事者，大概是指專爲記述史事的資料；所謂短長、事語、長書者，大概是專門記述言論的文字（註五）。從這個簡單的分析文字裏，我們可以看得出，戰國策的原始資料除了「國別者八篇」外，其他六部書都似乎不分國的，所以劉向才必須「因國別」（因，以也）爲底本，「略以時次之，分別不以序者」；換句話說，才必須勞動劉向把其他六部書，按照時代的先後，編插進「國別」裏去！那麼，唐蘭說：「它並不分國，又不按時代次序，就跟戰國策不一樣。」很顯然的，「不分國」「不按時代次序」並不能說明帛書二十七章之非戰國策原始本！

唐蘭又說：「現在這本古佚書，能和戰國策對得上的，只有十一篇，不過五分之二；就是對得上的，也有很大不同處。」唐蘭這個說法，實際上頗有商量的餘地。劉向當年整理戰國策時，曾經「以相補，除重複」；易而言之，曾經做過刪除重複的篇章的工作。這個「除重複」的工作，劉向做得並不理想，因此，今本戰國策重複的篇章還是非常多。本是重複而應該刪除的，結果，因爲粗心和草率被編者保留了；那麼，沒有重複而應被保留，會不會也因爲粗心和草率而被編者刪除呢？兩者的可能率，應該各佔五十。那麼，我們怎麼敢保證，帛書二十七章不會有些篇章是在原始本國策裏呢？而且，我們不要忘記，曾鞏後來整理戰國策時，戰國策「崇文總目稱十一篇者，闕」，更是一部殘缺不完的書了！縱令曾鞏「訪之士大夫家，始盡得其書」（皆曾鞏語），曾鞏修補的可靠率有多少？還是一個很大的問題；那麼，我們怎麼敢說，帛書「對不上」的篇章絕對不會存在於劉向手編的古本戰國策裏呢？

二、帛書的字體

關於這批帛書的抄寫年代，曉菡在他的「長沙馬王堆漢墓帛書概述」（註六）文中，曾說道：「……根據老子抄寫的年代正是處於秦始皇統一文字以後，漢字由篆向隸演化的過渡階段。……根據老子甲本不避劉邦諱，以及篆書字體的關於刑德的佚書中的干支紀年表，有「今皇帝十一年」「乙巳」的記載等，可以考定同類字體的帛書，抄寫的年代約在漢高祖劉邦十一年（公元前一七七年）推定，這類字體的帛書，抄寫的年代約在漢文帝初年左右。……根據同時出土的一件紀年木牘，可以斷定該墓下葬的年代是漢文帝前元十二年（公元前一六八年）。秦始皇統一文字是在二十六年（公元前二二一年），下距漢文帝前元十二年（公元前一六八年），共有五十三年；易而言之，這批帛書就是在這半個世紀內抄寫成的。

到目前爲止，考古界似乎只發表了四張帛書本戰國策原本文字的圖片，其中一張是屬於第四章下半截及第五章上半截的文字，一張是屬於第十七章下半截及第十八章上半截的文字；從這兩張圖片裏，我們確實是可以看得出，帛書是用一種篆味很重的隸書寫成的。曉菡所謂「由篆向隸演化的過渡階段」，說得一點也不差。

過了帛書戰國策這兩張圖片後，立刻就使我們想起了一九四一年九月在長沙出土的「楚繒書」。「楚繒書」寫成的時代應該是在戰國中、晚期，比帛書國策的時代早一些；今天，只要我們細心比較其文字的演變，我們更有信心來維持這個說法。如果曉菡的「（帛書國策的文字是）由篆向隸演化的過渡階段」可以成立的話，那麼，楚繒書應該是「篆文隸化的開始」了！

我們今天所能看到的西漢古隸，不但非常稀少，而且殘缺不完；和東漢的八分隸比較起來的話，那眞是天淵之別。一般上來說，「篆文隸化」「篆向隸演化」的古隸，似乎還是空白的一頁。帛書戰國策，乃至同時出土的其他古籍的文字，正好瀰補了這一頁空白。在書法史上，這是一批很重要的資料。

三、蘭樓出土的帛書殘片

戰國策以帛書的姿態出現在考古學界，這一次並非第一次。早在數十年前，新疆的樓蘭就發掘過一張戰國策的殘片；由於字數不多，沒有受到學術界的重視。這張殘片，和帛書本戰國策有相似之處：寫在帛上，用的是隸書。從字體上的演變來看，它應該是東漢或東漢以後的產品。

這張殘片抄的是戰國策燕策三首章的下半截及次章上半截的文字，原文如下：

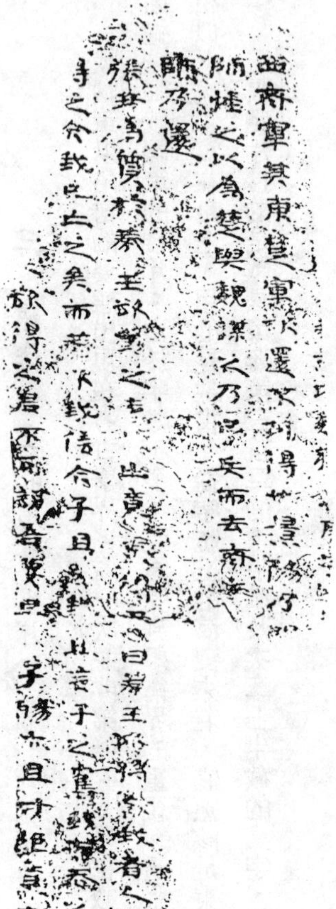

遂燕而攻魏雍丘取之以（第一行）

西齊軍其東楚軍欲還不可得也景陽乃開（第二行）

師怪之以爲楚與魏謀之乃引兵而去齊兵（第三行）

師乃還（第四行）

張丑爲質於燕＝王欲殺之走且出竟＝吏得丑＝曰燕王所將殺我者人有言我有寶珠也王欲（第五行）

得之今我已亡之矣而燕不我信今子且致我＝且言子之奪我而呑之燕王必將殺子刳子之（第六行）

夫欲得之君不可說吾要且死子腸亦且寸絶竟吏恐而放之（第七行）

儘管字數只在一百多字之內而已，不過，有兩點卻是值得我們重視的：

第一、戰國策帛書殘片在文字上，和今本戰國策有許多差異之處。例如首行「遂」下缺一字，今本國策「遂」下有「不救」二字；第三行「以爲楚與魏」，今本國策作「以爲燕、楚與魏」，多一「燕」字；第五行「所將殺」，今本作「所爲將殺」；第六行「而燕不我信」，今本作「而燕王不我信」；同行「奪我」，今本作「奪我珠」；最後一行「不可說」，今本「說」下有「以利」二字；同行「放之」，今本作「赦之」；可見古本國策和今本相差得多遠！在這許多差異裏，最可貴的是第三行「以爲燕、楚與魏」，帛書殘片沒有「燕」字；我認爲帛書殘片沒有「燕」字是正確的，因爲本段說的是楚通使於魏，齊師懷疑魏國出賣自己，和燕國根本沒關係。下文說：「魏失其與國，無與共擊楚。」與國，就是指齊國來說的；魏失去了齊國的合作，乃無法攻擊楚國了。

第二、樓蘭帛書殘片和馬王堆帛書二十七章　在書寫上有一個很大的差異。前者是一章抄寫完畢後，另一章就提行另起一段；後者是以一大黑點，來作爲前後章之分別。在帛書書寫的制度上，也許這是值得關心的一件事。

四、整理久理想

馬王堆帛書戰國策，經過整理小組整理翻寫，釋文已發表在一九七五年第四期文物上。筆者曾經仔細地詳讀幾遍，發現有些地方整理得不盡理想；筆者曾經寫了一篇「帛書本戰國策的整理問題」（註七）討論這個問題。這裏，只簡單提出幾點來談談。

帛書首章有這麼一句：「使田伐若使使孫疾召臣。」驟看過去，簡直不知所云。經過筆者的考訂，原來這句話當讀作「使田伐、若使使孫疾召臣」，田伐、使孫都是使者之姓名。田伐，見於燕策二「蘇代自齊獻書於燕王」章；使孫，又見於帛書第二章，云：「王之賜使使孫與弘來。」若，猶或也。全句是說，請派遣田伐，或是派遣使孫，迅速來召我回去。整理小組無法在「田伐」下斷句，使到這句話無法瞭解了。

帛書第二十章有一句：「九夷方一百里。」筆者認爲帛書「一」字是個誤字；如果帛書原意是要說「一百里」的話，「九夷方百里」就已經很能表達意思了，何必多贅一個「一」字呢？我們再翻檢今本國策和史記，二書都作「七百里」！古文「七」作「十」，如果「十」字寫成「十」，或者中間那點寫得含糊一些，而整理者不細心的話，就可能把它翻寫成「一」了！

筆者認爲，單單把帛書國策整理翻寫出來，並不能滿足研究者的欲望；希望整理小組能夠把它們照相影印，刊布成專書，以饗士林。

稿於馬來亞大學中文系第十二A研究室

附註

註一　一九七五年第四期文物刊載此批帛書的釋文，刊首語云：「有一種相似於今本戰國策的書。」

註二　一九七四年第九期文物載「座談長沙馬王堆漢墓帛書」一文，就中有顧鐵符的談話，云：「我粗略地看了一下『戰國策』，共二十八篇，約一萬一千五百多字。」一九七五年第二期文物刊載楊寬「馬王堆帛書戰國策的史料價值」，云：「未標書名，共分二十七章，有一萬一千多字。」顧氏說「二十八篇，約一萬一千五百多字」，楊氏云「有一萬一千多字」，大概都是根據最初的報導，還沒有確實地統計過。

註三　座談會記錄經發表於一九七四年第九期文物。

註四　見楊寬著「馬王堆帛書戰國策的史料價值」，一九七五年第二期文物三四頁及六八頁。

註五　齊思和在燕京學報第三十四期發表了「戰國策著作時代考」，曾經論及此問題；筆者在拙著「戰國策研究」第九章裏，也曾詳論之。

註六　見一九七四年第九期文物四三頁。

註七　該文將發表於新加坡南洋大學李光前文物館文物彙刊第二期。

附錄三·帛書本戰國策的整理問題

一九七三年冬天至一九七四年春天之間（註一），中國考古學者在湖南長沙馬王堆第三號漢墓裏，發現了一大批珍貴的文物，以及抄寫在帛上的十餘種古書。關於發掘的情形，一九七四年第七期文物《長沙馬王堆二、三號漢墓發掘簡報》曾經作了簡單的報告。這批帛書，都是用篆文、隸書或者是篆味很濃的隸書寫成的；一九七四年第九期文物曾刊載了一篇《長沙馬王堆漢墓帛書座談會》的文章，文中記述了曾憲通的一段談話，他說：「帛書文字基本上是隸書，但與東漢的八分隸書不同。筆劃上已改篆的圓筆為隸的方折，結構上仍保留若干篆意。是處於由篆向隸演化的過渡階段。」似乎可以讓我們對這批帛書的文字有一個大略的瞭解。在這十幾種古籍中，有一種酷似戰國策，共二十七章，一萬七千餘字；其中，十六章不見於今本戰國策及史記。這二十七章珍貴的戰國史料，經整理小組整理後，經已發表於一九七四年第四期的文物。

筆者因為對戰國策曾經下過一點小小的工夫，所以，當本年度文物第四期發表帛書本戰國策的釋文以後，立刻將它來和今本戰國策相比勘，寫了一篇《戰國策校證（九則）》，計四萬字。筆者在這篇文章裏，主要是用帛書的材料，參考史記等書，校訂今本國策的錯誤。帛書本戰國策雖經「馬王堆漢墓帛書整理小組」的整理，不過，那只是一篇一萬二千多字的白文本，不但不容易讀得懂，而且，有一些文字顯然是有錯誤的，因此，筆者又窮十幾二十天之力，寫了一篇《帛書本戰國策校釋》，計三萬字，糾其繆誤，補其缺損，正其句讀，訓其文字；希望對帛書本戰國策有一點點的小貢獻。

一直到今天爲止，中國考古學者似乎只發表了兩張帛書本戰國策原本文字的圖片，一張是帛書第四章的下半截和第五章的前小半截（圖一），一張是第十七章的下半截及第十八章的上半截（圖二）；筆者曾經利用這兩張圖片，來和整理小組的釋文相覈核，發現釋文在整理的過程中，不無一些可議之處。另一方面，筆者在撰述《帛書本戰國策校釋》的過程中，也發現帛書國策的釋文有一些明顯的錯誤。誠如馬雍在《帛書別本戰國策各篇的年代和歷史背景》（註二）一文中說的：

> 馬王堆三號漢墓出土帛書《別本戰國策》二十七篇是一部珍貴的史料，其中只有十一篇可與史記、今本戰國策對勘，另十六篇久已失傳，連司馬遷也未曾見過，可見這部文獻已經堙沒兩千多年了。此書之出土，使我們在研究戰國史的時候開拓了新的眼界。……爲我們提供了前所未知的豐富資料，對舊有文獻大有補缺訂誤之功，尤其是其中大部分資料的年代都在公元前二九九年以後，恰好是紀年所未紀錄的時期。若就史料之詳細、情節之生動而言，其價值尤遠在紀年之上。

帛書本戰國策在史料上的價值，馬氏這幾句話，似乎已經說得相當透澈了。因此，這批珍貴史料在整理過程中以及整理後的小錯誤，是有提出來討論的需要的。茲撮舉下列數端，來討論帛書國策的整理問題。

第一、錯用簡字

帛書本戰國策的釋文，是用簡體字發表出來的；筆者認爲，這一做法並不十分恰當。瑞典漢學家高本漢 Bernhard Karlgren 在所著左傳眞僞考 On the Authenticity and Nature of the Tso Chuan（註三）裏，曾經分析了左傳介詞「於」和「于」的用法；他認爲左傳裏「於」和「于」的用法可分爲下列三類：

A：置於人名之前，表示一種動作所向的人，左傳多用「於」字，而少用「于」字；爲五百八十一與八十五之比。

B：置於地名之前，表示一種行爲所在之地，左傳多用「于」字，少用「於」字；爲九十七與五百零一之比。

C：表示地位所在或動作所止，左傳則「於」「于」混用；爲一百九十七（於）與一百八十二（于）之比。

高本漢這個分析是很有意義的（註四）；至少我們可以這麼說，在先秦裏，由於「於」「于」發音之不同，是被謹愼地分開加以使用的。

帛書本戰國策的釋文由於是採用簡體字，所有「於」字被簡寫爲「于」，和原本的「于」字混成一體；對研究語法的學者來說，這是一種損失。爲了更深一層的瞭解，筆者曾經覈核了圖片、釋文及今本國策（註五），比勘「於」字被簡寫爲「于」的情形：

圖片原文	釋文簡字	今本國策
臣貴於齊	臣貴于齊	臣貴於齊
大可以得用於齊	大可以得用于齊	上可以得用於齊
期於成事而已	期于成事而已	期於成事而已

（圖片一，卽釋文第四、五章）

圖片原文	釋文簡字
王之於臣也	王之于臣也
臣止於勺	臣止于趙
罙於骨隨	深于骨隨
耤於王前	藉于王前

（圖片二，卽釋文第十七、十八章）

一死生於趙
未當於齊心也
事於□□□
求救於齊
譖於身

一死生于趙
未當于齊心也
事于□□□
求救于齊
譖于身

求救於齊
和於身

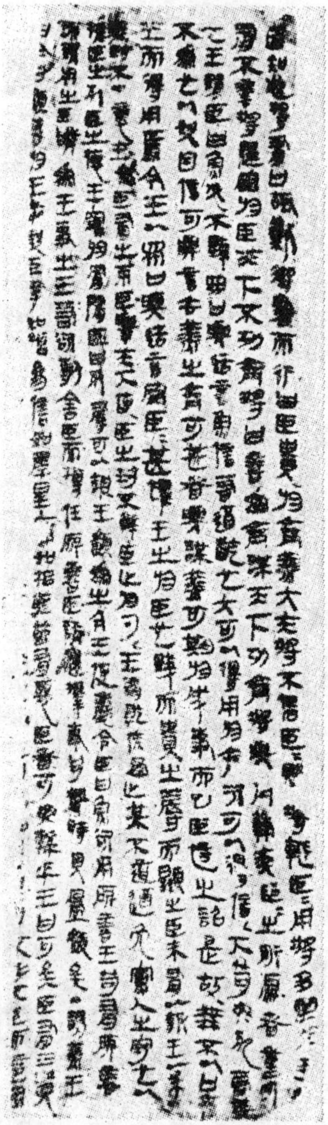

（圖一） 這是帛書第四章、第五章的合圖。倒數第三行底下三個字是「謂燕王」，「謂」上有一黑點；黑點以上的是第四章，黑點以下是第五章。從這張圖片，我們可以看得出，帛書國策是用篆味很濃的隸書寫成的。

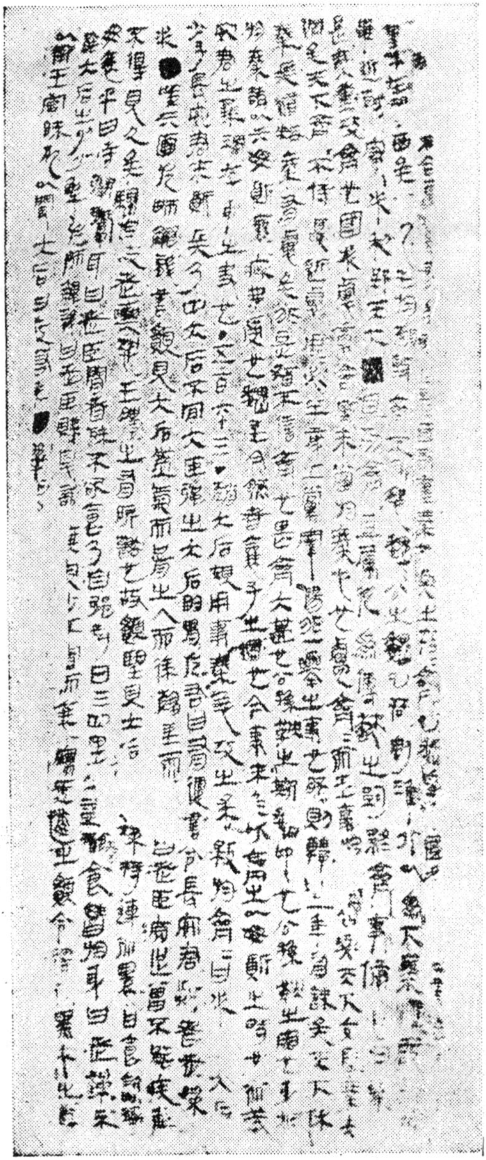

（圖二）這是帛書第十七章、第十八章的合圖。倒數第七行第十一個字是一個黑點，黑點下有「五百六十三」五個字；這是第十七章的總字數。其下「趙太后」是第十八章。

從這個比較中，可以了解，所有的「於」字，不管是何種用法，全部被簡寫成「于」；要不是中國考古學者發表了那兩張圖片，我們幾乎無法把上列的句子一一恢復其繁體字！帛書整理小組所發表的釋文，是不是所有的「于」字都是繁字「於」的簡寫呢？還是只是其中一部分而已呢？易而言之，原帛書出土文字裏，有那些是作「於」？那些是作「于」？會不會如左傳一樣，「於」「于」之使用劃分得相當清楚，而個別的又有一小部分例外？對研究語法的學者來說，這是一個很有趣的重要問題。由於簡體字的採用，泯滅了「於」「于」的區別，使「於」的簡體字「于」和原本的「于」混成一體，造成語法學者研究上的損失；也許這是整理小組當初所沒有設想到的。

第二、失其句讀

整理小組在整理這批出土文物的過程中，有時也犯了一點小毛病；失其句讀，就是一個很顯著的例子。這裏舉四個例子來談談。

帛書國策首章云：

使田伐若使使孫疾召臣。

這句話粗看過去，簡直是不知所云。經過筆者的考訂，原來這句話當讀作「使田伐、若使使孫疾召臣」，田伐、使孫都是使者之姓名。田伐，見於燕策二「蘇代自齊獻書於燕王」章；使孫，又見於帛書第二章，云：「王之賜使孫與弘來。」若，猶或也；詳古書虛字集釋。「使田伐、若使使孫疾召臣」，謂派遣田伐，或是派遣使孫，迅速來召我也。整理小組無法在「田伐」下斷句，使到這句話無法瞭解了。

帛書國策第十五章：

魏氏悉其百縣勝甲以上，以戍大梁。

整理小組這麼斷句，實際上是一種錯誤。原來「以戍」的「以」是涉上文而衍，這兩句話當讀作「魏氏悉其百縣勝甲，以上戍大梁」；今本國策、史記「戍」上皆無「以」字，就是一個強的證據。呂氏春秋似順篇云：「簡子上之晉陽。」晉陽在晉國西邊，所以說「上」；韋昭國語解：「東行日下。」上戍大梁，西上戍大梁之謂也。

帛書國策第二十章云：

曰：「秦有變。」因以爲質，則燕、趙信秦。

實際上，「秦有變，因以爲質」兩句話都是派遣涇陽君、高陵君赴燕、趙的話語；意思是說，如果秦有甚麼變化，你們就爲質於燕、趙，以爭取二國的支援，所以下句才說「則燕、趙信秦」。整理小組謂使涇陽、高陵二君之語只「秦有變」一句，恐怕有誤。

帛書國策第二十一章云：

反溫、軹、高平于魏，反王、公符逾于趙，此天下所明知也。

此文中的「王、公符逾」四字，今本戰國策作「三公、什清」，史記作「坙分、先俞」；到底誰是誰非，一直到今天爲止，還無法斷定。不過，歷來學者都把這四個字斷成兩個地名，每個地名兩個字；整理小組在沒有證據之下，把「王」斷成一個地名，把另外三個字斷成另外一個地名，恐怕不够謹愼罷！

第三、遺漏原文

帛書戰國策有一些句子，很明顯是遺漏了一些文字；這是整理者遺漏了呢？還是原本帛書就已經遺漏了？在帛書原卷沒公佈以前，我們無法作任何判斷。不過，筆者相信，兩者的可能性都同時存在。

帛書國策第七章云：

非是毋有使于薛公徐之所，

此句當斷爲「非是毋有使于薛公、徐之所」。筆者認爲「徐」下遺漏了一個「爲」字；徐爲，從帛書國策的資料來觀察，是戰國時著名策士之一，生卒約與奉陽君李兌同時；帛書國策第一章、第三章、第四章、第六章及本章，都常常提起他，可見他是扮演着一個相當重要的角色。帛書國策凡提及「徐爲」其人，從沒有獨稱「徐」的例子，爲甚麼本句獨稱「徐」呢？第三章、第四章及第六章往往有「薛公」和「徐爲」並舉的句子（共五見），此句亦「薛公」「徐爲」並舉，爲甚麼「徐爲」獨稱「徐」呢？是帛書原本如此呢？還是整理小組遺漏了？

帛書國策第十五章云：

此非敢梁也。

「此非敢梁也」不辭。今本國策云：「此非敢攻梁也。」「梁」上有「攻」字；史記云：「此非敢攻梁也。」文句與帛書國策全合，「梁」上也有「攻」字。帛書國策「梁」上有「攻」字，大概是可以肯定的；問題是，是誰把它遺漏了？

帛書國策第十九章云：

挾君之讎，以于燕，後雖悔之，不可得矣。

「以于燕」是甚麼意思？和今本國策相對一下，原來「以」下少了一個「誅」字！帛書第十九章章末，原本帛書註明本章共「三百」個字，筆者從第一個字數到末了一個字，數來數去，總是只有二百九十九個字！假如把這個遺漏了的「誅」字加上去，正好是三百個字！帛書整理小組大概還沒發現這個問題呢！

帛書國策第二十章云：

是益齊也。

今本國策、史記此句皆作「是益一齊也」；帛書國策「齊」上實際上漏了一個「二」字，下文「益二齊也」正與此相應。筆者相信，這大概是整理小組遺漏了。

第四、翻寫有誤

整理小組在把帛書國策「翻寫」成今體字的時候，由於小小的疏忽，把它「翻寫」錯了；這種小錯誤，包括了該翻而不翻的文字。

帛書國策第四章云：

王謂韓徐爲：「止某不道……。」

這兩句話在文字上並沒有任何錯誤，不過，假如我們把中國考古學者所發表的圖片拿來細細核對一下，如附圖所示，我們可以發現，帛書的「韓」字原作「乾」；根據整理小組的整理條例（註六），此二句當作：

王謂乾（韓）徐爲：「止某不道……。」

顯然的，這是整理小組在整理過程中，一時疏忽而造成的小錯誤。

帛書國策第十六章云：

夫〔越山與河，絕〕韓上黨而攻強趙，

釋文：

期於成事而已臣恃
也賤而貴之蓐而顯
王謂乾徐爲止某不道
王使慶令臣曰魚欲用
歸擇事句得時見

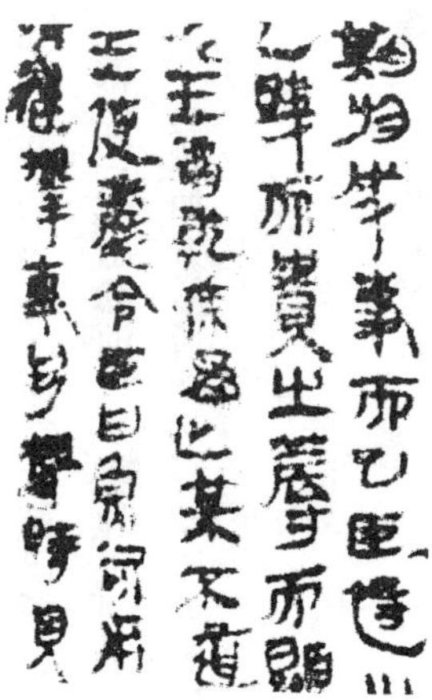

本圖帛書第三行作：王謂乾徐爲：「止某不道……。」
（本圖裁剪自第一圖第四行至第八行中間部份）

釋文「越山與河，絕」五字有方形括號，整理條例云：「缺文可以補出的，以方括號爲記。」很明顯的，這五個字是整理小組所補出的，原文大概已經很難辨認了。我們翻檢今本國策及史記，「越山與河」四字實際上都作「越山踰河」；整理小組是根據了甚麼資料加以補出呢？假如帛書原文可以辨認，小組似乎不應該加方形括號；假如帛書原文不可辨認，小組爲甚麼不依據今本國策、史記呢？

帛書國策第十八章云：

老臣賤息□□，最少，不肖，而衰。

根據今本國策、史記，「賤息」下缺文當是「舒祺」二字；左師觸龍息名也。筆者曾經核對過中國發表的圖片如附圖所示，發現「舒祺」兩個字很容易地可以復原的；爲甚麼整理小組故意缺下這麼兩個字呢？

帛書國策第二十章云：

九夷方一百里。

按作「一百里」實誤，當從今本國策與史記作「七百里」。假如帛書國策原意是要說「一百里」的話，「九夷方百里」就已經很能表達意思了，何必多費一個「一」字呢？很顯然的，這個「一」字是個錯字。古文「七」作「十」，如果「十」字寫作「十」，或者中間那一點寫得含糊一

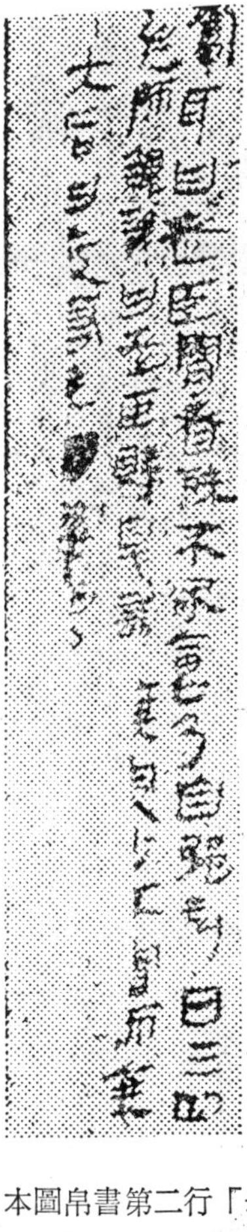

釋文：

讘耳曰老臣閒者殊不欲食乃自強步日三四

左師觸龍曰老臣賤息□□最少不宵而衰

大后曰敬若年幾何

本圖帛書第二行「老臣賤息」下兩個字；第一個字「舍」邊無可疑，「予」邊也依稀可認；第二個字「其」邊（或「箕」），也似乎可以肯定；今本戰國策、史記此二字作「舒祺」。

（本圖裁剪自第二圖倒數第一、二、三行的三行的上半部）

點，而整理者不細心的話，就可能把「十」翻寫成「一」了！帛書國策是用帶有很濃厚的篆味的隸書寫成的，「七」字作「十」，似乎有其可能性，無論如何，筆者懷疑，「七」之作「一」，有可能是整理小組疏忽所造成的。

第五、手民誤植

由於校對之無法做到十全十美，手民們檢錯字、排錯字，甚至於誤重等等，似乎可以在釋文裏發現到。這種錯植似乎不應該歸咎於帛書整理小組；不過，因爲它也如帛書整理的問題有關，所以，筆者附帶在此提出來討論。

帛書第十一章云：

齊王終臣之身不謀燕燕。

「不謀燕」下衍一「燕」字；下文云：「臣得用於燕，終臣之身不謀齊。」句法與此相同，是個最好的證據。根據中國所發表的兩張國策圖片來觀察，凡是重文，都着「二」的符號；假如帛書此文沒有「二」的符號，那麼，就是手民誤重了。

帛書國策第十六章云：

國先害已！

筆者認爲，此文「先」當作「旡」；史記此文作「無」，是個最好的證據了。今本國策此文作「南國雖無危，則魏國豈得安哉」，尋繹今本國策此句文義，更可以體會出帛書「國先害已」之當從史記作「國旡害已」！已，猶乎也；說詳古書虛字集釋卷一。史記、帛書國策「國無害乎」，與今本國策「國豈得安哉」，義正相符。那麼，「旡」爲甚麼會寫成「先」字呢？是不是手民們檢錯字呢？

帛書國策第十九章云：

侯不使人謂燕相國，曰：「……。」

這個「侯」字，非常明顯的，是「何」字的錯誤；今本國策就是作「何」字。其實，用不着翻檢證據，就可以發現「侯」當作「何」；爲甚麼會錯成如此呢？筆者推測，大概是手民檢錯字，而沒法校對出來。

帛書國策第二十四章云：

免楚國楚國之患也。

用不着去翻檢今本國策、史記，我們就可以看出「楚國」二字重覆了。原文如此呢？還是手民之誤？大概沒法知道了。

第六、數字不符

帛書本戰國策第十五章至第十九章前後共計五章，每章的章末都註明該章的字數；然後，又在第十九章章末註上這五章的總字數二八七〇。筆者曾經把所有的數字核對一遍，發現這些數字的正確性大有問題。這裏，把原註的數字和筆者的數字附表如後：

章次	原註字數	實際上的字數
一五	五七〇	五五八
一六	八五八	八五八
一七	五六三	五五九
一八	五六九	五四九
一九	三〇〇	二九九
共計	二八六〇	二八二三

(1)原註總字數爲二八七〇字，實際上如果根據各章章末的字數加起來，只二八二三字，差了四七個字。

(2)筆者計算了的實際字數是二八二三字，原註五項加起來只有二八六〇，前後相差了三七個字；如果再和原註的總字數二八七〇比較起來，就差了四七個字。

文物第四期除了刋布帛書本國策的釋文外，也同時發表了另外兩篇與此有關的論文，一篇是上文提及的馬雍的《帛書別本戰國策各篇的年代和歷史背景》，一篇是楊寬的《馬王堆帛書戰國策的史料價值》；可能是因爲討論的範圍不相同，他們都沒提及「數字不符」這件事。雖然它並無損於帛書國策的史料價值，也無礙於帛書國策的閱讀鑽研，不過，它卻是這件文物在整理上的一件很突出的事。

上舉六端，是筆者在校釋帛書國策時，所發現的文物整理上的問題。筆者不敢說這些全部都是整理小組所犯的毛病，不過，筆者相信，就中大概有一部份是不幸而言中的。筆者認爲，單單把帛書國策整理翻寫出來，並不能滿足研究者的欲望；希望整理小組把它們照相影印，刋布成專書，以饗士林。以此質諸整理小組的先生們，不知以爲然否？

一九七五年十月二十七日稿於
馬來亞大學中文系十二A研究室

附註：

註一　帛書出土年代是在一九七三年冬至一九七四年春天之間；楊寬在「馬王堆帛書戰國策的史料價值」一文裏說：「一九七三年十二月，馬王堆三號漢墓中發現了一部類似戰國策的帛書。」（一九七五年文物第二期二六頁）把發掘帛書戰國策的日期訂在一九七三年冬天。

註二　馬文見本年度文物第四期頁二十七至頁四十。馬文稱「帛書本戰國策」為「帛書別本戰國策」；實際上，「別」字可省。

註三　高氏原文發表於瑞典格特堡大學學報第三十二卷第三期；一九二七年，陸侃如譯成中文，題為「左傳真偽考」，由新月書店出版。日人小野忍亦有譯本，書名同，一九三九年出版。

註四　高氏認為「於」「于」分開使用，不是公元第二世紀作僞者（指劉歆）所能做出來的；見陸譯本第九十八頁。

註五　今本國策的文字，一概以黃丕烈讀未見書齋重雕剡川姚氏本為準。

註六　整理小組於釋文前有小序，云：「假借字下加圓括號註明是今之某字。」

附錄四：論帛書本戰國策的分批及命名

提要

一九七四年中國考古學者在湖南長沙馬王堆的漢墓裏，發現了一大批帛書。就中有一批「類似於今本戰國策」的資料，全文約一萬七千多字，分爲二十七章，在這些帛書裏，內容與今本國策史記大體相同的，共有十一篇，另外十六篇，不見於其他古籍。

關於帛書的字體問題，曉菡說：「帛書大部分用朱絲欄墨書，也有一部分未劃行格。字體爲篆、隸兩種，有的書寫十分工整，有的較潦草，看來不是一人一時的寫本。」曾憲通說：「帛書文字基本上是隸書，但與東漢的八分隸書不同。筆劃上已改篆的圓筆爲隸的方折，結構上仍保留若干篆意。是處於由篆向隸演化的過渡階段。」綜合這二位學者的意見，整批帛書，包括出土的老子、周易、左傳、及國策等，都是用小篆、隸書及篆隸合體的文字寫成。帛書本戰國策不會是一個人在一個時期裏寫成的，大概是可以肯定的。

關於抄寫的年代問題，曉菡說：「抄寫的年代正是處於秦始皇統一文字以後，漢字由篆向隸演化的過渡階段。……根據老子甲本不避劉邦諱，以及篆書文字體的關於刑德的佚書中的干支紀年表，有『今皇帝十一年』『乙巳』的記載等，可以考定同類字體的帛書，抄寫的年代約在漢高祖劉邦十一年（公元前一七七年）推定，這類字體的帛書，抄寫的年代約在漢文帝初年左右。」又說：「根據同時出土的一件紀年木牘，可以斷定該墓下葬的年代是漢文帝前元十二年（公元一六八年），說明這批帛書埋藏在地下，已經有二千一百四十多年了。」秦始皇統一文字是在二十六年，（公元前二二一年），下距漢文帝前元十二年（公元前一六八年），共有五十三年，換句話說，這批帛書就是在這半個世紀內抄寫成的。

帛書本戰國策經整理成今體字，發表於一九七五年第四期的文物裏，楊寬曾寫了兩篇論文：一是「馬王堆帛書戰國策的史料價值」，發表於第二期文物，一是「再談馬王堆帛書戰國策」，發表在第三期的文物。馬雍寫了一篇「帛書別本戰國策各篇的年代和歷史背景」，發表在第四期文物。這三篇論文，大部分是着重於帛書國策的史料價值和政治背景，至於說帛書國策材料的分批，命名及與今本國策、史記的關係，似乎都沒有仔細加以討論；利用帛書國策來勘訂今本國策及史記的繆誤，爲帛書國策做校勘及訓解等等，過去似乎還完全闕如。這篇「帛書戰國策的分批及命名」，正足以補他們的不足。

筆者過去對戰國策曾經用過一點小小工夫，寫了一本「戰國策研究」（註九）的小書，因此，對帛書本戰國策很感興趣，乃窮二月之力，完成「戰國策校證（九則）」「帛書本戰國策校釋」

及「帛書本戰國策的整理問題」三文，或據帛書校今本國策，或據今本國策、史記及其他資料校釋帛書，或討論帛書整理之問題，希望有助於學林。

誠如筆者上文指出的，楊寬及馬雍大部分都着重於史料價值及政治背景的討論，對於帛書國策本身的問題，例如材料之分批、命名等，都討論得不够仔細和透澈。因此，筆者擬以他們的論點爲依據，作更深一層的分析和討論，以補充這方面的罅縫。

一、材料分批的問題

只要我們稍微仔細一點的話，我們就可以發現，帛書本戰國策二十七章實際上不是一批整體的材料。假如我們以游說者爲根據的話，這批材料大概可以分成下列三批：

A蘇氏游說之辭　1——12、14、20——22（十六章）。

B觸龍游說太后　18　（一章）。

C或人游說之辭　13、15—17、19、23—27（十章）。

從這分析表來觀察，我們可以發現，蘇氏游說之辭所佔的篇幅是多麼的大！假如我們以文章的體例來劃分的話，這批材料大致上可以分成兩批：

A15——19　章末各註有字數之統計數，第十九章章末又有總數字，共五章。

B1——14、20——27章末不註統計數，共二十二章，很明顯的，第十五章至十九章應該是一批整體的材料(註一〇)，和其他二十二章原本不屬一批的。第一位爲這批材料加以劃分的學者，似乎應該是楊寬；他說：(註一一)：

這部帛書戰國策，大體上可以分爲三個部分，是從三種不同的戰國游說故事的冊子中輯錄而成的：

(一)從第一到第十四章，是蘇秦游說資料。各章體例相同，內容相互有聯系，縮排也有次序，和以後各章編排雜亂的不同。所用的文字也有它的特點，例如「趙」字多省作「勺」，「韓」字多作「乾」等。應該是從一部有系統的原始的蘇秦資料輯錄出來的。其中除第四到第五的二章有部分和今本戰國策相同以外，其餘十二章都不見於今本戰國策和史記。

(二)從第十五到第十九章，該是從另一種記載戰國游說故事的冊子中輯錄出來的。每章的結尾，都有個字數的統計，第十九章結尾除了有本章的字數「三百」以外，接着有「大凡二千八百七十」八個字。「二千八百七十」正是這五章字數的總數。在馬王堆三號漢墓出土的帛書中，就有些書如經法、十大經、稱、道原等，每篇之末也有字數統計，該是當時流行的一種體例。其中除第十七章以外，都見於今本戰國策或史記。

(三)從第二十到第二十七章，應該是出於又一種輯錄戰國游說故事的冊子。前五章，都見於今本戰國策或史記。其中第二十到第二十二的三章也屬於蘇氏游說辭，卻沒有和開首十四章蘇秦資料滙編在一起，應該是出於另一個來源的緣故。這三章所用文字，和開首十四章也不同，例如「趙」都不作「勺」，「韓」都不作「乾」，「張儀」的「儀」作「義」。

楊寬這個劃分法的影響相當大，繼他之後在第四期文物發表論文的馬雍（註一二），說：

我們可以將這二十七篇分成三個部分：

第一部分包括第一至十四篇，這十四篇有密切的聯系，內容集中，應作一整體看待。

第二部分包括第十五至第十九篇，這五篇的內容並不完全有聯系，但其特點是每篇之末都有字數統計，而且在第十九篇之末有這五篇字數的總計，可以證明這五篇原來是合編在一起的一個單元。

第三部分包括第二十至第二十七篇，這八篇內容既無聯系，又無字數統計，可能原來是零散的篇章。

儘管馬雍沒有提出強有力的證據，來支持他的劃分法；不過，由於他的劃分法和楊寬的完全雷同，我們可以把他當作是受楊寬的影響而來的。

楊寬的劃分法是否正確呢？換句話說，二十七篇帛書戰國策的原始材料，是不是一如楊氏的劃分法分成三批呢？筆者認為，楊氏的劃分法有幾點可議之處：

第一、很明顯的，楊氏的劃分法是以第二批（十五章至十九章）爲準，把二十七章分成三批；前者爲第一批，後者爲第三批，而中間這一部分就是第二批了。第十五章至第十九章自成一批，大概是不成問題的，因爲它們章末各有統計數字；問題是，第一批及第三批就因爲隔了第二批，而「先天的」就應該分成兩批嗎？

第二、關於第三批，楊氏認爲「第二十到第二十二的三章也屬於蘇氏游說辭，卻沒有和開首十四章蘇秦資料滙編在一起，應該是出於另一個來源的緣故」；也又舉出一些證據，來說明這三章的自成一個系統。讀到這裏，我們不禁要問，第二十三章以後呢？這五章也是「趙」不作「勺」、「韓」不作「乾」、「張儀」的「儀」作「羛」嗎？楊氏隻字不提。如果不是這個理由的話，它們爲甚麼會被附入第三批？只因爲它們是在第二十章至二十二章之末了，就附帶歸入嗎？

第三、假如我們打通有統計數字的第二批，試問第一批和第三批有連貫的可能性嗎？特別是第二十三章以後那五章。如果只是因爲它們並不是蘇秦游說之辭，以及被編在卷末，就派定它們是另外一批材料；是客觀性的判斷嗎？會不會過份武斷了？有一些學者認爲，從第一章至第十四章「可能是漢書藝文志縱橫家中的蘇子」（註一三）；這一些學者們所以有這個看法，首先就是接受了楊寬這個說法——首十四章都是蘇秦言論，被第二批隔開，應該自成一批。現在，假如萬一第三批有某些篇章應該屬於第一批，而又不是蘇秦的言論的話，試問對這個「可能是漢志縱橫家中的蘇子」的說法會起了什麼影響？

筆者希望以楊寬的說法爲起點，重新檢討帛書戰國策的材料分批問題。筆者採用兩種統計的方法；第一種是統計各章主要人物的出現次數，觀察這三批材料在人名上是否各別有統一的趨向，以便重估它們彼此之間分批的差異。這裏附上第一批材料的人名統計表：

人名／出現次數／章次	弘	(盛)慶	徐爲	使孫	丹	得	田伐	韓量	薛公	奉陽君
一			2	1	1	1	1			
二	1	2	2	1						4
三		1	2		1	1			2	3
四		2	2		1		1		1	2
五										
六									1	
七	1*		4					1	5	1
八								5	3	2
九								1		

十										
十一										3
十二								4		4
十三								1		
十四						1**			7	1

*原文本作「趙弘」，疑卽「弘」其人。

**原文本作「強得」，疑卽「得」其人。

根據這個統計表，我們可以依次地加以分析：

一、首批帛書國策出現的人名幾乎相當一致，前七章環繞着的人物是奉陽君、薛公、徐爲、盛慶、丹、田伐、得、弘及韓夤，後七章環繞着的人物是韓夤、奉陽君、薛公及得；儘管前後七章環繞的人物各有輕重，但是，很明顯的，它們是貫穿得起來的。

二、雖然第五、十章沒有出現過任何人名，驟看起來似乎和其他篇章沒有什麼關係，不過，考訂它們的內容，它們也都是蘇秦游說之辭，和前後篇章有一致性的內容；因此，應該歸入相同的一批。

三、我們的結論是：由於人名的相符，又根據內容的一致，爲首的這十四章從該屬於相同的一批材料。

帛書戰國策從第十五章至第十九章，因爲每章章末有統計數字，第十九章末了又有總數字，體例不但很特別，而且那個總數字更可以證明，這五章是屬於相同的一批的；這個論斷應當是可以成立的，所以，我們不必再加以討論。

我們附上所謂第三批材料的人名統計表：

章次 ＼ 出現次數 ＼ 人名	陳軫	張儀	公仲倗	文信侯	韓倗	蔡鳥
二十						
二十一						
二十二	2	5			3	
二十三						
二十四	3	1	3		1	
二十五				3		2
二十六						
二十七						

根據這個人名統計表，所謂第三批材料，實際上可以細分爲下列五個單元：

一：第二十及二十一章沒有提及任何人名，無法和其他篇章貫穿起來，而且，它們都是蘇氏說辭；我們列爲第一單元。

二：第二十二及二十四章所提及的人名完全雷同，應當是有很密切的關係；我們列入第二單元。

三：第二十五章出現的人物是文信侯和蔡鳥，與其他篇章無法連串，我們編爲第三單元。

四：第二十三及二十七章雖然沒有相同的人物出現，不過，它們所敍述的都是楚人楚事；我們歸爲第四個單元。

五：餘下的第二十六章，我們列爲第五單元。

所謂第三批的材料，實際上是相當複雜的一批，我們仔細分起來的話，似乎有上述五個單元。楊寬所提及的第三批的蘇氏游說辭，實際上就跨了兩個單元（卽第一單元及第二單元的第二十二章）；如果我們單單以人名出現作爲分析的根據的話，我們可以發現，第二十四章也似乎和楊寬所指蘇氏說辭的三章有關係的。無論如何，第三章帛書的材料來源並不如首二批之單純，根據這個人名統計表，我們可以發現，楊寬的劃分法似乎太粗疏了一點。

單單以人名的出現作爲分批的分析根據，實際上是存在着一些缺點。因爲人名的不同，它們就不可能成爲相同的一批嗎？因爲主題的差異，它們就應該分開各自成批嗎？顯然的，答案是未必如此。我們可以這樣批評，以人名出現作爲分析的根據，是只看到材料與材料之間的差異，並沒看到材料與材料之間的相同；因此，我們在上述人名統計之上，還必須再採用另一種統計和分析方法，在「差異」之間求出其「相同」。在提出第二種統計和分析方法之前，我們應該先提出這麼一個原則：第三批材料由於人名的相同、內容的相似，而被劃分爲五個單位；單元與單元之間儘管有差異，但是，由於人名相同、內容相似，個別單元內不應該再有分批的現象。換句話說，個別單元內的自成一批，是可以肯定的。

第二個統計表，是以二十七章帛書爲經，以一些特別的字詞爲緯；通盤地加以考察，審查這些特別字詞的寫法和用法，以深究其差異和相同。

說明：表中箭頭符號，表示假借字的關係。

楊寬謂第三批中，「張儀」的「儀」作「羛」；因爲「張羛」只出現於二十二及二十四兩章，筆者不統計。

字詞＼章次（出現次數）	一	二	三	四	五	六	七	八	九	十	十一	十二	十三	十四
粱梁	4		1			2	1	4		1	5	16	3	
梁							1							
晉													1	
魏														
乾韓				2*			1	3			3	3	3	
韓	2	1	1				1							
勺趙		5	15	10		1	5	8			5	5	3	2
趙			2	2										
胃謂	1		1					3						
謂		1			1	1			1	1	1			1
功攻			7	6		3	4	5		2	5	10	1	9
攻														

十五	7			10				10	1		1	2
十六	8			11		24		5		1		3
十七	1		12	5		1		5	1		1	3
十八								5	1			1
十九								1	2			5
二十				2		2		14	1			
二十一				4		3		6				1
二十二				13		10			6			
二十三				6				3	4			
二十四						26			3			
二十五	10						1	5		1		1
二十六	50											13
二十七				4								

*釋文原作「韓」，今對照圖片，該「韓」字當作「乾」，釋文誤。

根據這個統計表，我們逐一說明如次：

一、第一章至第十四章，在用字方面相當統一；

A.借「粱」爲「粱」（37：1）；

B.稱「魏」爲「粱」（38：0）；

C.大部份借「乾」爲「韓」（15：5）；

D.大部分借「勺」爲「趙」（59：4）；

E.「胃」「謂」並用（5：7）；

F.全部借「功」爲「攻」（52：0）。

這是首章至十四章用字的普遍現象；有了這個情形，再加上人名統計的結論，第一批材料之自成一系統，似乎是可以肯定的。

二、第二十章至二十四章，在用字方面有下列幾種情形：

A.不稱「魏」爲「粱」（0：25）；

B.「韓」不作「乾」（0：41）；

C.「趙」不作「勺」（0：23）；

D.「謂」不作「胃」（0：14）；

E.「攻」不作「功」（0：1）。

這五章帛書在用字方面，可以說相當一致；我們可以肯定，它們屬於同一批的材料。楊寬說：「其中第二十到第二十三章，所用文字，和開首十四章也不同。」實際上，也應該包括二十三、四兩章的。

三、第二十五及二十六兩章，在用字方面，又有些不同了：

A.借「粱」爲「梁」（60：0）；

B.「勺」「趙」並用（1：5）；

C.「攻」不作「功」（0：14）。

這種用字的情形，根本和前一批（二十章至二十四章）不一樣，我們如何能像楊寬一樣把它們硬併在一起呢？

四、比較游離的，是殘損最厲害的第二十七章；它的用字情形是：

A.不稱「魏」爲「梁」（0：4）。

把第十五章至第十九章獨立成一批抽出來以後，根據各章用字的情形來看，其他各章似乎可以分成四批：第一章至第十四章爲首批，第十五章至十九章爲第二批，第二十章至二十四章爲第三批，第二十五章至二十六章爲第四批，第二十七章爲第五批。綜合起來，二十七章帛書戰國策當劃分爲下列五批：

第一批：第一章至十四章；

第二批：十五章至十九章；

第三批：二十章至二十四章；

第四批：二十五、六章；

第五批：二十七章。

以上的劃分法，僅僅是根據它們的用字情形的。

比較上文兩種統計表（人名出現表及用字表），根據筆者個人的淺見，二十七章帛書戰國策應該依據下列兩種情形重新劃分：

〔第一種情形〕

第一批材料：第一章至第十四章

此批材料之自行構成一個單元，應該是可以肯定的；它們環繞着「奉陽君」「薛公」等幾個人爲中心，「粱」「乾」「勺」「功」等字的用法也完全一致，是兩個最強有力的證據。

第二批材料：第十五章至第十九章

它們之自成一批，筆者前文已解釋得很清楚，不必再贅言了。

第三批材料：第二十章至二十四章及二十七章

根據人名統計表，二十章至二十一章是一個單元，二十二章及二十四章是一個單元，爲什麼筆者將這兩個單元合併起來呢？不但如此，爲什麼又把第二十三章章併入呢？誠如筆者在上文人名表後所指出的：「因爲人名之不同，它們就不可能成爲相同的一批嗎？因爲主題的差異，它們就應該分開各自成批嗎？……以人名出現作爲分析的根據，是只看到材料與材料之間的差異，並沒看到材料與材料之間的相同。」因此，筆者才提出用字統計表，在異中求同。根據用字的情形考察，第二十章至二十四章應該自成一批，這個結論似乎是可以肯定的。同一批材料記述了不同的主題和人物，是可以輕易解釋得通的。

爲什麼第二十七章也被併入本批村料呢？根據人名統計表，第二十七章和第二十三章是自成一單元的；現在，第二十三章既已併入本批，第二十七章在沒有矛盾衝突之下，也應該隨之附入。

第四批材料：第二十五章及二十六章。

根據人名表，因爲題材內容的差異，這兩章是分開成兩個單元；但是，從用字的情形來看，這兩章應當緊密地自成一批。楊寬把這兩章併入第三批，似乎是錯誤的。

〔第二種情形〕

第一批材料：第一章至十四章、二十五及二十六章。

在第二種情形裏，我們把第二十五、六兩章併入第一批，而成爲完整的一批材料；因爲後者的用字情形（「粱」借爲「梁」、「勺」借爲「趙」）和前者有相似、相同的地方（註一四）。筆者認爲，假如這個說法可以成立的話，楊寬及唐蘭「可能是漢書藝文志縱橫家中的蘇子」的說法（註一五），大概就必須重新考慮了。

第二批材料：第十五章至十九章。

第三批村料：第二十至二十四章及二十七章。

理由與第一種情形相同。

根據筆者個人的淺見，二十七章帛書國策取裁輯錄的對象應該是三批至四批（註一六）；無論是三批或者四批，根據筆者的分析，都和楊寬等的劃分法不相同。

二、帛書命名的問題

由於帛書二十七章在出土的帛書上，沒有題上原書的名字；於是，這批帛書的書名便成了爭論的對象。在長沙馬王堆漢墓帛書座談會上（註一七），唐蘭說：

> 帛書中所謂戰國策的一種，我很懷疑它是藝文志縱橫家裏的「蘇子三十一篇」，不是「戰國策」。現在這個卷子，我還沒有仔細研究。但它並不分國，又不按時代次序，就跟戰國策不一樣。現在的戰國策是劉向所定的，在他的序錄裏說得很清楚。在劉向之前，這些書

> 「或曰國策，或曰國事，或曰短長，或曰事語，或曰長書，或曰脩書」，本沒有「戰國策」這個名稱。現在這本古佚書，約有二十八篇，能和「戰國策」對得上的，只有十一篇，不過五分之二，就是對得上的，也有很大不同處。而且很多篇沒有說話的或上書的人的名字，查考起來都是蘇秦、蘇代、蘇厲等人，這是這本書就是「蘇子」的明顯證據。這本書的大部分都是蘇氏的話，只有絕少數不是。先秦古書中是常有攙雜着別人的東西的例子的。「蘇子」這本書，隋書經籍志裏已沒有，也是已失傳的古書。

唐蘭這個說法，相信不只是在座談會提出來而已，因爲，附和這個說法的，似乎還有其他的學者。楊寬在「馬王堆帛書戰國策的史料價值」（註一八）一文中，就曾如此說：

> 在對這部書作了初步研究的同志中間，有兩種不同的看法：一種認爲這些佚文以蘇秦、蘇代、蘇厲的言行爲主，可能是漢書藝文志縱橫家中的蘇子。另一種認爲把它看作戰國策的前身比較恰當，因爲西漢劉向編輯戰國策時所依據的就有國策、短長等多種册子。

這一段文字，多多少少已經透露了帛書二十七章的命名的爭執了。儘管楊寬發表文章爲這批帛書題名爲「帛書戰國策」，馬雍題名爲「帛書別本戰國策」，或者是馬王堆漢墓帛書整理小組正式訂名爲「帛書戰國策」；問題的爭執性似乎還存在着。

以筆者的淺見，帛書二十七章之被命名爲「帛書戰國策」（整理小組、楊寬）、「帛書本戰國策」（筆者）或「帛書別本戰國策」（馬雍），指定爲戰國策的一部分原始材料；是可以成立的。筆者願意爲唐蘭的說法提出解說，以消除帛書二十七章在命名上的爭執。唐先生說：

> 它並不分國，又不按時代次序，就跟戰國策不一樣。現在的戰國策是劉向所定的，在他的序錄裏說得很清楚。在劉向之前，這些書「或曰國策，或曰國事，或曰短長，或曰事語，或曰長書，或曰脩書」，本沒有「戰國策」這個名稱。

唐先生這個說法，實際上有可以商量的餘地。

劉向在敍錄裏，有這麼幾句話：

> 所校中戰國策書，中書餘卷，錯亂相糅莒；又有國別者八篇，少不足。臣向因國別者，略以時次之，分別不以序者，以相補，除重複，得三十三篇。……中書本號或曰國策，或曰國事，或曰短長，或曰事語，或曰長書，或曰脩書；臣向以爲戰國時游士輔所用之國，爲之筴謀，宜爲戰國策。

根據筆者的瞭解，劉向這段話的意思是：

1. 戰國策的前身至少有一部份的材料是完整的，它就是劉向所說的「有國別者八篇」「臣向因國別者」的那一部「國別」；這八篇材料，是以國別爲篇卷的。
2. 除了這八篇比較完整的材料外，還有好幾批零亂的材料，這就是他所說的「中書餘卷，錯亂相糅莒」（註一九）的那一部分。

3.劉向就把那批比較完整的國別八篇，根據時代的先後，重新加以排比；然後，再把那幾批零亂的材料補充進去，把重複的捨棄了，一共是三十三篇。

4.這幾批中秘的古籍，根據劉向所看到的，有國策、國事、短長、事語、長書、脩書等不同的名稱；劉向根據它的內容和性質，改名爲「戰國策」（註二〇）。

假如筆者的瞭解不會錯誤的話，那麼，筆者對劉向敍錄這段話的分析，似乎已經可以解答了唐先生的疑慮。唐先生說：「它並不分國，又不按時代次序，就跟戰國策不一樣。」顯然的，「不分國」「不按時代次序」並不能用來作爲帛書二十七章的判斷標準；因爲戰國策的原始本，除了上文所指出的「國別」一種八篇外，其他的都是「錯亂相糅」，所以，劉向才不得不「因國別者，畧以時次之」。帛書二十七章「不分國」「不按時代次序」，並不能否定它是原始戰國策的可能性。

唐先生接着又說：「現在的戰國策是劉向所定的，在他的序錄裏說得很清楚。在劉向之前，這些書『或曰國策，或曰國事，或曰短長……』，本沒有戰國策這個名稱。」唐先生這個說法並沒有錯誤；但是，我們把帛書二十七章命名爲「戰國策」，並不是意味着它就是劉向編的戰國策，或着意味着，我們把劉向取的「戰國策」的名字，隨便安在劉向以前的一本書上！我們只是告訴讀者們，帛書二十七章是劉向編戰國策時的一部分材料，和國策、國事、短長、事語、長書或脩書的情形完全一樣。

帛書二十七章，蘇子游說之辭佔了十六章，即：第一章至第十二章、十四章、二十章至二十五章。誠如唐先生所說的；「這本書的大部分都是蘇氏的話，只有絕少數不是。」筆者在上文已分析過，帛書二十七章可以以兩種情形分成三批或四批；我們應該這麼說，「蘇氏說辭」如果是在同一批材料裏，唐氏的假設才能成立；如果原本就已被分批了，那麼，我們如何說它們本來是「蘇子」一書呢？

很不幸的，唐先生所指的十六章「蘇氏說辭」，正好是分開在兩批材料裏；請看附表：

材料批數	1	2	3	4	附註
第一情形	1至14章	15至19章	20—24、27章	25、26章	
第二情形	1—14、25、26章	15至19章	20—24、27章		
蘇氏說辭出現章數	十三章出現於第一批		三章出現於第三批		共十六章

既然原本已是分開的兩批材料，我們如何說它們本是「蘇子」一書呢？很顯然的，唐先生的說法並不能成立。

根據筆者的看法，帛書二十七章命名為「帛書本戰國策」，是不必爭論的。

附註

註一　帛書出土年代是在一九七三年冬至一九七四年春之間；楊寬在「馬王堆帛書戰國策的史料價值」一文裏說：「一九七三年十二月，馬王堆三號漢墓中發現了一部類似戰國策的帛書。」（一九七五年文物第二期頁二六）把發掘帛書戰國策的日期訂在一九七三年冬天。

註二　一九七五年第四期文物刊載此批帛書的釋文，刊首語云：「有一種類似於今本戰國策的書。」

註三　一九七四年第九期文物載「座談長沙馬王堆漢墓帛書」一文，就有顧鐵符之談話，云：「我粗略地看了一下『戰國策』，共二十八篇，約一萬一千五百多字。」一九七五年第二期文物刊載楊寬「馬王堆帛書戰國策的史料價值」，云：「未標書名，共分二十七章，有一萬一千多字。」顧氏說「二十八篇，約一萬一千五百多字」楊氏云「有一萬一千多字」，大概都是根據最初的報導，還沒有確實地統計過。

註四　這十一篇帛書戰國策，與今本國策、史記相似的情形，實際上可以分成三類：

與今本國策相似者：四篇

與史記相似者：一篇

同時與今本國策、史記相似者：六篇

註五 見一九七四年第九期文物頁四三。

註六 座談會記錄經發表於一九七四年第九期文物，曾氏談話見頁五四。

註七 同上，頁五五。

註八 一九七四年文物第九期發表了一篇「座談長沙馬王堆漢墓帛書」，出席座談會的學者有唐蘭、商承祚、裘錫圭、羅福頤、李家浩、張政烺、周世榮、顧鐵符、孫貫文、傅舉有、朱德熙、曾憲通及史樹青等，就中唐蘭、顧鐵符及孫貫文曾略為提及以帛書校今本國策的問題。

註九 一九七二年新加坡學術出版社出版。

註一〇 帛書戰國策第十五章至第十九章共五章，每章章末皆註明該章之字數；第十九章末除註明其字數外，又註明五章之總字數。筆者把所有的數字核對一遍，發現這些數字的正確性大有問題。這裏，把原註明的數字和筆者統計過的數字附表如後：

章次	原註字數	筆者統計字數
一五	五七〇	五五八
一六	八五八	八五八
一七	五六三	五五九
一八	五六九	五四九
一九	三〇〇	二九九

筆者，「帛書本戰國策的整理問題」曾詳論此事，該文將發表於新加坡南洋大學李光前文物館文物彙刊第二期。

註一一 見楊寬著「馬王堆帛書戰國策的史料價值」，一九七五年第二期文物頁三四及六八。

註一二　見馬雍著「帛書別本戰國策各篇的年代和歷史背景」頁二七。

註一三　見楊著「馬王堆帛書戰國策的史料價值」首第二段，原文云：「在對這部書作了初步研究的同志中間，有兩種不同的看法：一種認為這些佚文以講蘇秦、蘇代、蘇厲的言行為主，可能是漢書藝文志縱横家中的蘇子；另一種認為把它看作戰國策的前身比較恰當，因為西漢劉向編輯戰國策時所依據的就有國策、短長等多種册子。」唐蘭也有相同的看法，他在馬王堆帛書座談會上說：「帛書中所謂戰國策的一種，我很懷疑他是藝文志縱横家的蘇子三十一篇，不是戰國策。」

註一四　當然，第廿五、六章「攻」不作「功」，卻與第一批材料借「功」作「攻」（沒有例外）相差得很遠；而且第廿五、六章「攻」字用了十四次之多，竟沒有一次寫作「功」，這是合併為這兩部分為一批的困難點；因此，筆者列為第二種情形，表示不敢武斷。

註一五　見註十三。

註一六　比較客觀來說，應該以「四批」的可能性較大。

註一七　見註六，唐先生談話見頁五〇。

註一八　見註十一。

註一九　「莒」字的意義，至今尚無法解釋。

註二〇　上述的說法，詳見拙著戰國策研究第一章頁一七——一八。

一九七五年十一月上旬稿於馬來亞大學中文系十二A研究室

附錄五：帛書本戰國策校釋

一九七四年夏長沙馬王堆三號漢墓出土帛書一批，就中二十七篇一萬七千餘字酷似今本戰國策，學者命之「帛書本戰國策」。此一萬餘帛書文字，經馬王堆漢墓帛書整理小組整理，次年四月發表於文物第四期，整理小組前言曰：「其中十一篇的內容見於今本戰國策和史記，文字也大體相同，另外十六篇則爲佚書。」二十七篇之中，與國策、史記重者不及其半。余舊撰戰國策集釋（未刊）及戰國策研究，於國策一書，披閱再三；因據整理小組發表之釋文，或與今本國策、史記相互比勘，或與本書及其他古籍排比考察，撰成「校釋」一篇，凡三萬言。糾其繆誤，補其缺損，正其句讀，訓其文字；於帛書國策，或有裨益焉。

一

恐趙足（缺二十餘字）**臣之所惡也，**

案：「趙足」當是人名，帛書本戰國策第二章云：「使趙足問之臣。」卽其人。齊策二「秦攻趙」章：「趙足之齊，謂齊王曰：『王欲秦、趙之解乎？不如從合於趙，趙必倍秦；倍秦，則齊無患矣！』」燕策二「奉陽君告朱讙與趙足」章，載奉陽君李兌與朱讙、趙足論齊、趙合之事；據此以觀之，趙足蓋奉陽君門下說客也。竊疑蘇秦受困於趙，趙足恐參與其事，下章云：「奉陽君甚怒於齊，使趙足問臣……奉陽君盡以爲臣罪，恐久而后不可□救也。」是其證；本文「恐趙足」下缺二十餘字，蓋亦與此事有關也。

故冒趙而欲說丹與得，

案：「丹」「得」，人名也。第三章：「奉陽君□□□丹若得也。」若，猶與也；亦丹、得二人並舉。第四章云：「公玉丹之趙致蒙。」彼文「丹」，恐與此有關係。帛書本第十四章曰：「今爽也、強得也，皆言王之不信薛公，薛公甚懼。」爽、強得，皆是人名；未詳此文「得」，是否卽彼文之「強得」。

若□□□□我其從徐□□□□□□制事，

案：「徐□」當是「徐爲」之闕文；考諸帛書本國策，徐爲蓋亦當時著名策士之一。其人生卒，蓋與奉陽君李兌同時，且與奉陽君同仕於趙，本章下文云：「奉陽君、徐爲不信臣，甚不欲臣之之齊也。」第二章云：「奉陽君、徐爲之視臣益善。」方薛公來趙之時，徐爲亦與之同仕，故縱橫家屢屢薛公、徐爲並舉，如第三章之「趙已用薛公、徐爲之（缺八九字）」

與「所見於薛公、徐爲」，第六章之「薛公、徐爲有辭」與「如是而薛公、徐爲不能以天下爲其所欲」等，卽其比。第四章云：「後薛公、韓徐爲與王約攻齊。」又云：「王謂韓徐爲。」蓋韓人之仕於趙者乎？今本國策佚其人（宋衞策「魏太子自將」章有外黃徐子其人，外黃，故宋城，恐與韓徐爲無涉），故備考於此。

趙循合齊、秦以謀燕。

案：循合，修合、修善之謂也。莊子大宗師：「以德爲循。」釋文曰：「循，本作修。」戰國策燕策二「奉陽君告朱讙」章：「故齊、趙之合，苟可循也。」姚宏曰：「循，錢：一作脩。」是循、脩古通之證。此云趙與齊、秦修好以謀燕也。字又作「循善」，如第三章「燕、趙循善矣。」又作「循甘」，如第八章：「成臣之事者，在王之循甘燕也。」又作「循相善」，如第十二章：「今齊、趙、燕循相善也。」亦可但作「循」者，如第十四章：「王收燕循楚。」皆其比。

使田伐若使使孫疾召臣，

案：此句當讀爲「使田伐、若使使孫疾召臣」，田伐、使孫，皆是使者之名。田伐，見於燕策二「蘇代自齊獻書於燕王」章，曰：「今王信田伐、與參、去疾之言，且攻齊。」（帛書本「田伐」作「田代」，蓋誤）是田伐亦燕人，與蘇氏同時；帛書本「田伐」，與燕策所云者當是同一人。使孫，又見於第二章，曰：「王之賜使使孫與弘來，甚善已。」彼文「使孫」，與此文「使孫」，皆當是人名。若，猶或也；古書虛字集釋詳之。「使田伐、若使使孫疾召臣」，謂使田伐，或使使孫，速召蘇秦也。

二

臣使慶報之後，

案：「慶」爲人名，燕使也。第二章下文曰：「王使慶謂臣不利於國。」第四章曰「今王使慶令臣曰：『吾欲用所善。』」（又見於燕策二「蘇代自齊獻書於燕王」章，唯「王」下有「又」字。）蓋嘗爲燕使以見秦也。第三章曰：「使盛慶獻書於燕王。」盛慶爲蘇秦獻書燕王使者，然則本章此文所謂使慶上報燕王，此文之「慶」，與彼文之「盛慶」，當是同人無疑；其人名慶姓盛。

王之賜使使孫與弘來，

案：「使孫」爲燕使者之名，說詳上文。「弘」，亦爲人名，第七章載蘇秦自梁獻書燕王，曰：「願王之使趙弘急守徐爲，令田賢急守薛公。」趙弘、田賢、皆爲燕臣。此文「弘」，蓋即彼「趙弘」也。

三

蘇脩在齊，

案：蘇脩，人名；戰國策士之一。帛書本國策第十二章亦云：「蘇脩在齊矣。」與此同。戰國策魏策二「五國伐秦」章，載或人說魏王曰：「蘇脩、朱嬰既皆陰在邯鄲。……天下共講，因使蘇脩游天下之語，而以齊爲上交……而果西因蘇脩重報。」蘇脩，蓋齊、魏合謀之策劃者，故或在齊，或陰在趙。

臣□不利於身。

案：「臣」下蓋缺「甚」字，謂甚不利於已身也。帛書第一章：「臣甚患趙之不出臣也。」句法與此略同，可爲證。

四

壹美壹惡，

案：美，猶善也；國語晉語一云：「彼將惡始而美終。」韋解：「美，善也。」彼文美、惡對舉，猶此文美、惡之對舉也。帛書第三章曰：「將養趙而美之齊乎；害於燕，惡之齊乎？」云「美之齊」「惡之齊」，亦美、惡對舉也。

王信田代繰去疾之言，

案：「田代」當作「田伐」，燕策士；說詳首章校釋。「繰去疾」，國策燕策二作「與參、去疾」，與上文「田伐」並爲人名（鮑彪注：「三人。」）。

公玉丹之趙致蒙，奉陽君受之。

案：「丹」爲人名，說詳首章校釋。「玉」疑當作「欲」，謂薛公欲使丹至趙獻蒙地也。下文云：「臣之齊，惡齊、趙之交，使毋予蒙而通宋使。」謂蘇秦至齊，止薛公獻蒙地也；毋予，與「欲致」相反爲義，可證。「玉」與「欲」，蓋音同而誤也。

固知必將有口，

案：「固知必將有口」不詞，疑「口」下當有奪文。今本國策燕策二有此節，「口」下多一「事」字。金正煒曰：「口事，疑是『口實』一聲之譌。國語楚語注：『口實，毀弄也。』」謂燕策二「口事」當作「口實」，且引國語楚語下「王孫圍聘於晉」章韋解爲證。口事，卽口讒也；金氏之說固然有理，然燕策二本作「口事」，義自可通，不煩從國語而改也。帛書「口」下當從燕策補「事」字。帛書下文云：「吾必不聽眾口與造言。」（燕策同，唯「造」作「讒」。）又云：「今王以眾口與造言罪臣。」「眾口」與「造言」對舉，其義自足。下文又曰：「是故無不以口齊王而得用焉。」口，讒毀也，作動詞解；謂無不以讒弄而任用也。此文「固知必將有口」下奪「事」字，蓋傳鈔者涉下文而誤刪也。燕策二「將」上無「必」字，「必將有口」與下文「吾必不聽眾口」，兩「必」字前後呼應；今本國策蓋奪「必」字。

大可以得用於齊，次可以得信，下苟毋死，

案：本章上文云：「大者可以使齊毋謀燕，次可以惡齊、趙之交，以便王之大事。」句法與此一律；兩「大」字皆當作「上」字解。帛書第十二章：「攻秦，寡人之上計；講最，寡人之大下也。」上、下，相反爲義。第一章：「事之上，齊、趙大惡；中，五和，不外燕；下，趙循合齊、秦以謀燕。」第十二章：「大上破之，其次擯之，其下完交而□講，與國毋相離也。」彼云「上、中、下」與「上、次、下」，猶此云「大、次，下」也。皆其證。今本國策「大」正作「上」。

以奴自信可，

案：「奴」當從燕策二作「女」，字之譌也。「以女自信」，以，猶惟也（註一）；信，猶保也，秦策二「秦武王謂甘茂」章：「則慈母不能信也。」高誘注：「信，猶保也。」是其證。「以女自信」，謂女惟己身是保也，應上文「下苟毋死」而言之。或謂「自」當作「得」；蒙「得」古又作「㝵」，因壞成「自」耳。「以女得信」，謂齊王信賴汝也，亦與上文「次可以得信」相應。

甚者與謀燕可，

案：今本國策無此句，蓋奪。「以女自信可，與言『去燕之齊』可，甚者與謀燕可」，謂蘇氏使於齊，或自保於齊，或與齊謀『去燕之齊』，甚或與齊共謀伐燕，我燕王皆完全信賴無疑也；下句燕王又曰：「期於成事而已。」蓋謂苟能成其大事，一切手段皆可採用也。今本國策無此句，則燕王信蘇氏之堅，無從表達矣！

止某不道，

案：燕王謂徐爲曰：「止某、不道，猶免寡人之冠也。」道，猶謂行也；史記魏世家：「道涉谷。」（註二）索隱曰：「道，猶行也。」即其證；「止某、不道，猶免寡人之冠也」，謂苟止蘇某而不讓其出行，猶如免除我燕王之冠也！時奉陽君、徐爲用事於趙，不欲出蘇氏以之齊，帛書首章云：「奉陽君、徐爲不信臣，甚不欲臣之之齊也。」次章云：「願王之使人反復言臣，必毋使臣久於趙也。」三章云：「趙止臣而他人取齊，必害於燕。」即其證。燕王乃使使謂徐爲，使彼放行蘇氏；故蘇氏下文云：「以拯臣之死。臣之德王，深於骨髓。」

可以報王，願爲之。

案：「可以」上疑奪「苟」字；謂苟可以報恩於王，臣皆願意爲之也。此亦蘇氏感恩燕王之語。奪「苟」字，則語義不完。

王若欲剸舍臣而摶任所善，

案：剸、專同字；摶，古專字。史記趙始皇本紀云：「摶心壹志。」索隱曰：「摶，古專字。」集韻曰：「摶，或作剸，通作專。」竊疑「舍臣」上不必有「剸」字，涉下文「摶」字而衍也。今本國策云：「王欲醳臣，剸任所善。」黃丕烈札記云：「醳、釋同字也。」彼云「醳」，此云「舍」（舍、捨古通），義正相同；「醳」上無「專」字，是其證。任人可云「專任」，捨人無須云「專捨」也。

臣請歸，釋事。

案：今本國策無此五字。

苟得時見，盈願矣。

案：今本國策「得」下無「時」字，蓋奪。

五

假臣孝如曾參，信如尾生，廉如伯夷，

案：今本國策燕策一「人有惡蘇秦」章云：「使臣信如尾生、廉如伯夷、孝如曾參。」次第雖異，所云皆與此合。燕策一「蘇代謂燕昭王」章云：「今有人於此，孝如曾參、孝已，信如尾生高，廉如鮑焦、史鰌。」曾參下又有「孝已」一人，「伯夷」作「鮑焦、史鰌」，「尾生」作「尾生高（註三）」；所云與此不同。

乃不離親，不足以益國。

案：曾參有不離親之孝，與「不足以益國」何涉乎？燕策一「人有惡蘇秦」章曰：「且夫孝如曾參，義不離親、一夕宿於外，足下安得使之之齊？」史記蘇秦列傳云「孝如曾參，義不離其親，一宿於外，王又安能使之步行千里，而事弱燕之危王哉？」據此而觀之，所謂「孝不離親」者，蓋不離親遠涉千里，事君利國也。帛書簡略過甚。

乃不誕，不足以益國。

案：誕，詐也，詭也。尾生信而不詐，何以不足以利國乎？此亦當攬今本國策及史記以說解之也。燕策二云：「信至如此，何肯楊燕、秦之威於齊，而取大功乎？」（註四）史記曰：「有信如此，王又安能使之步行千里，卻齊之彊兵哉？」詭詐方能利國；尾生信而不誕，宜乎無用於國。縱橫之徒言其術乃詭詐無信，甚不多見。

巧不竊，不足以益國。

案：燕策一云：「廉如伯夷，不取素餐，汙武王之義而不臣焉，辭孤竹之君，餓而死於首陽之山；廉如此者，何肯步行數千里而事弱燕之危主乎？」謂伯夷清廉，不取周粟，不臣武王，餓死首陽之山，無益於國也。蘇氏所謂「不竊」，蓋指「不取周粟，不臣武王」而言；唯其「廉而不竊」，乃所以無益於國。伯夷逃父命，讓也；不食周粟，不臣武王，義也；冰清玉潔，傳頌千古；蘇氏「廉而不竊」喻之，且謂無益於國，蓋亦縱橫者流口氣耳。

臣以信不與仁俱徹，義不與王偕立。

案：「仁」當讀作「人」；徹，小爾雅廣詁曰：「達也。」信不與人俱達，猶謂有信之人則不能騰達也；與下句「有義之王則不能稱王」相對。「仁」讀作「人」，與「王」字同爲人身代名詞。燕策一「蘇代謂燕昭王」章曰：「臣以爲廉不與身俱達，義不與生俱立。」

（註五）所云與此甚近；身，人之己身也。是其明證。下文燕王問曰：「然則仁義不可爲與？」當是另起話題，與此文無涉。

三王代位，五伯蛇政，

案：蛇、施古通，莊子天運篇：「乃至委蛇，」釋文曰：「蛇，又作施。」是其證。施，音「移」，故借爲移；詩周南覃葛篇：「葛之覃兮，施於中谷。」毛傳：「施，移也。」荀子儒效篇：「若夫充、虛之相施易也。」楊注：「施，讀曰移，謂使實者虛、虛者實也。」「施易」爲複合詞，故「施」有「易」「移」之義。五伯施政，謂五伯政權相與移易也。今本國策作「三王代興，五霸迭盛」，義與此同。

負籠操首，

案：古書無籠、首二字連用者；首，當是「臿」之形誤字。籠，土籠也，盛土之器也；臿，鍬也，所以開渠者也。孟子滕文公篇曰：「蓋歸反虆梩而掩之。」趙注曰：「虆梩，籠臿之屬，可以取土者也。」集注曰：「虆，土籠也。」方言五曰：「臿，東齊謂之梩。」彼云「虆梩」，猶云「籠臿」也。淮南子要略篇：「禹之時，天下大水，禹身執虆臿，以爲民先。」

淮南子云「虆臿」，與孟子云「虆梩」同。淮南子精神篇云：「今夫繇揭钁臿，負籠土。」「籠土」即「籠」，亦「臿」「籠」對舉。鹽鐵論擊之篇云：「百姓孔勤，罷於籠臿。」漢書王莽傳云：「荷籠負鍤。」或連用，或並舉。皆其明證。今本國策曰：「則臣亦之周負籠耳。」省「操臿」一事。帛書本「臿」作「首」，蓋形近而誤也，當據正。

楚將不出沮章，

案：燕策一「蘇代謂燕昭王」章「沮章」作「疏章」，未詳孰是。

秦將不出商於，

案：燕策「商於」作「殽塞」，與此異。

齊不出呂隧，

案：燕策「呂隧」作「營丘」。「齊」下疑敓「將」字，「齊將不出呂隧」，始與上下文句法一律。

燕將不出屋注，晉將不逾太行，

案：燕策無此二句。

六

臣將令陳臣許翦以韓、梁問之齊。

案：陳臣、許翦，皆爲人名。東周策「秦興師臨周而求九鼎」章云：「使陳臣思將以救周。」鮑彪注：「卽後田臣思。」齊策一「南梁之難」章、齊策二「韓、齊爲與國」章皆有「田臣思」其人。帛書此文「陳臣」，疑與彼文「陳臣思」有關。許翦，失考。

七

慮反韓⿱曰⿱冖貝，

案：齊臣之使於趙，與趙聯親者；今本國策佚其名。帛書第八章載韓⿱曰⿱冖貝慮趙傷齊，蘇秦對以「齊、燕爲一，趙悍則伐之」；其後蘇秦入齊，韓⿱曰⿱冖貝迎之於高閭，親爲御車；據此以觀之，蘇、韓關係甚善。其後，齊王私與秦親，欲召返出使於趙之韓⿱曰⿱冖貝、蘇秦乃上書齊王，力陳其非，下文云：「齊先鬻趙以取秦，後賣秦以取趙而攻宋，今又鬻天下以取秦。」卽力斥齊王之反覆無常也。帛書第十二章齊王云：「故天下洶洶然，曰：寡人將反景也。寡人先之。……寡人有反景之慮，必先與君謀之。」承蘇秦之語，力辨無反景之事。本文「慮反韓景」，卽指此事而言之。帛書第十三章載韓景上書齊王，曰：「齊、秦復合，使景返，且復故事，秦印曲盡聽王。齊取宋、秦取梁之上黨；秦取趙之上地，齊取河東；秦取韓之上地，齊取燕之陽地：秦取鄢田、雲夢，齊取東國、下蔡。齊、秦雖立百帝，天下孰能禁之。」則韓景蓋連橫之士，與蘇秦不同矣！馬雍帛書別本戰國策各篇的年代和歷史背景（註六）云：「我將帛書第十三篇的次序列於第七篇之后。韓景此時在趙，不斷進行返回齊國的活動。……可能他風聞齊王有召回他的想法，遂直接向齊王獻書。」帛書第十三章乃韓景積極勸說齊王，齊、秦聯橫之利益；齊王接讀其信，乃有意於齊、秦連横，且召返韓景也。馬說疑顚倒耳。

八　**非是毋有使于薛公、徐之所，**

案：「徐」下疑奪「爲」字；徐爲，人名，上文詳之。本章上文皆「薛公」「徐爲」連擧，此不應例外也；既云「薛公」，「徐爲」則不當省稱矣。

終不敢出塞涑河，

案：涑，借爲疎。疎，正字作「疏」；說文：「疏，通也。」國語晉語二「道遠難通」，韋解曰：「通，至也。」河，指黃河而言；時秦疆在黃河之西。「終不敢出塞、涑河、絕中國，而攻齊」，謂秦勢雖強，必不敢出其關塞，至黃河，越中原諸國，以攻齊也。

願則執而攻宋。

案：願、愿古通，康雅釋詁一：「愿，善也。」蘇秦謂「趙悍則伐之，願則執而攻宋」，「悍」與「願」相反爲義；謂趙不聽命則攻伐之，聽命則與之伐宋也。

事曲當臣之言，是則王之教也。

案：「事曲」，事情之委曲也。詩秦風小戎：「亂我心曲。」傳曰：「心曲，心之委曲也。」彼文「心曲」，此文「事曲」，文法結構相同。事曲，蓋云事情委曲、終始，或前後經過也。竊疑此文「曲」上奪「卬」字，帛書屢屢以「卬曲」屬辭；第十一章云：「事卬曲盡從王。」十三章云：「齊、秦復合，使粱反，且復故事，秦卬曲盡聽王。」十四章云：「攻秦之事敗，三晉之約散而爭秦，事卬曲盡害。」蓋戰國習辭也。

成臣之事者，在王之循甘燕也。

案：說文：「甘，美也；美，與善同意。」循甘，猶循善也；說在前文。下文云：「王雖疑燕，亦甘之；不疑，亦甘之。」第十四章：「願王之甘之也。」諸「甘」字，皆當作「善」義解。趙策四「齊欲攻宋」章曰：「臣故欲王之偏劫天下，而皆私甘之也。王使臣以韓、魏與燕劫趙，使丹也甘之；以趙劫韓、魏，使臣也甘之；以三晉劫秦，使順也甘之；以天下劫楚，使眠也甘之。」諸「甘」字，亦皆當作「善」義解。蓋國策習語也。

九

始也燕累臣以求質，

案：齊策三「孟嘗君出行國」章曰：「皆以國事累君，誠說君之義，慕君之廉也。」高注云：「累，屬。」此文「累」字，與彼同義。

十

燕王□于王之不信己也則有之，若慮大惡焉則旡之。

案：「燕王」下殘損一字，帛書第七章云：「齊王懼而欲先天下，慮從楚取秦。」「懼」「慮」連用。若以彼文律十章此句，「燕王」下殘損者恐當是「懼」字。「燕王懼于王之不信己」；于，蓋「於」之簡體字（帛書經整理發表後，大量採用簡體字；簡所不當簡，殊失謹愼）；於，猶乎也；謂燕王懼齊王之不信任也。

以臣所□□□魯甚□，

案：下文云：「毋庸發怒於宋、魯也。」「宋」「魯」連擧。此文「魯」上缺字，若從彼文句法，當爲「宋」字。

□臣大□□息士民，

案：「息」上缺文當作「歸」；「歸息士民」，此戰國時之習語也。帛書第十四章云：「歸息士民而復之。」趙策四「齊將攻宋」章云：「宋置太子以爲王，下親其上而守堅，臣是以欲足下之速歸休士民也。」休，猶息也；皆其明證。

十一

齊王終臣之身不謀燕燕，

案：「燕」下復衍一「燕」字；「終臣之身不謀燕」，文義已足，無煩多一「燕」字。下文云：「臣得用於燕，終臣之身不謀齊。」句法與此一律，是其明證；當據刪。

十二

寡人之所以有講慮者有，

案：「者」下不當有「有」字，「寡人之所以有講慮者」，與下句「寡人之所爲攻秦者」平行。下文云：「是以有講慮。」正應此而言之。今帛書「者」下有「有」字，蓋涉上文而衍也，當據刪。又講，猶和也；西周策云：「而秦未與魏講也。」高誘注：「講，和也。」即其證。講慮，猶今語考慮和談之謂也。

爲梁爲多。

：上「爲」字作「以」字解，說詳古書虛字集釋卷二。多，猶大也；呂覽知度篇：「其患將反以自多。」高注：「多，大。」史記五帝紀：「與爲多焉。」索隱曰：「多，猶大也。」彼文「以多」「爲多」，與此相同。「爲梁爲多」，猶云以梁爲自大也。

寡人之□攻宋也，

案：「之」下缺文疑是「爲」字。上文云：「寡人之所爲攻秦者。」與此句略有相同之處，蓋可爲據。

寡人與韋非約，

案：「韋非」當是人名，戰國策士也。下文云：「韋非以梁王之令，欲以平陵貤薛。」亦云「韋非」耳。惜乎其人已不可明考矣！

其下完交而□講，與國毋相離也。

案：「講」上缺文當是「共」字。此節蓋承上文而言之，上文云：「若與楚遇，將與韓、梁四遇，以約攻秦。」所謂「四遇」，謂齊、楚、韓及梁四國相遇也；「與國毋相離」，謂此四與國共與秦媾和，無相離也；「共講」與「毋相離」相應，此其證一也。帛書第十四章亦蘇秦獻齊王書，與此章相同，彼文云：「薛公矯檠三晉，勸之爲一，以疾攻秦，必破之；不然，則擯之；不，則與齊共講，欲而復之。」彼文「勸之爲一，以疾攻秦，必破之」，即此處上文「遂明攻秦，太上破之」；彼文「不然，則擯之」，卽此處上文「其次，擯之」；彼文「不，則與齊共講，欲而復之」，卽此文「其下完交而□講，與國毋相離也」；是此句「講」上缺文，可據彼「共」字補入也，此其證二也。

臣以□告奉陽君，

案：「告」上缺文當是「令」字，本章章首云：「臣以令告奉陽君。」卽其證。下文奉陽君曰：「王又使周濕、長駟重令兌。」（註七）此文云「令」，下文云「重令」，兩「令」字相疊爲義；亦其證。

奉陽君答臣曰：「彗有私議，

案：下文云：「不棄彗而反量也。」亦云「彗」，與此同。竊疑「彗」爲奉陽君李兌之字，集韻云：「彗，日中暴明也。」兌與銳通，說文：「銳，芒也，从金兌聲。」芒，鋩也，光芒也。後漢書張衡傳：「揚芒熛而絳天合。」注云：「芒，光芒也。」「兌」與「彗」，義相比坿；奉陽君蓋名兌字彗也。

臣以爲不利於足不下，

案：「足」下「不」字，涉上「不」字而衍。

十三

三晉大破，而□□，秦取鄢田、雲夢，齊取東國、下蔡。

案：「而」下缺文，當是「攻楚」二字。此章所言者，乃齊、秦聯合稱帝，以瓜分天下諸國也；上文云「齊、秦復合……齊取宋……秦取梁之上黨」，乃二國分佔宋、趙上黨；又云「韓、梁韓，以攻趙，秦取趙之上地，齊取河東」，乃二國瓜分趙地；又云「趙從，秦取韓之上地，齊取燕之陽地」，一國佔韓上地，一國據燕陽地；宋、趙、韓、燕、魏（卽梁）而外，餘楚一國而已矣！是知此缺文當指攻楚而言之，此其一。鄢田、雲夢、東國及下蔡，皆爲楚地，旣瓜分楚地在後，則攻其國必在先矣！此缺文之爲「攻楚」，蓋無可疑。

使從親之國如帶而□。

案：「而」下缺文，疑是「立」字。

十四

臣恐楚王之勤豎之死也。

案：「豎」，人名，亦戰國策士；下文屢言之，惜已不可明考其事跡。勤，憂也；呂氏春秋不廣篇云：「勤天子之難。」高注曰：「勤，憂。」即其證。彼文云憂天子之難，猶此文云憂豎之死也。

三晉之交完於齊，齊事從、橫，盡利。

案：據本章此節以觀之，說者蓋欲齊聯合三晉以爲一大集團也；三晉合於齊，齊挾四國之威力以圍攻秦，此從者之術也；三晉合於齊，齊亦可挾其爲盟主，與秦和合，此橫者之術也；一從一橫，齊盡得其利也。下文云：「講而歸，亦利；圍而勿舍，亦利；歸息士民而復之，使如中山，亦利。」三「利」字，卽承此而言之也。

□弱宋服，則王事速決矣。

案：「弱」上缺文，當是「秦」字。上文云：「王已和三晉伐秦，秦必不敢言救宋。」三晉伐秦、秦不敢救宋，是秦之弱可知矣！上文又云：「楚雖毋伐宋，宋必聽。」謂楚雖不助齊伐宋，宋必服齊。故此文承之云「秦弱宋服」矣。又「王事」，齊王攻秦之事也；上文「攻秦之事成」「攻秦之事敗」，可爲證。

十五

齊人攻燕，

案：今本國策魏策三有此章，與此相同。史記穰侯列傳「燕」作「衞」，下文皆如此；索隱以爲國策非（註八），未必然也。

殺子之，

案：今本國策與此合。史記「子之」作「子良」，索隱曰：「戰國策『衞』字皆作『燕』，『子良』作『子之』，恐非也。」梁玉繩志疑曰：「史、策未知孰是？索隱以魏策爲非，何所見乎？」竊謂此當各從本書，不必相非。子良，衞人也，史記本節「燕」字悉作「衞」，則「子之」之作「子良」，亦合情理矣。

燕人不割而故國復反。燕、趙之所以國大兵强而地兼諸侯者，

案：此文當以「復反」爲句，「燕」字屬下爲文；馬王堆漢墓帛書整理小組之說甚是。「燕、趙之所以國大兵强……，宋、中山數伐數割……。」說者蓋擧「燕、趙」與「宋、中山」對擧也，故下文承之而云：「臣以爲燕、趙可法，而宋、中山可毋爲也。」瀧川龜太郎史記會注考證讀此句作「齎人不割，而故地復反齎。趙之所以國全兵勁」（註九），「齎」屬上爲句，非矣。

此非敢梁也，

案：「此非敢梁也」不辭。國策云：「此非但攻梁也。」「梁」上有「攻」字；史記曰：「此非敢攻梁也。」亦有「攻」字。帛書「梁」上敓「攻」字，當據補。

則國求毋亡，

案：史記與帛書合，今本國策作「則國救亡」，措辭雖異，語義則相同。

魏氏悉其百縣勝甲以上，以戍大梁，

案：「以戍」，「以」字涉上文而衍；「以上戍大梁」，北上戍兵大梁之謂也。今本國策、史記「戍」上成無「以」字，是其明證。今本國策「上」作「止」，金正煒曰：「止，當爲『上』之誤。呂覽似順篇：『簡子上之晉陽。』蓋晉陽在晉國之西也。韋昭國語解：『東行曰下。』故此以西戍爲上。史記作『上戍』，可爲證。」金說極是。帛書「戍」上衍「以」字，金說亦可爲證；備引以供參考。

守七仭之城，

案：「七仭」，史記同；今本國策作「十仭」。史記考證曰：「策『七仭』作『十仭』，此誤；下同。」謂史記誤，不知何據。十仭、七仭，皆狀其城之小，以三十萬之眾守十仭、七仭之小城，雖有湯、武之賢與威，亦不易下之也；此喻秦之兵雖強，人雖眾，將不能奈大梁何也。帛書及史記此處及下文皆作「七仭」，國策咸作「十仭」；七，古作「十」，與「十」字往往相亂也。

夫輕信楚、趙之兵，

案：今本國策「信」字同，史記作「背」。金正煒曰：「信，當爲『倍』字形相似而譌。」

金氏之說極是，當據正。

則前功有必弃矣。

案：「有」字涉上文而衍，今本國策、史記並云：「則前功必棄矣。」咸無「有」字，是其明證。「有」或讀爲「又」，義亦可通。

□晉國也，秦兵不攻，

案：史記云：「割晉國，秦兵不攻。」則「晉」上缺文，當是「割」字矣！

十六

有□□之心，

案：據今本國策魏策三「魏將與秦攻韓」章及史記魏世家，「有」下缺文，當是「虎狼」二字。

无親。

案：今本國策、史記「親」皆作「信」。

非□□厚積德也。

案：據今本國策、史記，「非」下缺文當是「所施」二字。

此於親戚若此，

案：史記與此同，今本國策「親戚」下復有「兄弟」二字，「此於親戚兄弟若此」，與上文「不顧親戚弟兄」相應。

羣臣莫以□，則不忠。

案：據史記，「以」下缺文當是「聞」字。

而今負强秦之禍，

案：今本國策同。吳師道曰：「史『負強秦之親』，據此，則負當從『恃』訓；從策文，則負任在背以爲喻也；史義長。」黃丕烈云：「吳說未是，此不與策文同耳，下文『然而無與強秦鄰之禍』語相應，當各依本書。」竊謂吳說固非，黃說蓋亦未中的。史記鯨布列傳：「負之以不義。」索隱曰：「負，猶被也。」此謂被秦之禍也。國策於文自通，無煩從史記也。史記「禍」作「親」；竊疑「親」乃「旤」之誤；旤，古禍字。

夫越山與河，

案：帛書「越山與河」四字有方形括號，帛書整理小組云：「缺文可以補出的，以方括號爲記。」此四字蓋小組所補出者也。今本國策及史記皆作「越山踰河」，「踰河」作「與河」，未知小組是否有所依據？

絕漳、滏（約缺五、六字）邯鄲之郊，

案：今本國策「滏」下、「邯鄲」之上，有「之水，而以與趙兵決勝於」十字；此十字，史記作「水，與趙兵決於」。整理小組謂帛書缺文在五、六字之間，則當以史記者爲近矣。

河內共墓必危。

案：今本國策作「河內之共、汲，莫不危矣」，史記作「河內共、汲必危」。

國先害已！

案：史記「先」作「無」，與此不同。今本國策此句作「南國雖無危，則魏國豈得安哉」，尋繹今本國策文義，則帛書「國先害已」似當從史記作「國無害已」！梁玉繩志疑云：「此句文義不順。策『魏國豈得安哉』，則『已』字疑當作『乎』。」梁說未必然。已，猶乎也（註一〇）；史記、帛書國策「國無害乎」，與今本國策「國豈得安哉」，義正相合，豈可謂不順乎？無，古作无，與「先」字相近，因譌爲「先」耳；當據正。

秦七攻魏，

案：史記同，今本國策「七」作「十」。古文「七」與「十」相近，往往相溷。

文臺墮，

案：今本國策、史記「文臺」皆作「文臺」，索隱引列士傳曰：「隱陵君施酒文臺也。」正義引括地志云：「文臺，在曹州寃句縣西北六十五里。」疑是。

大縣數十，名都數百。

案：史記同，今本國策作「大縣數百，名都數十」。史記集解引徐廣曰：「（十），一作百；（百），一作十。」徐廣所見一本史記，與今本國策合。作「大縣數十，名都數百」，當是國策舊文。

□□□疾□。

案：此句缺文甚多，史記云：「楚、趙必集兵。」疑本文當作「楚、趙必疾兵」。呂覽禁塞篇：「疾取救守。」高注：「疾，猶爭也。」謂楚、趙二國相爭出兵也。疾，亦可訓爲趨；呂覽勸學篇：「聖人生於疾學。」高注：「疾，趨也。」此文謂二國必趨兵伐秦也。疾，又可訓爲速；左襄五年傳：「疾討陳。」杜注云：「疾，速也。」此文蓋謂二國必迅速出兵伐秦也。今本國策云：「則楚、趙必與之攻矣。」措辭雖不同，語義則無異矣。

皆識秦□□旡窮也，

案：史記云：「皆識秦之欲無窮也。」則帛書「秦」下缺文，當是「之欲」二字無疑矣。今本國策作「則皆知秦之無窮也」，鮑本「秦」下補「欲」字；「欲」字當在「之」下，史記可證。今本國策奪「欲」字耳。

王□□□□□偃韓之質，

案：帛書國策「王」下缺五字。今本國策作「王速受楚、趙之約，而挾韓之質」（「韓」下今本衍「魏」字），史記作「王速受楚、趙之約，趙挾韓之質」；「王」下皆多七字。帛書「王」下五字，若參斟今本國策及史記之文字，當爲「受楚、趙約，趙」，上下文義乃始完好。字書無「偃」字，蓋「俠」之形誤耳；俠、挾古通。漢書叔孫通傳：「殿下郎中俠陛。」注引師古曰：「俠，與挾同，挾其兩旁。」即其證。帛書作「俠」，猶今本國策、史記之作「挾」也。

合有其賦，

案：今本國策「合」作「共」，鮑彪注云：「韓、魏共之。」共、合，取義相同。史記作「今有其賦」，「今」蓋「合」之壞文，當據正。

河北必安矣！

案：今本國策、史記「河北」咸作「河外」，與帛書異。上文「若道河外」、「河外、河內」、「城垝津以臨河內」、「秦在河西」、「秦乃在河西」，或云「河內」，或云「河外」，或云「河西」，不作「河北」者；若從上文句法，此文亦當作「河外」矣。河外，魏之所有；齊策一末章：「魏效河外。」趙策二首章：「魏弱，則割河外。」魏策一「張儀爲秦連橫」章：「大王不事秦，秦下兵攻河外。」皆其明證。又魏河外之地，在魏北部，魏策一「蘇子爲趙合從說魏王」章載蘇子說魏王，曰：「大王之地，南有鴻溝……東有淮、潁……西有長城之界……北有河外。」即其證。河外既在魏北，故亦可稱之爲「河北」，齊策五首章云：「趙得是藉也，亦襲魏之河北。」河北，即河外也。帛書此文作「河外」，雖與今本國策、史記不同，亦未失其的指也。

十七

以爲下蔡啓□，

案：「啟」下缺文，疑是「兩」字；兩，兩端之謂也。帛書第十五章曰：「又爲陶啟兩。」可爲旁證。

十八

趙太后規用事。

案：今本國策趙策四「規」作「新」，史記趙世家曰：「趙王新立，太后用事。」「新」與「規」字形不相近，無由相誤；竊疑「規」當作「親」，謂太后親用事也；規，親之壞也。史記「趙王新立」，「新」字蓋據今本國策；恐非「親」字之誤。帛書國策作「親」，今本國策作「新」，不必相同。

竊自□老與！

案：據今本國策、史記「自」下缺文，當是「恕」字耳。

恃鬻鬻耳。

案：今本國策不重「鬻」字，史記同。又史記「鬻」作「粥」，鬻、粥同。

老臣賤息□□，

案：據今本國策、史記，「賤息」下缺文當爲「舒祺」二字。

而衰。

案：今本國策、史記「而衰」並作「而臣衰」，與此異。竊疑此當從帛書爲是。「老臣賤息舒祺，最少，不肖，而衰；竊愛憐之……」；謂舒祺年少不肖，體又衰弱，私心憐愛之也。國策、史記「而」下有「臣」字，蓋涉上下文而衍也。

今媼尊長安之位，

案：「長安」下當有「君」字，此不當省也。今本國策及史記此文皆作「長安君」，是其證一也。本章上下文皆云「長安君」（今本國策、史記同），無一例外，是其證二也。此本奪，當據補。

十九

侯不使人謂燕相國，

案：「侯」當從今本國策秦策三「秦客卿造謂穰侯」章作「何」；帛書作「侯」，不辭。未詳手民之誤置，抑或帛書之誤書。

不王也。

案：今本國策作「不得爲天子」與此異。

成昭襄王之功，

案：當戰國之世，燕有「昭王」，不聞有「昭襄王」；今本國策作「昭王」，卽其明證，帛書「昭」下有「襄」字，蓋傳鈔者聯想之誤也。

樹德者莫如滋，除怨者莫如盡。

案：左哀元年傳載伍員說夫差語，亦有此二句；蓋春秋、戰國諺語也。左傳、今本國策「樹德」「除怨」下皆無「者」字。

齊、趙親，

案：姚本國策同，鮑本國策改「趙」作「秦」。竊疑此當從鮑本作「秦」，上句云「秦卒有他事而從齊」，故此承之而云「齊、秦親」也；且此章上下文皆齊、秦事，與趙無涉；作「趙」者，蓋聯想而誤也。帛書作「趙」，則其誤已久矣！當據正。又今本國策「親」作「合」，義同。

挾君之讎，以於燕，

案：「以於燕」不詞，此當從今本國策於「以」下補一「誅」字。

君悉燕兵而疾贊之，

案：今本國策「贊」作「僣」，與帛書不同。竊疑本文當作「替」，爾雅釋言曰：「替，滅也。」此勸燕相悉興兵以滅齊國也。隸書「贊」作「賛」，與「替」字形近，帛書乃作「贊」，而今本國策又添人旁作「僣」，義卒晦矣。又帛書作「贊」，義近可通；贊，佐也，助也，謂興兵助陶以滅齊也。帛書第二十章云：「諸侯贊齊而王弗從。」（註一二）第三章云：「願王之定慮而羽贊臣也。」贊、羽贊，蓋戰國習辭也。

誠爲鄰，

案：據今本國策，「誠」與「爲鄰」之間當有「能亡齊，封君於河南爲萬乘，達途於中國，南與陶」十九字；此不當省。

二十

是益齊也。

案：「益」下當有「一」字；此云「益一齊也」，下文云「益二齊也」，前後相應；卽其證。今本國策、史記咸作「是益一齊也」，亦其證，帛書奪，當據補也。

九夷方一百里，

案：「一」字當從今本國策、史記作「七」，此誤。

其次必長忠之。

案：今本國策、史記「忠」皆作「賓」，與此不同。廣雅釋詁一曰：「忠，遠也。」賓秦、遠秦，義近。

秦□㤴以待破，

案：**據今本國策、史記，「秦」下缺文當是「挾」字。**

曰：「秦有變。」因以爲質，則燕、趙信秦。

案：「秦有變，因以爲質」兩句爲使涇陽君、高陵君赴燕、趙之語；謂苟秦有變，則爲質於燕、趙也，故下句乃云「燕、趙信秦」。帛書整理小組謂使涇陽、高陵語僅「秦有變」一句，恐未必然。

諸侯伐齊而王從之，是名卑也。

案：上文云「諸侯贊齊而王弗從，是國伐也」；彼文云「贊齊」（註一二），此文云「伐齊」，相反爲義。今本國策云：「諸侯戴齊而王獨弗從也，是國伐也；諸侯戴齊而王從之，是名卑也。」史記云：「諸侯贊齊而王不從，是國伐也；諸侯贊齊而王從之；是名卑也。」國策皆作「戴齊」，史記皆作「贊齊」，上下相因；雖與帛書不同，義亦可通。

二十一

禾谷豐盈，

案：今本國策、史記「禾谷」作「年穀」（谷，借爲穀）。竊疑帛書「禾」當作「年」，古籍多言「年穀」，如禮記曲禮下：「年穀不登。」荀子富國篇：「年穀復熟。」列子黃帝篇：「年穀常豐。」皆其比；罕言「禾穀」。「年」與「禾」，篆文相近，往往混淆耳。

非深於齊，

案：帛書本章「齊」字，今本國策大多數作「韓」。帛書國策未出土之前，余嘗取史記趙世家以校今本國策，其國策作「韓」而史記作「齊」者凡十見，其國策作「韓」而史記亦作「韓」者，僅其半。先賢或悉從史記改國策（註一三），或維持國策舊文而斥其改者（註一四），或僅舉其異而闕疑（註註五），皆無法完滿解決。今帛書本國策出土，校閱一過，方知史記與帛書相合者十之八九，史記之不可動輒改易，於此可見矣！本章「韓」字十五見，國策、帛書本國策及史記同作「韓」者凡五見；國策作「韓」、史記作「秦」、帛書作「齊」者一見（註一六），此當從帛書作「齊」；史記作「韓」、國策及帛書本國策並作「齊」者一見（註一七），此當從國策及帛書本國策作「齊」也。此章蓋蘇秦（註一八）爲齊說趙，止趙王出兵以伐齊也；蓋當時趙王有意聯秦以伐齊，故蘇秦屢舉此三國之關係而言之，如「今足下功力非數痛加於秦國，而怨毒積惡，非曾深凌於齊也」，如「臣竊外聞大臣及下吏之議……以秦爲愛趙而憎齊；臣竊以事觀之，秦豈得愛趙而憎齊哉」，此等言論，皆蓋意破滅趙、秦之聯軍；蘇秦又舉齊有恩於趙之往事以動趙王，云「昔者五國之王嘗合橫而謀伐趙，參分趙國壤地……五國之兵有日矣！齊乃西師以禁秦國……此王之明知也。夫齊事趙，宜正爲上交，今乃以抵罪取伐，臣恐其後事王者之不敢自必也」；有恩而見伐，天下必不服，故又云「今王收齊，天下必以王爲得；齊危社稷以事王，天下必重王……王以天下收之，是一世之命制於王已」，文義清晰可曉；上引數則策文，今本國策「齊」字率作「韓」，與史記作「齊」全不合。蘇秦於此長篇鉅論中，又穿插秦國之詐韓，以明趙、秦聯軍之不可信賴；云「（秦）欲亡韓、吞兩周之地，故以齊爲餌」，以齊爲餌以亡韓、二周；云「恐其事不成，故出兵以佯示趙、魏；恐天下之驚覺，故微韓以貳之；恐天下疑己，故出質以爲信；聲德於與國，而實伐空韓」，詐詭失下，實欲伐韓；又云「說士……皆曰：『韓亡三川，魏滅晉國。』恃韓未窮而禍及於趙」，滅韓且將禍及趙國（註一九）；國策、史記及帛書國策上引數則「韓」字皆相同，不曾有差異。奈何今本國策前文數「齊」字皆誤作「韓」，與蘇秦穿插秦國詐韓故事數「韓」字混淆不清，學者或從史記，或從國策，或部分從國策、部分從史記，眾說紛紜。今帛書國策出土，方知史記之不可動輒改易，而後國策本章之脈絡乃始條理矣！此說若可信，本句「齊」字不誤；今本國策作「韓」，蓋涉下文聯想而誤也。姚宏云：「曾本『非素深於韓、齊也』。」姚宏所見曾本作「韓、齊」，蓋一本存國策舊文作「齊」，一本涉下文聯想誤作「韓」，後人乃合二本爲一也。又今本國策此句作「非曾深淩於韓也」，帛書無「曾」字，史作「素」；今本「曾」字誤衍，而史記「素」字，則太史公所增也。

下吏皆以秦爲憂趙而憎齊。

案：今本國策、史記「憂」皆作「愛」；下文「秦豈憂趙而憎齊哉」，同。愛，謂寵幸也，與「憎」相反爲義，是也；帛書作「憂」，蓋「愛」之形譌字也。

實伐鄭韓。

案：「鄭韓」當從今本國策、史記作「空韓」，吳師道補注云：「實欲伐空虛之韓。」所說極是。且本章與鄭國無涉，未詳帛書何由致誤？

□以秦之計，

案：史記云：「臣以秦計。」帛書「以」上缺文，當是「臣」字矣！今本國策曰：「臣竊觀其圖之也。」文雖略異，句首前亦有「臣」字。

昔者楚久伐，中山亡。

案：上文云：「物固有事異而患同者。」（註二〇）言世間之事容有差異，而其患則屢屢有相同者，說者標此前提之後，當舉數事以明之，方合游談之層次。今此文云：「昔者楚久伐，中山亡。」但舉亡中山一事，何以明其事異而患同乎？竊疑此下當有缺文。史記此下云：「今齊久伐而韓必亡。」說者預言齊久伐而韓當亡，與前文「楚久伐，中山亡」雖於事有所不同，而其患則無差異也！多此一句，上下文始可以比較，而說者之意旨方始完整。今本國策及帛書國策皆奪此一句，當據補。史記「今齊久伐而韓必亡」下，又有「破齊，王與六國分其利也；亡韓，秦獨擅之，收二周，西取祭器，秦獨私之。賦田計功，王之獲利，孰與秦多」三十九字，趙欲破齊，秦欲亡韓；然，齊久被趙圍伐，秦無趙患，必破韓而滅之也，如此，趙之獲利，必不如秦之多也。此與前二例頗相同，說者舉以勸止趙王出兵伐齊也。今本國策及帛書本國策咸無此三十九字，說者意旨未能完整。

距沙丘、巨鹿之囿三百里，

案：國語楚語上「王在靈囿」韋解云：「囿，域也。」「巨鹿之囿」，謂鉅鹿之域也；與今本國策「鉅鹿之界」義近。史記「之囿」作「斂」，與此異。

距槖關，

案：今本國策作「扞關」，史記作「挺關」。

北至□□者，千五百里。

案：據今本國策及史記，「者」上缺文當是「楡中」二字。

則地與王布屬壤界者七百里。

案：今本國策此句作「則地與國都邦屬而壤挈者七百里」，與此異。竊疑今本國策此句當作「則地與王邦屬而壤界者七百里」，「邦屬」與「壤界」皆複義詞。邦，契文从丰从土，植樹土上以明經界也。說文：「屬，連也。」邦屬，謂疆界相連屬也；壤界，亦疆界接壤之謂也。史記楚世家云：「寡人與楚接境壤界。」彼云「接境壤界」，猶此云「邦屬而壤界」也。帛書作「布屬」，廣雅釋詁一：「布，列也。」布列連屬之謂也，義亦可通。

而包其北，

案：今本國策「包」作「危」。

則注之西非王之有也。

案：注，句注之省稱也。下句「今增注」，亦「句注」之省耳。

今增注，

案：「今增注」不辭；今本國策作「今魯句注」，亦不辭。史記云：「踰句注。」疑是。

茝恒山而守，

案：今本國策作「禁常山而守」，史記作「斬常山而守之」；帛書「茝」，疑是「禁」字之譌。

疏分趙壤，

案：今本國策作「參分趙國壤地」。

使秦廢令疏服而聽，

案：疏服，卽衰服，孟子滕文公篇上：「齊疏之服。」趙注云：「齊疏，齊衰也。」彼文「齊衰服」之作「齊疏服」，猶此文「衰服」之作「疏服」也。衰、縗古通（註二一），說文：「縗，喪服衣。」疏服，卽喪服也；今本國策作「素服」，義同。史記作「請服」，蓋誤。

反王公、符逾於趙，

案：今本國策「率公、符逾」作「三公、什清」，史記作「巠分、先兪」，未詳孰是。又帛書整理小組讀此句作「反王、公符逾於趙」，未知何所依據？

宜正爲上交，

案：今本國策同；鮑本删「正」字，金正煒曰：「『正』當爲『王』字之譌，本在『爲』字下，誤淆於上，卽義不可通。」竊疑「正」字不當有，此涉「上」字而誤衍也；史記無「正」字，是其明證。金氏謂「正」當作「王」，且在「爲」字之下，恐非國策之舊矣。

齊逆，王以天下□之，

案：據史記，「天下」下缺文當是「禁」字。

二十二

便楚利公，

案：史記田世家「便」作「使」，疑是。

不成則爲福。

案：史記「則」作「亦」；則，猶亦也。

今者秦立於門，

案：史記本章章首云：「蘇代謂田軫曰。」（註二二）以爲此章乃蘇代之說辭。今據帛書本句「秦」字（註二三），知本章乃蘇秦之說辭也。

儀且以韓、秦之兵，

案：「韓、秦」當作「秦、韓」，此傳鈔者誤倒也。上文云：「秦、韓之兵毋東。」下文云：「秦、韓爭事齊。」「公令秦、韓之兵。」「秦、韓之王。」「以責於秦、韓。」（註二四）皆作「秦、韓」，不作「韓、秦」，卽其明證。當據正。

□□□□而歸，此王業也。

案：據史記，「而歸」上缺文當爲「實伐三川」。

謂秦曰（缺七字）施三□，

案：據史記，「曰」下所缺七字，當爲「請與韓地，而王以」；「三」下缺文，當爲「川」字。

韓氏之兵不用而得地於楚（缺二十餘字）□魏，

案：據史記，「魏」上缺文當爲「窘」字，所缺二十餘字，當是「韓佣之東兵之辭，且謂奈何？曰：秦兵不用而得三川，伐楚、韓以」。

魏氏不敢不聽。

案：史記「不聽」作「東」。

魏氏（缺八、九字）。

案：據史記，「魏氏」下所缺八、九字，當是「之欲不失齊、楚者有資矣」。

公常操□□□責於秦（缺四、五字）**公，**

案：據史記，「責於秦」上缺文當爲「左券以」；其下所缺四、五字，史記作「韓。此其善於」。

□□張儀多資矣。

案：據史記，「張儀」上缺文當作「而惡」。

二十三

□□□地，不可不蚤定。

案：今本國策楚策四「虞卿謂春甲君」章，「□□□地」作「而君之封地」。

踐亂燕國，

案：帛書「燕」下有「國」字，蓋非。秦策三「謂穰侯」章云：「須殘伐亂宋。」趙策四「齊將攻宋」章云：「深殘亂宋。」趙策一云：「深殘伐亂宋。」句法與此一律，其下皆無「國」字；今本國策云：「踐亂燕。」亦無「國」字；皆其明證。

臣至魏，便所以言之。

案：今本國策此二句作「臣請到魏，而使所以信之」，與帛書本略異。

闔甲於燕，

案：「闔」當從今本國策作「闢」，字形相近而譌也。

二十四

秦、韓戰於蜀潢，

案：潢，同晃；集韻曰：「晃，水深廣貌。」今本國策韓策一作「秦、韓戰於濁澤」；蜀潢，即濁澤也。史記韓世家「蜀潢」作「觀澤」，正義云：「濁澤，蓋誤，當作觀澤。年表曰：『秦惠王更元八年，與韓戰，斬首八萬。韓宣惠王十六年，秦敗我脩魚，得將軍申差。魏哀王二年，齊敗我觀澤。齊湣王七年，敗魏觀澤。』此云濁澤，定誤矣。」謂國策「蜀潢」（濁澤）當作「觀澤」；梁玉繩志疑從其說，云：「正義謂濁澤當作觀澤，是也。濁澤，乃魏地，非韓地，蓋史因國策之誤。」竊謂正義、志疑之說非也！濁澤，秦敗韓之地；觀澤，齊敗趙、魏之地；雖皆發生於韓宣惠王之十六年，實爲不同之兩場戰役也。韓非子十過篇亦載此事，發端云：「秦之攻宜陽，韓氏急。」與國策、史記不同。

此以一爲二之計也。

案：今本國策「以一爲二」作「以一易二」，史記同。索隱曰：「一，謂名都也；二，謂使不伐韓，而又與之伐楚也。」（註二五）竊疑此文當作「以一易二」，謂以一名都換取「不伐韓」「與伐楚」二事也。帛書作「爲」，蓋字形相近而譌也；當據正。

今或得韓一名縣，

案：今本國策、史記「或」咸作「又」；或，猶又也，說詳古書虛字集釋卷二。

王聽臣之爲之，警四境之內，

案：今本國策云：「王聽臣，爲之儆四境之內。」（註二六）竊疑帛書「臣」下衍「之」字，作「王聽臣，爲之警四境之內」，始與今本國策、史記合。「臣」下「之」字，蓋涉下文而誤衍也。

盈夏路，

案：夏路，大路之謂也，淮南子本經篇云：「至夏屋宮駕。」高注曰：「夏屋，大屋也。」此文「夏路」之訓作「大路」，猶彼文「夏屋」之訓作「大屋」也。今本國策、史記並作「滿道路」，義同。

必不爲逆以來，

案：逆，迎也，說文：「逆，迎也。關東曰逆，關西曰迎。」此謂韓不迎秦之兵而來伐楚也

（註二七）。今本國策、史記「逆」皆作「雁行」；雁行，戰國習詞，如雁之飛行，前為戎首，後者不絕之謂也；謂韓必不隨秦師來伐楚也。

□必大怒，

案：據今本國策、史記，「必大怒」上缺文當是「秦」字。

韓南□□必輕秦，

案：據史記，「南」下缺文當為「交楚」二字。今本國策此二句作「韓得楚救，必輕秦」，措辭雖異，語義略同。

是我困秦、韓之兵，

案：「困」當作「因」，字之譌也。上文云：「王聽臣，為之儆四境之內，選師言救韓，令戰車滿道路，發信臣，多其車，重其幣，使信王之救己也。縱韓為不能聽我，韓必得王也，必不為雁行以來，是秦、韓不和，兵雖至，楚國不大病矣！為能聽我，絕和於秦，秦必大怒，以厚怨於韓；韓得楚救，必輕秦；輕秦，其應秦必不敬。」（註二八）蓋秦、韓聯軍伐楚，楚爲免除此禍，乃舉兵聲言救韓，以分裂秦、韓合師之心，加重秦、韓兩軍之矛盾也，故此文承之而云：「是我因秦、韓之兵，免楚國之患也。」帛書本國策、今本國策皆作「困秦、韓之兵」，乃與上文文義不相合矣！史記「困」正作「因」，是其明證。「困」與「因」，蓋形近而譌，當據正。

免楚國楚國之患也。

案：「楚國」不當重疊，今本國策、史記可證；蓋傳鈔者誤衍也，當據刪。

不谷雖小，已悉起之矣。

案：「雖小」上當有「國」字，此不當省。今本國策作「弊邑雖小」，「弊邑雖小」猶「國雖小」也；史記作「不穀國雖小」，「雖小」上正有「國」字，皆其明證。韓非子曰：「不穀之國雖小。」語意淺易，「雖小」上不可省「國」字，益可知矣！當據補。

不谷將以楚□韓。

案：據今本國策、史記，「楚」下缺文當爲「殉」字也。

□楚之虛名，

案：今本國策、史記並作「恃楚之虛名」（註二九），帛書「楚」上缺文當爲「恃」字矣！

夫輕絕强秦而强□楚之謀臣，

案：今本國策云：「夫輕強秦之禍，而信楚之謀臣。」史記云：「夫輕欺彊秦而信楚之謀臣。」據此二文以觀之，帛書「而」下蓋衍「強」字，「楚」上缺文當爲「信」字也。

故韓氏之兵非弱也，

案：今本國策「弱」作「削弱」；下句云「其民非愚蒙也」（註三〇），「愚蒙」與「削弱」相對，疑是。

二十五

將軍不見井忌乎？爲秦據趙而攻燕，拔二城。

案：馬雍著「帛書別本戰國策各篇的年代和歷史背景」（註三一）曰：「史記趙世家載悼襄王

九年（公元前二三六），趙攻燕，取貍、陽城。正是帛書所云拔二城之役，此役發生在秦、魏伐楚前一年，所以說者擧近事爲例。貍與陽城當分讀，爲兩城名，其證據見於戰國策燕策二；而趙世家正義誤將貍陽二字合讀，又任意擬爲漁陽，大謬。」斷趙攻燕取二城在悼襄王九年，又謂史記「貍陽城」當分讀爲「貍、陽城」、其說極是。趙攻燕事蹟，僅見於趙世家，他書不及；今賴帛書記載，知其主將爲井忌，彌足珍貴。馬氏謂「貍陽城」當分讀，梁玉繩志疑已有說。

燕使蔡鳥股符胠壁，

案：「蔡鳥」當是燕使者之名，下文云：「蔡鳥明日見。」即其證。「符胠」亦當爲人名，恐是燕國之將軍。股，股肱之謂也。壁，壁壘也。「燕使蔡鳥股符胠壁」，謂燕王使蔡鳥股肱符胠經營壁壘也。

以河間十城封秦相文信侯。

案：秦策五「文信侯欲攻趙以廣河間」章謂文信侯欲攻趙以廣河間封地，乃使蔡澤事燕，而燕太子爲質於秦，趙王急，立割五城以廣河間。帛書此章云：「以河間十城封秦相文信侯……文信侯敬諾。」與秦策五事有相類。

秦禍案還歸於趙矣。

案：案，假借爲安（註三二）；禍與安，相反爲義。荀子榮辱篇云：「安危、利害之常體。」韓子姦刼弒臣篇云：「安危之道，若此其明也。」國策韓策曰：「此安危之要，國家之大事也。」彼文「安」與「危」，亦相反爲義也。帛書此文「禍安」（註三三）當爲偏義辭，僅指「禍患」而言；「秦禍案還歸於趙」，謂秦乃還歸禍患於趙矣！周禮地官大司徒云：「佐王安擾邦國。」鄭注曰：「擾，亦安也。」竊疑「安擾」亦偏義辭，謂佐王安治邦國也；鄭注恐非。周禮彼文「安擾」之爲偏義辭，猶帛書此文「禍安」之爲偏義辭也。帛書本章上文云：「秦禍案還中梁矣。」亦「禍案」屬辭，義與此同。

二十六

願將軍之察也，

案：「察」下疑當有「之」字；第二十五章云：「願將軍之察之也。」本章下文云：「願將軍察聽之也。」皆其證。帛書第十四章曰：「願王之甘之也。」十五章云：「願君之孰慮之。」句法並與此一律。

臣請爲將軍言秦之可可破之理，

案：「可」字不當重，此傳鈔者誤衍也。

鄢陵之□□守，□□丈，卒一萬；

案：下文云：「今梁守，城萬丈，卒百萬。」若律之以彼文句法，此文「□□丈」蓋當作「城百丈」也。

兵者，弗什弗圍，

案：孫子謀攻篇云：「故用兵之法，十則圍之。」二說相同。

二十七

工尹奚洫

案：工尹，官名，左文公十年傳：「王使爲工尹。」杜注曰：「掌百工之官也。」亦爲楚官，禮記檀弓下：「工尹商陽與陳棄疾，追吳師及之。」注：「工尹，楚官名。」奚洫，蓋即楚策之「昭奚洫」（註三四）也。東周策有「工師籍」，闕君長曰：「定十年左傳有郈工師駟亦，注云：『掌工匠之官。』此工師籍，蓋官氏也。」「工尹」之爲官名，猶彼「工師」之爲官名也。

附註

註一　說詳古書虛字集釋卷一。

註二　今本「涉」下衍「山」字。王念孫已有說。

註三　燕策一作「尾生高」不誤，莊子盜跖篇釋文云：「尾生，戰國策作尾生高。」可證。

註四　長短經七雄篇用國策文，作「何肯楊燕、秦之威，却齊之強兵哉」。

註五　「生」疑當作「王」。

註六　一九七五年文物第四期頁三二至三三。

註七　奉陽君名兌。

註八　見下條引。

註九　史記「燕」皆作「衛」，說詳上文。

註一〇　說詳古書虛字集釋卷一。

註一一　今本國策「贊」作「戴」。

註一二　贊，羽贊也。

註一三　如鮑彪、金正煒。

註一四　如下文吳師道云：「鮑專據史文輒改，大不然也。」

註一五　如史記會注考證。

註一六　即「韓慕王以天下收之」句。

註一七　即「國之伐齊」句。

註一八　史記作蘇厲，帛書缺。

註一九　上述引文，皆本今本國策。

註二〇　今本國策、史記「事」並作「勢」；義皆可通。

註二一　左襄二十三年傳「墨縗冒絰」，釋文云：「縗，本又作衰。」

註二二　帛書僅作「謂陳軫曰」。

註二三　史記作「臣」。

註二四　帛書缺「以」「韓」二字，說詳下文。

註二五　正義略同。

註二六　史記同。

註二七　以，猶而也。

註二八　此據今本國策。

註二九　史記「恃楚」上有「王」字。

註三〇　今本國策無「其」字。

註三一　見註六。

註三二　說文通訓定聲乾部第十四亦有說。

註三三　即「禍祟」

註三四　註六所揭馬文同此說。

國家圖書館出版品預行編目資料

戰國策研究：On the studies of Chan-kuo-tse
／鄭良樹著. --增訂3版. --臺北市：
臺灣學生；民71
面；　公分. --

ISBN 957-15-0855-1 (精裝)
ISBN 957-15-0856-X (平裝)

1.戰國策 - 評論

621.804　　　86014394

戰國策研究（全一冊）

著作者：鄭良樹
出版者：臺灣學生書局
發行人：孫善治
發行所：臺灣學生書局
臺北市和平東路一段一九八號
郵政劃撥帳號〇〇〇二四六六八號
電話：三六三四一五六
傳眞：三六三六三三四
本書局登記證字號：行政院新聞局局版北市業字第玖捌壹號
印刷所：宏輝彩色印刷公司
地址：中和市永和路三六三巷四二號
電話：二二二六八八五三
定價　精裝新臺幣三七〇元　平裝新臺幣三〇〇元
西元一九七二年十二月新加坡一版
西元一九八二年三月增訂三版
西元一九九七年十一月第四次印刷

62102

ISBN 957-15-0855-1（精裝）
ISBN 957-15-0856-X（平裝）